U0619078

动态环境下
嵌入性网络关系、动态能力影响
中小企业创新绩效研究

A Study on Effects of Embedded Network Relations and Dynamic Capabilities on
Innovation Performance of Small and Medium-sized
Enterprises in Dynamic Environment

中国财经出版传媒集团

经济科学出版社
Economic Science Press

图书在版编目（CIP）数据

动态环境下嵌入性网络关系、动态能力影响中小企业创新
绩效研究/刘美芬著 . —北京：经济科学出版社，2019. 9
ISBN 978 - 7 - 5218 - 0970 - 1

Ⅰ. ①动…　Ⅱ. ①刘…　Ⅲ. ①互联网络 - 影响 -
中小企业 - 企业绩效 - 研究　Ⅳ. ①F276. 3 - 39

中国版本图书馆 CIP 数据核字（2019）第 210952 号

责任编辑：于海汛　陈　晨
责任校对：隗立娜
责任印制：李　鹏

动态环境下嵌入性网络关系、动态能力影响中小企业创新绩效研究
刘美芬　著
经济科学出版社出版、发行　新华书店经销
社址：北京市海淀区阜成路甲 28 号　邮编：100142
总编部电话：010 - 88191217　发行部电话：010 - 88191522
网址：www. esp. com. cn
电子邮件：esp@ esp. com. cn
天猫网店：经济科学出版社旗舰店
网址：http: // jjkxcbs. tmall. com
北京季蜂印刷有限公司印装
710 × 1000　16 开　15. 75 印张　240000 字
2019 年 10 月第 1 版　2019 年 10 月第 1 次印刷
ISBN 978 - 7 - 5218 - 0970 - 1　定价：56. 00 元
（图书出现印装问题，本社负责调换。电话：010 - 88191510）
（版权所有　侵权必究　打击盗版　举报热线：010 - 88191661
QQ：2242791300　营销中心电话：010 - 88191537
电子邮箱：dbts@ esp. com. cn）

　　20 世纪 90 年代以来，世界经济迅猛发展，在这一过程中，中小企业发挥的作用不容小觑。在全世界企业中，中小企业占比高达 98%，对于世界财富的增加、国民经济的健康发展、科学技术的进步、创新水平的提升、就业压力的缓解等方面发挥着积极的作用，是一个国家或者地区社会进步、经济繁荣的基础。在我国，中小企业在国民经济发展的过程中发挥的作用是举足轻重的。改革开放以来，我国政府出台了一系列的相关政策和措施，为中小企业的涌现和发展提供了广阔的空间和宽松的环境，从而促进了中小企业健康快速的发展，目前已经取得了有目共睹的不菲成绩。

　　中小企业的发展对于我国经济的快速发展起着举足轻重的作用，创新是提升中小企业绩效的主要源泉之一，也是中小企业的生存之道。在网络盛行和环境越来越开放的时代，中小企业间不再仅仅是单纯的竞争与对立的关系，更应该在竞争过程中进行合作。因为任何一个企业不管是大型企业还是中小型企业都很难仅仅依据自己所掌握和控制的资源就能维持其自身的竞争力，企业尤其是中小企业只有借助于嵌入性网络关系，从中小企业的网络组织、网络能力等方面入手，通过从企业外界持续不断地获取相关资源和信息，不断推动企业的创新，不断促进企业的学习，才能够在竞争愈来愈激烈、环境愈来愈复杂的背景下获取并且维持中小企业持续的竞争优势。在科技进步迅速、环境日益复杂的背景下，通过有效管理和有效利用组织之间的关系，是企业建立和维持竞争优势亟须解决的课题。很久以来前人的若干研究也已经证明了中小企业的嵌入性网络关系对中小企业创新绩效有着比较重要的影响，中小企业通过不同的方式嵌入由很多企业组成的网络中。在传统市场上，企业边界明确，追求效用最大化的目标，在此基础上开展生产经营活动，现在传统市场已经逐步被基于合作和信任的嵌入性网络关系所覆盖。

那么，结合我国中小企业转型升级的背景以及中小企业间竞争与合作的现实状况，嵌入性网络关系是如何对企业创新绩效产生影响的？在中小企业内，嵌入性网络关系对创新绩效影响的路径是怎样的？中小企业应该如何选择、构建嵌入性网络关系从而推动中小企业创新绩效以赢得自己的竞争优势？本书试图对这些问题进行深入的研究，综合运用嵌入性网络关系和创新领域内的相关研究成果，探索嵌入性网络关系和中小企业创新绩效间的相互关系，构建嵌入性网络关系和中小企业创新绩效间的理论模型，以期完善现有的嵌入性网络关系和中小企业创新管理的理论框架，丰富嵌入性网络关系和中小企业创新管理这些领域内的研究成果。

1. 本书的创新之处

本书立足于中小企业，研究嵌入性网络关系如何影响中小企业的动态能力，进而影响创新绩效。与以往研究相比，本书有以下几点创新：

（1）选取嵌入性网络关系分析研究中小企业的创新绩效，有机结合了正式机制和非正式机制。在中小企业内，往往需要借助于一系列的正式制度或机制、非正式制度或机制协调企业和企业所有者、员工、供应者、顾客、债权人、债务人、政府机关、社区等利益相关者间的利益关系，保证企业科学的决策，维护企业各个方面的利益。正式制度或机制、非正式制度或机制可以来源于企业内部，也可以来自企业外部。本书选取嵌入性网络关系对中小企业创新绩效进行分析和研究，从一个新的视角介入，有一定的新颖性，使中小企业管理理论得到了进一步完善，从原来对正式制度或机制的关注转向把正式制度或机制、非正式制度或机制有机结合起来。本书研究中小企业创新绩效，从正式制度或机制转向非正式制度或机制中的嵌入性关系网络，开始把中小企业和其他组织的网络关系纳入企业管理中，充实了现有的研究。在中小企业内，管理实际上就是一系列制度上的安排，用以解决中小企业内的一系列问题，保护企业所有者的利益，因此，中小企业的管理问题受到各界的普遍关注，那么提升中小企业的管理水平就具有重要的意义。本书基于嵌入性网络关系研究中小企业创新绩效，把关注的焦点从正式制度或机制转到正式制度或机制、非正式制度或机制的有机结合，能够提升中小企业的管理水平。

（2）从动态能力理论的视角，剖析嵌入性网络关系对中小企业创新绩效影响的中间机理。目前的研究，大部分基于组织行为等理论视角，研究嵌入性网络关系对中小企业创新绩效直接的影响，对于嵌入性网络关系到底是如何影响作用中小企业创新绩效的机制关注不足。基于知识角度的动态能力理论认为，组织学习等中小企业活动是中小企业形成和提升动态能力的主导机制，因此组织学习等活动必然对中小企业的动态能力产生或多或少的影响。嵌入性网络关系，能够帮助网络内的中小企业互通有无，共享知识和资源，促进了组织学习等活动，有助于中小企业提升自身的动态能力。动态能力是中小企业进行创新、获取持久竞争优势的重要来源，尤其是对于资源、信息不足的中小企业。因此，本书从动态能力理论的视角切入，研究中小企业的创新绩效，打开了嵌入性网络关系影响中小企业创新绩效机制的黑箱。

（3）建立了嵌入性网络关系通过动态能力影响作用中小企业创新绩效的理论模型。本书建立了嵌入性网络关系通过动态能力影响作用中小企业创新绩效的理论模型，即"嵌入性网络关系→动态能力→中小企业创新绩效"的路径模型。只有详尽地分析研究路径，才能从根本上真正解释嵌入性网络关系对企业尤其是中小企业的创新绩效的影响。本书构建的路径模型，深化了中小企业创新管理已有的研究框架，能够更加科学合理地解释嵌入性网络关系和中小企业创新绩效之间的关系，深化了"结构→行为→绩效"的研究范式，规避了在传统研究内嵌入性网络关系直接影响中小企业绩效导致研究结论不确定甚至会违背现实状况的缺陷。从逻辑关系上分析，嵌入性网络关系首先影响中小企业的动态能力，然后借助于动态能力影响中小企业创新绩效，这有助于打开"嵌入性关系网络→中小企业创新绩效"的黑箱，科学合理地解释中小企业创新绩效形成机理，突破了传统研究中嵌入性网络关系直接到创新绩效的缺陷，能够完善中小企业管理的理论研究、实证研究。

2. 本书的研究结论

本书研究的是基于山东地区动态环境下嵌入性网络关系、动态能力对中小企业创新绩效的影响，因此选择以山东地区的中小企业作为研究对象。问卷发放对象集中于中小企业的创始人、管理者和核心技术人员，因为这些人能够较为全面、较为客观地了解中小企业，对问卷中的问题能够准确作答，有利于提供本书研究所需要的相关信息。本书以 218 个有效的样本点作为研究对象，以中小企业创新绩效为被解释变量，以动态能力为中介变量，以嵌入性网络关系为解释变量，以动态环境为调节变量，验证动态环境下嵌入性网络关系通过动态能力影响中小企业创新绩效的路径。因此，本书的主要研究结论包含以下内容：

（1）明确了嵌入性网络关系的内涵和维度。本书认为嵌入性网络关系是中小企业采取一定的合理合法的行为构建网络关系，从而形成一种能够互相依赖的不能或缺的网络结构，中小企业借助于该网络获取到自身所需的各种资源，积累自身的能力，从而提升自身在行业内的战略地位。嵌入性网络关系实质上描述的是中小企业所在的网络对其经济行为所产生的影响，是从结构化的视角对嵌入性网络关系进行解读。结合中小企业实际情况，本书认为嵌入性网络关系分为信任、信息共享和共同协商这三个维度。

（2）明确了动态能力的内涵和维度。本书认为动态能力是为了应对动态快速变化的外部环境，企业获取、重构、整合内外部资源、能力等使企业资源基础改变的高阶能力。也就是说，动态能力是内嵌在企业内部的，是由企业自身努力去构建的一种能力，而且对路径具有一定的依赖性，不是机遇和运气使然，也不是一种即期反应。本书借鉴学者们的观点，认为动态能力由五个维度组成：感知判断能力、学习吸收能力、试错匹配能力、知识应用能力、战略柔性能力。因此，动态能力的五个维度共同发挥作用，企业才能使其创新战略路径匹配于内外部环境的演化进程，提升创新绩效，实现持续竞争优势。

（3）从动态能力理论的视角，剖析嵌入性网络关系对中小企业创新绩效影响的中间机理。目前的研究，大部分基于组织行为等理论视角，研究嵌入性网络关系对中小企业创新绩效直接的影响，对于嵌入性网络关系到底是如何影响作用中小企业创新绩效的机制关注不足。本书从动态能力理论的视角切入，研究中小企业的创新绩效，打开了嵌入性网络关系影响中小企业创新绩效机制的黑箱。嵌入性网络关系对中小企业的创新绩效产生影响，但是这种影响要借助于动态能力这一中介变量。利用嵌入性网络关系，中小企业可以和合作伙伴共享相关的信息、资源、知识和能力，可以从研发机构、供应商、竞争对手、客户等相关外部组织那里得到和了解关于产品、市场以及技术发展等方面的若干信息。一方面，中小企业能够增强对市场的敏感度，有利于自己产品的升级和换代；另一方面，中小企业还能在很大程度上减少因为不确定性环境因素带来的各种风险。嵌入性网络关系不会直接对中小企业的创新产生作用，而是借助于动态能力这一中介变量对中小企业创新产生作用。

（4）建立了嵌入性网络关系通过动态能力影响作用中小企业创新绩效的理论模型。建立了嵌入性网络关系通过动态能力影响作用中小企业创新绩效的理论模型，即"嵌入性网络关系→动态能力→中小企业创新绩效"的路径模型。只有详尽地分析研究路径，才能从根本上真正解释嵌入性网络关系对企业尤其是中小企业的创新绩效的影响。实际上嵌入性网络关系并不是直接影响中小企业的创新绩效，而是借助于动态能力的中介效应。本书构建的路径模型，深化了中小企业创新管理已有的研究框架，能够更加科学合理地解释嵌入性网络关系和中小企业创新绩效之间的关系，深化了"结构→行为→绩效"的研究范式，规避了在传统研究内嵌入性网络关系直接影响中小企业绩效导致研究结论不确定甚至会违背现实状况的缺陷。从逻辑关系上分析，嵌入性网络关系首先影响中小企业的动态能力，然后借助于动态能力影响中小企业的创新绩效，这有助于打开"嵌入性关系网络→中小企业创新绩效"的黑箱，科学合理地解释中小企业创新绩效形成机理，突破了传统研究中嵌入性网络关系直接到创新绩效的缺陷，能够完善中小企业管理的理论研究、实证研究。

Contents ｜ **目 录**

第1章 ///

绪　　论

1.1　本书研究的背景和意义

1.1.1　研究背景

1. 中小企业在国民经济发展中占据重要的位置

20 世纪 90 年代以来，世界经济迅猛发展，在这一过程中，中小企业发挥的作用不容小觑。在全世界企业中，中小企业占比高达 98%，对于世界财富的增加、国民经济的健康发展、科学技术的进步、创新水平的提升、就业压力的缓解等方面发挥着积极的作用，是一个国家或者地区社会进步、经济繁荣的基础。

在我国，中小企业在国民经济发展的过程中发挥的作用是举足轻重的。改革开放以来，我国政府出台了一系列的相关政策和措施，为中小企业的涌现和发展提供了广阔的空间和宽松的环境，从而促进了中小企业健康快速的发展，目前已经取得了有目共睹的不菲成绩。

根据国家工商总局提供的数据，截至 2017 年 9 月，我国共有 2907.2 万户实有企业，注册资本金总额高达 274.3 万亿元，与 2012 年 9 月底相比，分别增长了 116.5%、242.3%（2012 年 9 月底的实有企业总量为 1342.8 万户、注册资本金总额为80.1万亿元），如图1-1、图1-2所示。

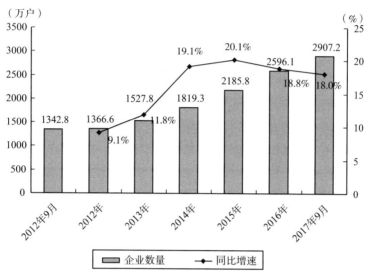

图1-1 党的十八大以来我国实有企业数量的发展趋势

资料来源：国家工商总局. 党的十八大以来全国企业发展分析 [N]. 中国工商报，2017. 10. 26.

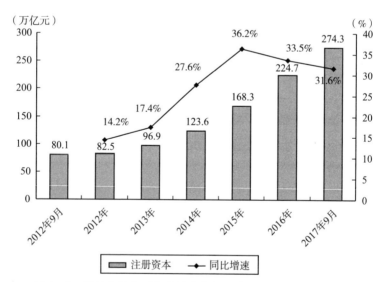

图1-2 党的十八大以来我国实有企业注册资本金的发展趋势

资料来源：国家工商总局. 党的十八大以来全国企业发展分析 [N]. 中国工商报，2017. 10. 26.

截至 2017 年 9 月，我国社会资本迸发出无限活力，企业呈现高速增长的态势，其中包括 2854.96 万户实有内资企业，注册资本高达 250.94 万亿元。在实有内资企业中，我国的实有私营企业已经接近 2607.29 万户，达到 165.38 万亿元的注册资本金，分别在我国实有企业总量中占比 89.7%、60.3%，如图 1-3 所示。与 2012 年 9 月底相比，实有私营企业数量与注册资本金的占比分别提高 10.8%、23.1%。自党的十八大以来，我国私营企业不管在数量上还是在注册资本金方面，都对我国企业总量增长做出了很大的贡献，贡献率分别达到 98.9%、69.8%，由此可见，私营企业已然成为我国企业发展的重要推动力。

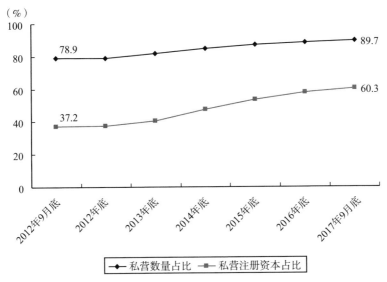

图 1-3　党的十八大以来我国私营企业占比状况

资料来源：国家工商总局. 党的十八大以来全国企业发展分析［N］. 中国工商报，2017. 10. 26.

在所有企业中，中小企业占比达到 99.6% 以上，数目远远超过 2840 万户。在所有企业中，注册资本金不足 1000 万元的小微企业占比 85% 以上①。其中，注册资本金为 100 万～500 万元的企业数量最多，占比

---

① 国家工商总局. 党的十八大以来全国企业发展分析［N］. 中国工商报，2017. 10. 26.

39.9%；年增长率也最高，高达 25.6%。注册资本金为 500 万 ~ 1000 万元的企业排名第二，年均增长率略低，为 24.5%，相关数据如图 1 - 4 所示。

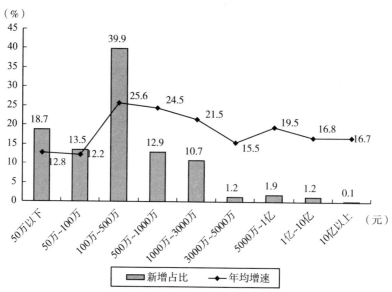

图 1 - 4　党的十八大以来我国不同规模的企业数量和注册资本金占比状况

资料来源：国家工商总局. 党的十八大以来全国企业发展分析 ［N］. 中国工商报，2017. 10. 26.

以上数据表明，中小企业在我国经济的发展历程中具有无可争议的重要地位，越来越得到国家、社会、公众的认可，已然进入一个全新的时期。我国中小企业毫无争议地成为市场经济体制中非常重要的构成成分之一，促进了我国经济的发展和社会的进步，在调整我国的国民经济结构、提高居民收入水平、推动经济体制深化改革、增加就业、技术创新、扩大产品出口等若干方面，都发挥着或将要发挥不能替代的重要作用。而且，在我国中小企业的蓬勃发展过程中，也逐步培养了各项人才，造就和锤炼了一大批各个领域内的企业家、各个层级的专业管理人员。

但是，相比于大型企业而言，我国的中小企业因为人力、物力、财力等条件的约束，相对处于比较弱势的地位，导致其在发展过程中产生了很多问题，例如融资能力低、产出规模小、组织程度差、技术装备率较低、主要分布于劳动密集型的产业内等。这些问题的存在导致中小企业在发展的过程中面临着各种各样的风险，严重影响到中小企业持续、健康的成长，使中小企业的成长性较差，很大比例的中小企业来去匆匆，成立得容易，但是没过多久就从市场上退出了。根据《财富》2017 年公布的数据，美国的中小企业平均寿命不理想，在所研究的中小企业中，成立后不到 5 年就倒闭的中小企业占比 68%，成立后能够生存 6～10 年的中小企业占比 19%，而成立后存活 10 年以上的中小企业占比仅为 13%。同样在国内，中小企业的生存时间不容乐观，平均存活寿命只有 3～5 年的时间，而且有逐渐缩短的趋势。主要原因在于我国的劳动力廉价优势在逐步减弱导致中小企业生产成本剧增，再加上中小企业融资非常困难，中小企业没有大企业所拥有的强大的能力和丰富的资源。种种原因导致中小企业成长性比较差，越来越多的中小企业陷入逆境中，或者经营困难，或者停产，或者倒闭。

面对严峻的内外部环境，中小企业能否度过生存危机，能否促进自身的可持续发展，取决于当今的中小企业能不能识别出并且抓住促进自身快速成长的机会，能不能合理有效利用现有的资源提升创新绩效，打造出自己的核心竞争力，取得持久的竞争优势。因此，本书运用企业竞争和企业创新的相关理论，探讨中小企业创新绩效的影响因素，希望能为我国中小企业的理性管理提供一些积极的正面的指导。

2. 研究中小企业的成长性，需要考虑其创新绩效

早在 2012 年，党的十八大就明确指出，科技创新目前是我国提高社会生产力、提高综合国力的重要战略支撑，必须把科技创新摆在我国发展全局的重要位置上。十八大强调要坚持走有中国特色的自主创新的道路，用全球的视野来谋划创新、推动创新，努力提高原始创新和集成创新以及引进、消化、吸收、再创新的能力，要更加注重进行协同创新。国家要改革现有的科技创新体制，这对于建设和发展国家创新体系有着重大的意义。在对国家的科技创新体制进行改革的过程中，要充分发挥出政府、研究机构、企业等各种类型的技术创新主体之间的相互协同和资源共享的作用。

2015 年，李克强总理再一次提到了"大众创业和万众创新"为导向的战略思路，鼓励高校、科研机构、中小企业以及创客空间等主体构建多方协同合作的创新创业机制，从而能够从根本上真正有效地促进我国创新创业活动的开展。在战略思想"双创"的指导下，国家机关、各级政府、科研机构、高等院校等主体必然会为中小企业的各项活动尤其是科技创新活动做出贡献，提供各种各样的资源扶持和支持，以此提高中小企业进行科技创新的主动性、创造性和积极性，推动和促进中小企业的健康快速发展和成长，而且使中小企业的成长和科技创新活动转化成国家经济发展和社会价值财富创造的主要力量来源之一。

当前，我国正处在经济转型升级的重要时期，社会发展已经步入新时代，与之相对应的就是经济面临着转方式、调结构、促发展的若干重压力。要实现经济新时代背景下数量增加且质量更优、调整速度但不减势的特点，中小企业大有可为，能够发挥出重要作用。新时代背景下，多样化、分散化、个性化消费已经成为主流，一些新技术、新业态、新产品、新商业模式不断出现，创造了很多投资机会，这些都为中小企业通过自主创新进行弯道超车创造了若干机遇。

新时代背景下，中小企业要想持续不断地促进自身成长和发展，就需要进行积极的创新，优化企业的管理模式，用以弥补传统管理过程中存在的一些问题和不足，比如落后的管理理念、滞后的管理模式等。只有以创新为依托，中小企业才能真正地为管理活动和管理实践创造良好的条件，优化企业的内部管理系统，使管理工作效率和质量不断提升。目前，中小企业处在竞争激烈的市场环境下，面临着很多的挑战与机遇，能够激发出中小企业创新的动力与积极性。中小企业在充分了解自身的优势和不足的情景下，不断通过创新活动，提升自己的扩张能力和业务能力，在这一过程中，加大对人、财、物等各方面的投入，把中小企业内的各项业务活动建设提到日程上来，扩大了中小企业在市场上的发展空间，也拓宽了中小企业的业务经营渠道，从而为中小企业提升经济效益建立了良好的支撑。

近年来，随着我国经济转型不断升级，市场开放程度不断加深，中小企业在发展过程中面临着越来越多不确定的因素，这对中小企业的发展有着较大较强的冲击。中小企业要能够在竞争激烈的市场环境下，健康稳定持久地成长和发展，最根本的解决方案就是持之以恒地提升自身的核心竞争力，同时积极防范各种对自身可持续发展造成风险的因素，把核心竞争力作为中小企业管理的重要内容。在信息化背景下，中小企业只有持续不断地加强创新的力度，积极努力地发挥出创新的优势，才能提升中小企业自身的核心竞争力，促进和推动中小企业健康和可持续的发展。

创新对中小企业的成长是非常关键的，在经济升级转型中扮演着非常重要的角色。只有创新，中小企业才能在新时代背景下打破传统约束，获得更多的、更新的发展机会，获得持久的竞争优势，在推动和实施创新驱动企业发展的战略中发挥出更重要的作用，实现社会效益和企业经济效益相结合的双向发展。因此，研究中小企业的创新绩效，能够为我国中小企业进行理性管理、促进成长提供积极的作用。

3. 中小企业的创新依赖于外部资源

嵌入性理论是目前新经济时代研究的一个比较核心的理论，这是波兰尼（Polanyi）在 1944 年率先提出的，经过几代学者的不断完善，目前在组织发展、社会网络、组织发展战略、社会资本等很多领域得到了广泛的应用。嵌入性理论随着时代的变迁不断发展，经过几十年的发展，已经取得了丰硕的成果，形成了较为完整系统的理论体系。

从现实角度出发，与大型企业相比，中小企业不具有过硬的能力和丰富的资源，因此，中小企业能否安然度过生存危机，促进其持续成长，取决于能否识别机会、有效利用各种资源取得竞争优势。新时代背景下，中小企业组织形式经历着不断的创新与变革，战略联盟、产业集群、虚拟运作等模式不断涌现，使中小企业嵌入社会关系网络内的理论观点得到广泛的关注。

奎尔沃等（Cuervo et al.，2009）在研究嵌入性理论时表明，企业尤其是中小企业要进行创新，必须充分借助嵌入性网络关系，利用各式各样的嵌入性，接入企业的外部网络内，以此获取技术、业务等方面相关的资源和信息，同时与企业内的研发等能力进行整合，以更高的效率实现创新。嵌入性网络关系有利于整合体系内不同中小企业成员的资源和核心能力，在技术、知识、管理等方面进行学习和分享，使中小企业不仅仅获得互补性资源，打造独特的竞争优势，还可以通过共享市场和商机，实现不同企业间的合作共赢。嵌入性网络关系为促进中小企业的成长提供了一种新的思路和新的范式，反映出中小企业在关系网络中所处的位置、中小企业间关系的广度、深度和多样性。中小企业借助于自身所处的关系网络，与网络内的其他主体进行信息、市场、机会、知识等重要资源的获取、共享、整合，为中小企业搭建起来资源基础平台。嵌入性网络关系伴随着中小企业的整个生命周期，嵌入程度不同，中小企业的商业模式、组织形式、运营效率等都存在着差异，导致出现不同的经营结果和企业绩效，对中小企业的发展产生重要的影响。

嵌入性网络关系把系统内的各个中小企业整合成一个新兴的组织形式，分享与学习各个中小企业在技术、管理、知识等资源和核心能力方面先进的经验。嵌入性网络关系强调系统内的各个中小企业优势互补、互通有无，使其中的成员企业能便利地获取所需要的资源，进行创新，在伙伴同盟的协助下培育自己独一无二、得天独厚的竞争优势。与此同时，系统内的各个中小企业彼此分享市场机会，一起把蛋糕做大，努力实现系统内的各个中小企业的共赢，促进成员企业的健康稳定持续的成长。因此，嵌入性网络关系为我国中小企业的可持续成长提供了一个新的研究范式和视角。

4. 嵌入性网络关系借助于动态能力对中小企业的创新绩效产生影响

目前，关于嵌入性网络关系、中小企业创新绩效的研究，很多学者尝试建立嵌入性网络关系与中小企业创新绩效两者之间的关系，但是在学术界一直没有达成统一的研究结论。分析结论不一的原因，主要在于大部分学者认为嵌入性网络关系直接作用于中小企业创新绩效，遵循的研究范式是"资源→绩效"。"资源→绩效"的研究范式只是对嵌入性网络关系和中小企业创新绩效这两者之间的关系做了比较简单的分析，而没有把这两者关系中的中介过程考虑进去，即动态能力及其动态能力对中小企业创新绩效的作用机制。目前，嵌入性网络关系、中小企业创新绩效成为企业家们、国内外学者们关心的话题，"资源→行为→绩效"的研究范式开始得到业界和学术界的普遍关注，大家把研究焦点转向中介过程——中小企业的动态能力。

　　动态能力最早是由美国经济学家大卫·J. 蒂斯（David J. Teece）首先提出的，强调的是企业构建、整合、重新配置企业内外部的能力，从而能够适应变化快速的外部环境（Teece et al.，1997）。从本质上来讲，动态能力是中小企业的一种重要的战略能力，是从战略的角度分析中小企业的生产经营活动，强调中小企业通过重构和整合企业的常规能力从而适应企业所处的外部动荡多变的生产经营环境。动态能力的重要性体现在从战略的角度上指出促进中小企业可持续发展的源动力。达夫和古德拉姆（Doving and Gooderham，2008）、尹苗苗和蔡莉（2010）等学者研究发现，动态能力对于初创企业以及面临转型升级的中小企业都有比较重要的影响。因此，中小企业的动态能力影响创新绩效，这两者之间的关系需要深入研究。

　　嵌入性网络关系与中小企业的动态能力密切相关，从嵌入性的视角来看，中小企业的创新绩效与所处的外部环境关系密切。古拉蒂（Gulati，1999）、佐洛和温特（Zollo and Winter，2002）、麦克维利等（McEvily et al.，2005）、达夫和古德拉姆（Doving and Gooderham，2008）、吴晓波和吴东（2009）、尹苗苗和蔡莉（2010）、姜爱军（2012）等学者认为在嵌入性网络关系背景下，中小企业彼此间信息交流的速度加快了，资源利用、机会识别的效率提高了，中小企业在所处的网络内与其他相关主体间进行知识、信息、资本等重要资源的共享、获取和整合，这些行为都有利于中小企业形成自己的动态能力。因此，不论是中小企业创新绩效的提升，还是中小企业动态能力的形成，都受到嵌入性网络关系的影响。嵌入性网络关系和动态能力对中小企业创新绩效的影响不是独立存在的，嵌入性网络关系会通过动态能力对中小企业创新绩效产生影响。

　　基于此，本书构建了嵌入性网络关系通过动态能力影响作用于中小企业创新绩效的理论模型，即"嵌入性网络关系→动态能力→中小企业创新绩效"的路径模型。这一模型进一步深化了"结构→行为→绩效"的研究范式，规避了在传统研究内嵌入性网络关系直接影响绩效的缺陷，进一步完善了中小企业管理理论的研究。

1.1.2 问题提出

中小企业的发展对于我国经济的快速发展起着举足轻重的作用，创新是提升中小企业绩效的主要源泉之一，也是中小企业的生存之道。在网络盛行和环境越来越开放的时代，中小企业间不再仅仅是单纯的竞争与对立的关系，更应该在竞争过程中进行合作。因为任何一个企业不管是大型企业还是中小型企业都很难仅仅依据自己所掌握和控制的资源就能维持其自身的竞争力，企业尤其是中小企业只有借助于嵌入性网络关系，从中小企业的网络组织、网络能力等方面入手，通过从企业外界持续不断地获取相关资源和信息，不断推动企业的创新，不断促进企业的学习，才能够在竞争越来越激烈、环境越来越复杂的背景下获取并且维持中小企业持续的竞争优势。罗珉（2008）认为在科技进步迅速、环境日益复杂的背景下，通过有效管理和有效利用组织之间的关系，是企业建立和维持竞争优势亟须解决的课题。很久以来前人的若干研究也已经证明了中小企业的嵌入性网络关系对中小企业创新绩效有着比较重要的影响，中小企业通过不同的方式嵌入由很多企业组成的网络中。在传统市场上，企业边界明确，追求效用最大化的目标，在此基础上开展生产经营活动，现在传统市场已经逐步被基于合作和信任的嵌入性网络关系所覆盖。

对于中小企业来讲，创新发生在不同组织组成的关系网络中，中小企业往往利用不同类型的嵌入性网络关系从其外部网络中获取其所需要的资源和信息，然后通过组织学习等不同方式整合到中小企业的内部，从而推动中小企业提升创新绩效。鲍威尔、科普特和史密斯（Powell，KoPut and Smith，1996）通过研究生物技术行业发现，嵌入性网络关系有助于中小企业通过学习提升创新能力，反观那些不能和其他企业建立联结的中小企业，因为没有在各种各样的关系网络中嵌入，所以其学习能力大大减弱，导致其创新能力得不到提升。因此，在世界范围内，嵌入性网络关系这一现象是在中小企业内广泛存在的。对于任何一家中小企业来说，其掌握的信息和资源都是有限的，其他企业手中都会控制和掌握着其所亟须的这样或那样的稀缺资源。因为，中小企业出于获取所亟须信息和资源的需要，就会努力寻求与其他企业建立起来良好的关系。这种嵌入性网络关系能够帮助中小企业掌握相关的信息和资源，获取商业先机，进而得到中小企业进行创新所需要的一些稀缺的重要的资源。

基于此，国内外管理学、经济学、社会学等相关领域的专家学者们对嵌入性网络关系进行了相关的探讨，借助于一定的实证与理论研究，分析嵌入性网络关系与中小企业创新绩效之间的关系，也得到了一些有价值的研究成果。嵌入性网络关系对中小企业的创新起到了积极的作用，有利于提高中小企业创新绩效，从而使中小企业获取竞争优势，最终使中小企业的整体绩效提升了。但是，国内外学者们研究嵌入性网络关系影响中小企业创新绩效的文献不是很多，尤其是针对中小企业进行研究的相关文献也不是很丰富，具体到嵌入性网络关系影响中小企业创新绩效的机制上，目前的研究仍然存在着一定的分歧。实际上，嵌入性网络关系与中小企业创新绩效间很可能存在着比较复杂的关系，离开了动态能力的中介效应就很难获取到深入和全面的结论。因此，要想更加严谨、更加科学准确地解释嵌入性网络关系影响中小企业创新绩效，还必须考虑动态能力的中介效应，同时考虑嵌入性网络关系的具体内容。

那么，结合我国中小企业转型升级的背景以及中小企业间竞争与合作的现实状况，嵌入性网络关系是如何对企业创新绩效产生影响的？在中小企业内，嵌入性网络关系对创新绩效影响的路径是怎样的？中小企业应该如何选择、构建嵌入性网络关系从而推动中小企业创新绩效以赢得自己的竞争优势？本书试图对这些问题进行深入的研究，综合运用嵌入性网络关系和创新领域内的相关研究成果，探索嵌入性网络关系和中小企业创新绩效间的相互关系，构建嵌入性网络关系和中小企业创新绩效间的理论模型，以期完善现有的嵌入性网络关系和中小企业创新管理的理论框架，丰富嵌入性网络关系和中小企业创新管理这些领域内的研究成果。

1.1.3 研究意义

在理论研究中，国内外学者们很早就开始探究中小企业对于一个国家或者地区的经济增长、社会稳定发展等方面所起的重要作用。也有学者关注于中小企业的生存现状，分析中小企业应该如何提升自己的经营管理水平。本书借助于嵌入性网络关系和创新管理等相关理论研究我国中小企业，借助于调查山东省内的中小企业，了解其发展状况，获取第一手数据，在对数据进行整理分析的基础上研究在动态环境下中小企业嵌入性网络关系与创新绩效之间的关系，独辟蹊径寻求促进中小企业持续稳定成长的源动力，以此促进中小企业可持续成长，为我国经济转型和经济升级提供可靠的参考依据。因此，本书的研究具有一定的理论意义和现实意义。

1. 理论意义

究竟是哪些因素决定了企业的经济绩效，管理学界、经济学界的学者们从不同的角度提出了自己的观点。其中，新制度经济学派提出，正式制度尤其是产权制度是决定企业绩效的主要因素。随着研究继续深入，学者们发现影响产权制度的是政治形态，同时政治形态也决定了组织产权制度的具体实施。然后随着研究范围的进一步拓展，学者们发现在政治形态中社会信仰体系起着决定性作用。据此，影响企业绩效的路径是：社会信仰体系→政治形态→产权制度→企业绩效。因此，制度经济学就从新制度经济学过渡发展到新经济社会学，范围进一步扩大。经济社会学是社会学的一个分支，从其发展变化的过程来看：第一阶段是古典经济社会学，以卡尔·马克思（Karl Marx）、马克斯·韦伯（Max Weber）、埃米尔·杜尔凯姆（émile Durkheim）为代表，主要任务是研究经济和社会之间的相互关系；第二阶段是现代经济社会学，以塔尔科特·帕森斯（Talcott Parsons）、尼尔·斯梅尔瑟（Neil J. Smelser）为代表，在20世纪50年代，建立了以功能—结构主义为主的经济社会学理论；第三阶段是新经济社会学，以马克·格兰诺维特（Mark Granovetter）为代表，波兰尼（Polanyi）在 1968 年提出了"经济嵌入于社会"的观点，在此基础上，马克·格兰诺维特等新经济社会学家主张从社会网络的视角来研究社会经济行为，提出了"经济行为嵌入在社会结构内"的研究假设，具有一般化的特点。

不管是经济学，还是社会学，虽然来自不同的学科领域，但是都殊途同归，从嵌入性视角对经济社会系统以及其绩效进行研究。人类社会经历了漫长的发展历程，决定经济活动的因素也发生了很大的变化。首先是市场和价格决定经济活动，然后是纯资本主义时代，个体营利的理性人假设决定经济活动，随着社会的进一步发展，嵌入性理论受到普遍关注，经济活动中所嵌入的亲缘义务、社会义务等对经济活动的影响越来越凸显。嵌入性对中小企业来说，是一种私人资源，但是其具有一定的公共物品性质，影响着社会系统、经济系统及两者之间的相互作用，而且影响作用越来越大。

不仅仅是经济学的发展中渗透着嵌入性理论，管理学的发展历程中也不例外，战略管理、组织管理等相关领域内都体现出嵌入性理论对其的影响。战略管理是管理学的一个重要的分支，研读众多的关于战略管理的文献，发现竞争优势是决定企业绩效的重要因素之一，而企业的竞争优势除了来源于自己拥有的内部资源之外，还来源于因嵌入性网络关系所形成的一些特殊资源。戴尔和西恩（Dyer and Singh，1998）指出企业因嵌入自己所独特的关系网络中所拥有的各种各样的资源与能力是竞争对手难以模仿的，由此形成的特殊资源与能力决定了企业独特的竞争优势。从组织管理的视角来看，通过研究企业与企业外其他组织的内外部结构，证明社会结构强烈影响企业行为，奠定了"结构→绩效"的研究基础。因此，嵌入性网络关系是企业尤其是中小企业的战略性资源，直接影响到中小企业的各种能力和绩效。

研究中小企业创新绩效，将经济系统和社会系统进行割裂，分别进行研究是不科学的，存在着很大的风险。卢周来（2009）指出新经济社会学和新制度经济学的发展，尤其是社会资本理论和企业网络理论的发展，使嵌入性成为主流关注的视角。嵌入性网络关系是当今社会学、管理学、经济学普遍关心的热点问题，中小企业的经济活动纠缠于并嵌入非经济制度和经济制度当中，既不脱离于社会环境，也不完全坚守普遍存在的社会信条和社会规则，而是嵌入到社会关系具体的、当前的网络内。国内外学者对嵌入性网络关系和中小企业创新绩效间的关系也进行了一定的研究，初步确定了嵌入性网络关系和中小企业创新绩效间存在着一定的联系，嵌入性网络关系会影响中小企业创新绩效，但是没有解释两者之间的影响是如何发生的。本书采用嵌入性理论研究中小企业创新绩效，具有一定的理论意义。本书建立了嵌入性网络关系通过动态能力影响作用于中小企业创新绩效的理论模型，即"嵌入性网络关系→动态能力→中小企业创新绩效"的路径模型。实际上嵌入性网络关系并不是直接影响中小企业创新绩效，而是借助于动态能力的中介效应引发的。本书构建的路径模型，深化了中小企业创新管理已有的研究框架，能够更加科学合理地解释嵌入性网络关系和中小企业创新绩效之间的关系，深化了"结构→行为→绩效"的研究范式，规避了在传统研究内嵌入性网络关系直接影响中小企业绩效导致研究结论不确定甚至会违背现实状况的缺陷。从逻辑关系上分析，嵌入性网络关系首先影响中小企业的动态能力，然后借助于动态能力影响中小企业创新绩效。

2. 现实意义

目前，我国处在经济转轨和升级的关键时期，在社会中和市场上必然会存在一定的制度缺陷，中小企业在交易过程和成长过程中会面临着很多形形色色的限制。中小企业要提升自身的创新绩效，需要人力、物力和财力，而任何一个中小企业都不可能具备所需要的各种资源和相关信息，因此，中小企业要进行创新，要通过创新打造自己的核心竞争优势，要根据市场需求研发生产消费者所需的各类产品，就必须借助嵌入性网络关系，与外界组织构建各种各样的关系，以此获取帮助和支持，弥补自身的不足。

在经济生活中，国内外学者们经常会发现一些令其困惑不已的现象，例如，从人是完全理性的假设出发，很显然不赚钱的生意，为什么还会有企业愿意去做？有一些企业可见的传统资源比如人力、物力、财力等都很丰富，但是为什么发展缓慢、经济效益较低，甚至濒临破产境地？在进行交易的过程中，企业的交易价格有时候远远高于市场价格，有时候远远低于市场价格，为什么不是以所谓的合理价格进行交易？这些看似不合理的现象的存在，促使国内外学者们不得不去探求究竟是哪些因素在发挥作用，使一些看似非理性的现象和行为能够合理出现。格兰诺维特（Granovetter，1985）研究发现，在研究企业及其行为时，不应该把他们割裂开来作为一个个独立的个体进行研究和分析，而应该考虑到企业及其行为是受到其所处的社会关系制约的。

　　学者们在探究企业及其行为中的那些看似非理性的现象和行为，应该考虑情境约束，充分评价嵌入性网络关系，那么那些看似非理性的行为就能进行合理的解释了。因为从当今中国社会的表象来看，我国社会是由亲情、人情、友情、乡情等组成的网络体系。梁漱溟早在 1949 年出版的《中国文化要义》中提出的我国既不是个人本位的社会，也不是社会本位的社会，而是关系本位的社会。我国不是把重点仅仅固定在其中的某一方，而是把重点放于彼此的关系之上。学者黄光国（2006）分析我国传统文化，指出关系、面子、人情是我国社会的基础。著名社会学家金（King，1991）提出关系、面子和人情是共同作用于社会的三个主要的因素，影响着社会当中人们的心理活动、行为方向等。中小企业是社会当中的一个个体，自然而然也应该嵌入企业外的各种各样的社会关系中。布德里（Buderi，2006）、万豪奈克（Vanhonacker，2000）等学者在研究中发现，企业会建立一个关系网络，对企业的发展起着非常重要和关键的作用。因此，将西方社会的嵌入性理论引入我国，进行本土化研究，对我国来说，更具有现实意义。

　　西方学者根据外部联结和内部联结的高低不同把社会分为四种状态，其中内部联结高、外部联结低的社会状态被称为"不道德的家族主义"的社会。我国社会就被西方学者认为是这种社会状态。这样的社会系统和经济系统之间相互作用的过程中，会表现出独特的影响和规制。我国的中小企业要在这种独特的社会系统中生存和发展下去，其所嵌入的独特的社会系统必然会影响到其包含创新在内的各种绩效水平，而且这种影响会与西方社会存在一定的差异，因此研究我国情景下的嵌入性网络关系和中小企业创新绩效之间的关系就具有一定的现实意义。

本书研究我国经济转型和升级背景下的嵌入性网络关系对中小企业创新绩效产生影响的路径，具体分析"嵌入性网络关系→动态能力→中小企业创新绩效"的理论研究框架，研究视角是嵌入性网络关系，研究内容是嵌入性网络关系通过动态能力如何影响中小企业创新绩效的关系。从政府层面来看，其研究成果能够为我国政府部门对中小企业创新活动进行有效的指引、管理、监督提供参考意见，使政府相关部门为中小企业创新创造一个和谐的环境，提高中小企业创新绩效，以此提升中小企业的核心竞争优势。从企业层面来看，其研究成果能够引导中小企业完善内部创新等制度，自我诊断创新绩效及其影响因素，以实现嵌入性网络关系对创新绩效的传递，使中小企业自主治理，提升中小企业竞争优势，促进其健康稳定成长。因此，本书的研究有一定的现实意义。

1.2 本书的结构和研究方法

1.2.1 本书的结构

本书从我国经济转轨和升级时期所出现的制度环境特点出发，同时结合中小企业的实际创新状况以及其所处的情景因素，采用规范研究与实证研究、定性研究与定量研究相互结合的方法，延续逻辑与推理、实证与检验、策略与建议等一系列的逻辑思路，深入系统地探索嵌入性网络关系对中小企业创新绩效产生影响的路径，具体分析"嵌入性网络关系→动态能力→中小企业创新绩效"的理论研究框架。

本书的结构如图 1-5 所示。

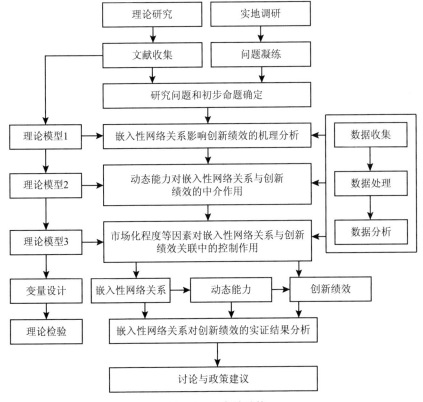

图 1 - 5　本书的结构

资料来源：笔者整理。

1.2.2　研究方法

在我国经济转轨和升级时期这一背景下研究嵌入性网络关系通过动态能力对中小企业的创新绩效产生影响，涉及多个学科，需要综合运用社会学、金融学、会计学、公司治理等相关学科的知识与理论，需要借鉴国内外若干领域内学者们的相关研究成果，综合运用定性与定量的研究方法系统科学地研究嵌入性网络关系通过动态能力这一中介效应对中小企业的创新绩效产生影响。本书运用的研究方法具体包括文献研究法、调查问卷法、比较分析法、实证研究法等。

1. 文献分析法

文献分析法是目前进行科学研究被广泛运用的一种研究方法，这种方法是在搜集、查阅已有的文献资料的基础上，探明所研究对象的状况和性质，获取有用的相关信息，从中引出自己的观点，是一种间接的社会研究法（袁方，2004）。罗青兰等（2014）指出借助于文献分析法研究人员能够从总体上快速把握已有的研究成果，通晓所关注的问题的研究现状，快速找到所需研究的问题。文献分析法主要的内容包括三点：分析研究搜集到的档案资料；分析研究查到的日记、笔记和传记；分析研究获取到的公开出版发行的书籍报纸杂志等资料。

为了更全面把握嵌入性网络关系通过动态能力这一中介效应影响中小企业创新绩效这一问题的相关文献，本书用中小企业创新绩效、嵌入性网络关系、动态能力等关键词查阅了书籍、学术期刊、报纸等纸质文献，依据中小企业创新绩效、嵌入性网络关系、动态能力等关键词检索了中国知网（CNKI 数据库）、独秀学术搜索、百度学术、谷歌学术等电子文献。

本书参考的中文文献主要来源于中国知网（CNKI 数据库），从中搜集到与中小企业创新绩效、嵌入性网络关系、动态能力等关键词有关的学术期刊论文、博士和硕士毕业论文等；本书参考的外文文献主要来源于 Elsevier Science Direct 数据库、Springer 数据库、EBSCO 数据库等。研读、综合分析已有的有关中小企业创新绩效、嵌入性网络关系、动态能力等领域内的文献以及研究成果，采用解释、描述等手段挖掘嵌入性网络关系、中小企业创新绩效的内涵以及理论基础，用以分析嵌入性网络关系通过动态能力这一中介效应影响中小企业创新绩效这一问题。

2. 调查问卷法

调查问卷法是目前国内外在进行社会调查时广泛使用的方法。问卷是研究人员根据统计和调查资料所需设计的，采用设问的方式对问题进行表述的一些表格。研究人员采用调查问卷来度量要研究的问题，进而搜集到自己所需的可靠资料。一般来说，调查问卷较之访谈要更完整、详细、便于控制，因为调查问卷法是用设计好的问卷进行调查的，问卷在设计的时候要求其具有规范性和可计量性的特点。

问卷调查的目的是为了获取一手资料，本书通过调查问卷法搜集有关中小企业嵌入性网络关系、动态能力、创新绩效等方面的相关数据，用以进行实证分析、统计检验等。

为了保证用以调查的问卷的效度，本书在设计调查问卷之前采用了访谈的方法，通过个案访谈确定研究的适用性、必要性，论证本书选取的研究范围、研究对象是否能支撑相关的理论研究，以此为本书确定研究样本提供一定的实践支撑。

调查问卷确定后，本书先对山东省济南地区的 3 家高科技中小企业进行了小范围小规模的调查，然后根据这 3 家高科技中小企业的调查结果对现有调查问卷的一些设计不太合理的题目和选项进行了一定的调整和修订，在此基础上确定本书正式的问卷。

本书采用调查问卷法对中小企业嵌入性网络关系、动态能力、创新绩效等相关数据进行收集有着科学严谨的程序，依次采用了个案访谈、问卷设计、进行预调查、预调查检验、问卷调整、正式调查等一系列的步骤，以此确保整个调查过程的严谨性和科学性，保证了获取的相关数据的效度。

3. 比较分析法

在科学探究中，经常会用到比较分析法，这种方法会使科学研究的现实性增强。有比较才能有鉴别，实际上，比较分析法就是在同一中寻找差异，在差异中寻找同一。比较分析法是根据相关标准，对照比较相互之间有一定联系的各种社会经济现象，从而确定各种社会经济现象间的异同关系、普遍规律，了解各种社会经济现象拥有的思维过程、逻辑方法以及发展规律，以此改进各种社会经济现象（王玄武，2003）。林聚任和刘玉安（2008）认为比较分析法是对比两个或者两个以上的对象或事物，从而找出它们间的差异性和相似性的一种研究方法。

本书研究嵌入性网络关系通过动态能力这一中介效应对中小企业的创新绩效产生影响的过程中，既采用纵向比较，又采用横向比较，这样才能对研究对象的本质、发展规律进行比较全面的把握。纵向比较是指时间上进行比较，比较同一研究对象在不同研究时期的状态，追溯到过去，了解研究对象的历史渊源，通过了解认识研究对象发展变化的过程，把握所研究的社会经济现象发展变化的规律。本书研究中小企业创新绩效，因此本书分析了我国不同行业开放的历程，在中小企业发展变化的过程中政策法规的一些变化情况，通过研究不同年份的中小企业的发展报告、私营经济分析报告等相关资料，分析政策法规等制度的变迁对中小企业创新绩效的影响。

横向比较是对同一时间上不同事物的形态进行比较分析。因为所处时期相同，经济环境、政治环境、文化环境、制度环境等很多外部环境因素是相同的，因此把不同的事物置于同一标准下进行比较分析，能够更全面把握研究对象。因此，本书研究嵌入性网络关系通过动态能力这一中介效应影响中小企业的创新绩效，可以分门别类进行研究，按照不同行业、不同地区等进行比较分析。

4. 实证研究法

本书需要在规范研究、相关经济理论和管理理论的基础上，建立嵌入性网络关系通过动态能力这一中介效应影响中小企业创新绩效的理论模型，用以论证在中小企业内嵌入性网络关系如何影响动态能力和创新绩效。因此，为了检验研究假设，本书需要搜集有关中小企业嵌入性网络关系、动态能力、创新绩效等方面的数据，建立数据库。在建立的数据库中包含了中小企业财务信息、行业分类、企业规模、创新绩效等相关指标数值。

在数据库提供相关数据的基础之上，实证检验嵌入性网络关系通过动态能力这一中介效应影响中小企业创新绩效的理论模型。实证研究法是在研究过程中应用普遍的一种方法，通过数量化，使实证结果表现为一般性、系统性（钱颖一，2003）。实证研究是一种研究的范式，推崇结论的普遍性、客观性，强调知识应该建立于实验与观察的经验事实上，需要通过经验观察的数据与实验研究的方式手段揭示一般的结论，而且在同一条件下这种结论应该具有可证性，减少在经验研究、规范研究中存在的偶然性、表面化等问题的出现。

本书中采用软件 SPSS 21.0 进行数据处理，同时配合 Excel。具体的实证方法包括相关分析、方差分析、Logistics 回归分析等，同时本书还采用了中介效应的检验方法，实证检验嵌入性网络关系通过动态能力影响中小企业创新绩效。

1.3 关键概念界定

进行科学研究，需要科学合理地界定所要研究的问题，因此，本书首先界定中小企业、嵌入性网络关系、动态能力、创新绩效等主要的概念。

1.3.1 中小企业的界定

中小企业是相对于大企业来说的，对于中小企业如何界定，目前不同的国家因为历史条件、自然资源禀赋、经济发展状况、产业结构等方面存在差异，因此对中小企业的划分就存在着差异。虽然各国划分标准不统一，但是总结下来，划分的标准主要分为两类，一类是定性的标准，一类是定量的标准。

定性的标准主要是地位界定标准或者质量界定标准，一般从企业经营所有权的归属、融资方式、在行业内所处地位等方面进行评价。比如德国评判中小企业的一个标准是不能直接在资本市场融资，印度尼西亚规定中小企业只能利用当地的金融资本，大多数国家规定在所在行业内不占垄断地位、只有比较少的市场份额的企业才是中小企业。目前，只有欧美一些国家采用定性的标准来界定中小企业。

定量的标准主要是评价企业内最基本的资源，包括人力、物力和财力等，具体来说，就是从员工人数、资产状况、年销售（营业）额等方面进行数量评价。相对定性标准而言，定量的标准更直观，都有具体的定量区间，因此世界各国普遍采用这种标准界定中小企业。目前，常见的划分方法有三类，具体内容如表 1-1 所示。

表1-1　　　　　　　　　中小企业常用的定量界定标准

序号	标准角度	标准名称	标准内容	采用部门
1	企业财力和物力	资产总额	企业拥有、控制的全部资产	金融部门
2	企业人力	员工人数	企业内就业人数的数量	劳工部门
3	企业经营状况	年销售（营业）额	企业一年内的产品销售的总额	税务部门

资料来源：笔者整理。

由此可见，定量的标准因为简单易懂，在统计评定过程中操作性比较强，能确切地把行业内的企业划分为大企业和中小企业两部分，使行业结构清晰可见，因此这种划分方式受到世界各国的普遍欢迎。我国一直非常重视对企业规模的划分标准，以此确定大企业和中小企业，为政府调整、完善企业政策提供相应依据。随着我国的经济发展水平在不断地提高，划分企业的标准也在不断变化，其演变历程大致可以分为六个阶段：

第一阶段：1949~1956年。这一阶段中，20世纪50年代初期和后期的标准存在一定的差异。50年代初期，我国规定有机器动力的，从业人数不超过15人的企业或者没有机器动力的，从业人数不超过30人的企业都为小企业；到了50年代后期，我国又用产品产量作为小企业的衡量标准。

第二阶段：1957~1978年。这一阶段中，我国用年度综合生产能力作为中小企业的衡量标准。

第三阶段：1979~1987年。在这一阶段中，我国制定了《大、中、小型工业企业划分标准》，共计150条行业标准，按照企业规模把工业企业划分为四个档次：特大型企业、大型企业、中型企业和小型企业。

第四阶段：1988~2001年。这一阶段中，我国在1988年制定了《大中小型工业企业划分标准》，然后根据国际标准在1992年重新修订，选择企业的资产总额和年销售额作为划分企业类型的标准，把我国企业划分为四档：特大型企业、大型企业、中型企业和小型企业。在这一阶段中，中小企业受到包括政府在内各界的普遍关注，因此发展迅速。

第五阶段：2002~2010年。为了促进中小企业健康发展，发挥中小企业在国民经济中国的作用，我国在2003年颁布了《中小企业促进法》。然后根据该法，重新修订了标准，制定了《中小企业标准暂行规定》。根据企业的资产总额、销售金额、员工人员、所在行业来划分企业类型，工业、住宿和餐饮业、批发和零售业、交通运输和邮政业、建筑业等划分企业类型的定量标准是存在差异的。

第六阶段：2011 年至今。我国在 2011 年制定了《中小企业划型标准规定》，该规定把中小企业划分为三类：中型企业、小型企业、微型企业。在该规定中，界定了划分微型企业的标准，完善了我国中小企业的界定标准，便于分类管理中小企业，有针对性地制定政策措施。新标准的划分覆盖面广泛，基本涵盖了除教育、金融、卫生等所有主要的行业，具体划分标准如表 1－2 所示。

表 1－2　　　　　　　　　　中小企业现阶段的划分标准

行业	微型企业	小型企业	中型企业
工业	营业收入 < 300 万元或从业人数 < 20 人	300 万元 ≤ 营业收入 < 2000 万元或 20 人 ≤ 从业人数 < 300 人	2000 万元 ≤ 营业收入 < 40000 万元或 300 人 ≤ 从业人数 < 1000 人
农林牧渔业	营业收入 < 50 万元	50 万元 ≤ 营业收入 < 500 万元	500 万元 ≤ 营业收入 < 20000 万元
建筑业	营业收入 < 300 万元或资产总额 < 300 万元	300 万元 ≤ 营业收入 < 6000 万元或 300 万元 ≤ 资产总额 < 5000 万元	6000 万元 ≤ 营业收入 < 80000 万元或 5000 万元 ≤ 资产总额 < 80000 万元
交通运输业	营业收入 < 200 万元或从业人数 < 20 人	200 万元 ≤ 营业收入 < 3000 万元或 20 人 ≤ 从业人数 < 300 人	3000 万元 ≤ 营业收入 < 30000 万元或 300 人 ≤ 从业人数 < 1000 人
批发业	营业收入 < 1000 万元或从业人数 < 5 人	1000 万元 ≤ 营业收入 < 5000 万元或 5 人 ≤ 从业人数 < 20 人	5000 万元 ≤ 营业收入 < 40000 万元或 20 人 ≤ 从业人数 < 200 人

续表

行业	微型企业	小型企业	中型企业
零售业	营业收入<100万元或从业人数<10人	100万元≤营业收入<500万元或10人≤从业人数<50人	500万元≤营业收入<20000万元或50人≤从业人数<300人
住宿业	营业收入<100万元或从业人数<10人	100万元≤营业收入<2000万元或10人≤从业人数<100人	2000万元≤营业收入<10000万元或100人≤从业人数<300人
仓储业	营业收入<100万元或从业人数<20人	100万元≤营业收入<1000万元或20人≤从业人数<100人	1000万元≤营业收入<30000万元或100人≤从业人数<200人
邮政业	营业收入<100万元或从业人数<20人	100万元≤营业收入<2000万元或20人≤从业人数<300人	2000万元≤营业收入<30000万元或300人≤业人数<1000人
餐饮业	营业收入<100万元或从业人数<10人	100万元≤营业收入<2000万元或10人≤从业人数<100人	2000万元≤营业收入<10000万元或100人≤从业人数<300人
信息传输业	营业收入<100万元或从业人数<10人	100万元≤营业收入<1000万元或10人≤从业人数<100人	1000万元≤营业收入<100000万元或100人≤业人数<2000人
物业管理	营业收入<500万元或从业人数<100人	500万元≤营业收入<1000万元或100人≤从业人数<300人	1000万元≤营业收入<5000万元或300人≤从业人数<1000人
软件和信息技术服务业	营业收入<50万元或从业人数<10人	50万元≤营业收入<1000万元或10人≤从业人数<100人	1000万元≤营业收入<10000万元或100人≤业人数<300人
房地产开发经营	营业收入<100万元或资产总额<2000万元	100万元≤营业收入<1000万元或2000万元≤资产总额<5000万元	1000万元≤营业收入<200000万元或5000万元≤资产总额<10000万元

续表

行业	微型企业	小型企业	中型企业
租赁和商务服务业	资产总额＜100万元或从业人数＜10人	100万元≤资产总额＜8000万元或10人≤从业人数＜100人	8000万元≤资产总额＜120000万元或100人≤从业人数＜300人
其他未列行业	从业人数＜10人	10人≤从业人数＜100人	100人≤从业人数＜300人

资料来源：笔者整理《中小企业划型标准规定》等相关资料所得。

1.3.2　嵌入性网络关系的界定

嵌入性网络关系是企业网络理论当中的非常重要的一个概念，表明企业在网络中所处的位置、地位以及和网络内其他企业间的相互关系，由此决定企业在整个网络内所能聚集、整合、配置的相关资源，影响企业在整个网络内的行为和绩效。波兰尼（Polanyi，1944）、格兰诺维特（Granovetter，1985）、刘雪锋（2007）等学者认为嵌入性网络关系是联结经济学、管理学、社会学理论的桥梁，是进行企业网络研究的新视角和工具。

在辞海中，"嵌"是指东西被镶填在空隙内，"入"是指由外到内，合起来"嵌入"一词是指"紧紧地埋入；深深地或者牢固地固定；镶嵌进入"。国外的文献用"embeddedness"代表嵌入，被翻译成嵌入式或嵌入性，属于名词，通常表示一个事物内生进其他事物中，或者一个系统有机结合于另一系统内的现象。波兰尼（1944）最早提出"嵌入性"，强调人类的经济活动是制度化的一个过程，人类经济活动嵌入在经济制度和非经济制度内，非经济制度非常重要，政府和宗教都应该嵌入到经济研究的整个过程中，在不同的制度环境下交换、互惠、再分配这三类经济活动的嵌入状态存在差异。哈里森（Harrison，1981）提出市场即网络，提出经济交易的基础是社会网络，包含三层意思：一是企业借助于社会网络获取生产经营信息；二是内嵌入社会关系基础上的信任，在维护通用的商业规则基础上延续了关系网络；三是不同的关系网络内有独特的市场秩序。

当时，嵌入性的观点没有引起重视，直到格兰诺维特（Granovetter，1985）重新对嵌入性进行了阐述，《经济行为与社会结构：嵌入性问题》的发表为新经济社会学的研究奠定了基础，认为嵌入性应被认为是一种人际互动的社会过程，人际进行互动的过程中会彼此产生信任，这是组织从事生产经营活动的基础。格兰诺维特（1985）认为社会中不存在完全的经济关系，可以用"信任和欺骗""市场和等级"这两对概念对嵌入性经济行动进行分析。经济活动不能完全脱离社会，也不会完全依附社会，是适度嵌入到社会当中的，在动态的、具体的社会关系内寻求一种平衡各方利益的实现。

古拉蒂等（Gulati et al.，2000）认为嵌入性网络关系有两个研究维度：关系嵌入性和结构嵌入性。关系嵌入性指的是关系网络内的直接结合关系、机制，结构嵌入性指的是关系网络内的成员因为所处位置不同产生的影响、价值。关系嵌入性中的关系指的是嵌入性网络关系中的参与者彼此之间发生的相互信任、协作等二元双向关系；嵌入性是相互信任、理解、承诺的程度，因此，关系嵌入性的度量可以从关系的方向、内容、强度、延续性等方面进行。格兰诺维特（Granovetter，2000）强调网络内的直接联结，认为网络关系内的信任在经济交换过程当中发挥着非常重要的作用，能避免或者降低欺骗和机会主义的发生。格兰诺维特（2000）认为网络中的联结有强联结、弱联结两类，借助于亲密程度、互动频率、关系持续的时间、互相服务的内容等进行衡量。强联结持久性强、长期，包括合资关系、权益联盟、研发风险合作等；弱联结持久性弱、短期，包括专利协议、许可、市场协议等，弱联结被认为存在于一些很少见面的人们之间，关系的载体不是日常互动而更多的是记忆。乌西（Uzzi，1997）从三个维度描述关系嵌入性：信任、共同解决问题、优质信息共享。信任代表了网络关系内一方对另一方的信心，认为对方不会为了获得利益而损害自己，这是嵌入性网络关系的主要特征。在信息不对称的情况下，因为寻找、选择新的有价值的可信赖的合作伙伴需要较高的成本，因此企业倾向于和原来的或现有的伙伴进行合作，信任维护了关系的稳定性。当关系嵌入性程度高时，关系双方会通过协商、相互调适等方式共同解决问题，实现功能协调，减少研发产品的时间，降低生产当中的误差，促进共同的学习和创新，提高嵌入性网络关系的组织效率，同时还能促进彼此间的相互信任，更能强化嵌入性网络关系。与纯粹的市场关系共享的数量、价格等信息不同，嵌入性网络关系能共享更多的包括利润、战略、隐性知识等相关信息，因此，嵌入性网络关系能促进信息共享。

　　结构嵌入性，又称为网络位置观，是指企业因为在特定关系网络内所处的位置或者所嵌入的网络的结构，由此带来的价值。结构嵌入性关注的焦点集中于所嵌入的网络结构对企业的行为和绩效产生的影响，采用关系联结处在网络关系中的规模、位置、密度等指标进行测度。科尔曼（Coleman，1988）从网络密度特征的视角进行研究，提出网络密度如果变大，信息和其他资源流动的速度会加大，就更容易形成共同信任的行为模式；因为在高密度网络内存在很多三方联结，容易形成声誉效应，产生合作激励，从而规避欺骗行为。伯特（Burt，1992）从网络结构中心的视角出发，提出网络内关系稠密地带间的各个位置被称为网络内的结构洞。这些位置给网络内的企业提供了若干机会，去寻求获得新的资源和信息，冗余信息、冗余联结变少，节约网络成本，取得比稠密地带内的位置更好的效果；拥有了网络内的结构洞就意味着该企业因为其处在网络关系内的中介位置而对其他企业拥有控制权，拥有了网络内的结构洞就占据了网络关系中的中心位置，由此获取一定的竞争优势。乌西（Uzzi，1997）强调嵌入性网络关系应该更多地关注于社会因素，社会因素实质上指的是关系嵌入性。因为关系嵌入性和结构嵌入性存在一定的差异，结构嵌入性更多地依靠先天位置优势，而关系嵌入性更多关注于网络嵌入的质量和内涵，侧重于双方关系的多样性和紧密性及关系双方在嵌入状态下的行为模式（Gulati et al.，2000）。嵌入性网络关系可以从多个维度、多个视角进行分析、讨论、度量，嵌入性网络关系的各个方面是连续的、动态的。

　　综上所述，嵌入性网络关系是一个比较抽象的概念，学者们也从各个角度对嵌入性网络关系进行解读。本书认为嵌入性网络关系是中小企业采取一定的合理合法的行为构建网络关系，从而形成一种能够互相依赖的不能或缺的网络结构，中小企业借助于该网络获取到自身所需的各种资源，积累自身的能力，从而提升自身在行业内的战略地位。嵌入性网络关系实质上描述的是中小企业所在的网络对其经济行为所产生的影响，是从结构化的视角对嵌入性网络关系进行解读。嵌入性网络关系表明了中小企业在关系网络中所处的位置、地位、与关系网络内其他组织之间的相互关系，这种相互关系决定了中小企业在关系网络内所能吸收、获取、利用的各类资源的数量，从而进一步影响到中小企业的行为、决策、绩效等。

1.3.3　动态能力的界定

为了从企业资源和企业能力的视角分析中小企业如何在激烈的竞争环境下获取持久的竞争优势，弥补以往的竞争优势理论没有关注于企业内的资源、能力和外部环境的动态性之间的联系，蒂斯和皮萨诺（Teece and Pisano，1994）最早提出了动态能力的定义，将环境的动态性纳入企业的内在能力体系，指出动态能力能改变企业内的资源基础，因此企业在市场中的竞争优势应该来源于动态能力。这一观点使竞争优势理论和资源基础理论进一步深化发展起来。蒂斯和皮萨诺（Teece and Pisaro，1997）进一步完善了这一定义，认为动态能力是企业构建、重构、整合内外部能力的高阶能力，以此适应变化快速的外部环境，保持竞争能力。目前，对于动态能力的概念和内涵，管理学界一直没有达成一致的认识，其研究背景、侧重点都有所不同。

因为研究视角存在差异，所以对动态能力的理解就千差万别。蒂斯和皮萨诺（Teece and Pisano，1994）是从战略管理的角度进行描述，基于企业是一个能力、资源的集合体。赫法特（Helfat，2007）认为动态能力是一个企业有目的地更新、扩展、创造其各类资源库的一种能力，根据企业内的各类变革需求，进行规划，选择实施的路径。这一定义得到了温特（Winter，2003）的认可，温特（Winter，2003）认为动态能力是修改、创造、拓展低阶能力（常规能力）的一种高阶能力，能够更新、创造、维护自己独特的资源。威斯（West，2014）认为动态能力是一个企业构建、重新配置、整合企业能力的能力，适应变化快速的环境，实现竞争优势。基于战略管理视角的学者们，实质上是把企业内的能力分为普通能力、动态能力两大类，普通能力是低阶能力，其产出是企业内某种产品或某种活动；而动态能力是高阶能力，其产出是一种全新的企业以往不具备的能力，从这一角度来看，对动态能力较为直观的理解和认识是，动态能力是一种改变原有能力的能力。

艾森哈特和马丁（Eisenhardt and Martin，2000）等学者则从流程的角度进行描述，基于企业是一个由一系列常规惯例、流程组成的集合体，认为动态能力就是一个个具体的、能够辨认的组织或战略过程，比如战略联盟、产品研发、战略决策、收购等，也就说，动态能力就是在企业内资源使用的过程，企业获取、重构、整合、放弃资源以此创造、匹配市场变革的过程，是企业攫取新的资源配置，比如市场诞生、分裂、进化、碰撞、消亡的战略惯例。佐洛和温特（Zollo and Winter，2002）等学者则从组织学习的角度进行描述，基于企业是一个个体和集体互动知识的集合体，认为动态能力是借助于积累隐形经验、知识外在化、知识编码活动等知识创造、利用的活动，以此获取竞争优势达成更高效率的能力。

对于如何对动态能力进行维度的划分，学术界亦没有形成一致见解，但是，大部分学者都认同动态能力应该包含整合能力和重构能力（Lin and Wu，2014）。蒂斯和皮萨诺（Teece and Pisano，1997）指出动态能力由三个维度构成，分别是整合能力、建构能力和重构能力。艾森哈特和马丁（Eisenhardt and Martin，2000）指出动态能力由四个维度构成，分别是资源获取能力、资源重构能力、资源整合能力、资源释放能力。尽管蒂斯和皮萨诺（Teece and Pisano，1997）、艾森哈特和马丁（Eisenhardt an Martin，2000）从不同的角度对动态能力的内涵进行阐述，但是对于动态能力的维度划分却有部分一致的观点。王和艾哈迈德（Wang and Ahmed，2007）认为动态能力由三个维度构成：适应能力、吸收能力、创新能力。适应能力是企业内部资源能否和外部环境匹配，吸收能力是指企业在接受外部知识的过程中能否和内部知识进行结合，创新能力是企业能否依靠自身内部的创造力获取市场优势。这三类能力是需要在企业内部对资源进行重构、更新、整合和再创造的。王和塞纳拉特纳（Wang and Senaratne，2015）认为动态能力是由转化能力和吸收能力两个维度组成的。

还有一些学者认为动态能力不应该只包括重构能力和整合能力，还应该包括认知能力，感知外界的变化，识别出组织面临的机会和威胁，能够规避威胁，抓住机会，保护、强化、重构企业资源，既包括有形资源，也应该包括无形资源。企业面临的环境越来越复杂，变化非常迅速，只有识别出机会和威胁，并且快速做出反应，才能使企业在激烈的市场竞争环境下保有一席之地，打造自己的竞争优势。因此认知能力应该成为动态能力的一个重要维度。基于此，学者巴雷图（Barreto，2010）将动态能力分为感知机会与威胁倾向、改变资源基础、做出市场导向的决策、及时做出决策四个维度。帕夫洛和索伊（Pavlou and Sawy，2011）把动态能力分为整合能力、协调能力、学习能力和感知能力四个维度。威廉和施洛默（Wilhelm and Schlomer，2015）把动态能力分为学习能力、感知能力、重构能力三个维度。

总体来说，对于动态能力维度的划分，尽管学者们意见不一，但是整合能力、重构能力这两个维度受到了大部分学者的认可。整合能力、重构能力不仅仅存在于抽象组织的层面，也存在于具体组织的运行过程中，比如战略联盟、收购、新产品研发等。整合能力和重构能力在企业生产经营过程中的不同阶段都发挥出不可替代的作用。

在回顾以往关于动态能力内涵的界定、维度的划分等相关内容的基础之上，本书认为动态能力是为了应对动态快速变化的外部环境，企业获取、重构、整合内外部资源、能力等使企业资源基础改变的高阶能力。也就是说，动态能力是内嵌在企业内部的，是由企业自身努力去构建的一种能力，而且对路径具有一定的依赖性，不是机遇和运气使然，也不是一种即期反应。

在这个定义中，包含着三层意思：一是动态能力是企业内一种高阶能力。依据能力阶层理论的相关观点，企业内的组织能力划分为常规能力、动态能力，在快速变化的环境下，动态能力能改变常规能力，获取竞争优势，因此企业应该投资于动态能力这一高阶能力。二是动态能力是一类组织惯例。企业发展历史会影响到动态能力，动态能力不能到市场上去直接购买，只能由企业自身构建，是企业的一种有意识的战略活动，是企业经过反复实践和不断学习的过程中构建起来的，用以改变企业的资源基础。三是动态能力的发展过程实质上是企业进行知识演变、动态学习的进程。企业虽然存在着差异，但是其动态能力会存在着共性，而且这种共性能够被识别出来，那就是对知识进行创造、存储、应用，实际上动态能力的核心要素就是对知识资源的合理使用。

1.3.4 创新绩效的界定

创新绩效实质上是由两个概念组成的，即绩效和创新。绩效（performance）是经济管理研究中一个重要的概念，被定义为活动或者工作的产出，实质上是对活动或者工作结果进行记录，采取一定的活动后取得的结果，这里的活动或者工作也不是泛泛而谈，而是有具体的内容范围和时间限制。从字面意思上分析，绩效是由两部分合成的：绩和效，绩是指业绩、成绩等，效是指效率、效果等。学科领域不同，对绩效的理解就会从不同的角度进行解读。从经济学理论的角度解读，绩效就是组织内的员工对所服务的组织所做出的一个承诺，反过来组织会采用薪酬等形式作为回报，对组织内的员工做出承诺，由此可见，员工和其服务的组织间的承诺是一种对等关系，分别是以薪酬、绩效体现出来；从社会学理论的角度解读，绩效是基于社会分工的前提下，每一个社会成员因为在社会活动中扮演的角色而承担的职责；从管理学理论的角度解读，绩效就是组织为了实现目标，对各个层级所期望的结果，也就是不同层次的有效输出。因为不同层级的存在，所以绩效也包含着个人绩效和组织绩效两个层面（付亚和等，2008）。因此，绩效是一种结果，采取一定的行为或从事相关的活动产生的结果。

顾名思义，创新绩效属于组织绩效的一种形式，是有关创新活动的绩效，用以评价组织内的创新活动。学术界很早就开始对创新绩效的内涵进行界定，但是因为学者们研究的视角存在着差异，所以就创新绩效的内涵一直没有形成一致的意见。创新绩效由两个概念组成，即创新和绩效。企业的竞争优势往往来自创新，这已经得到了学术界的普遍认可，尤其是面对一个快速变化的环境。依据管理学界的观点，创新能力是决定一个企业绩效的最重要的因素。从企业层面来看，创新是企业动态能力的关键，是企业获取并且保持自己独特竞争优势的主要因素之一。同时，创新在企业的生存、成长过程中起着关键的作用（Cefis and Marsili，2005）。因此，不同学科、不同领域内的学者们将创新作为研究中最主要的主体进行探讨

（Fagerberg et al., 2012）。

最早研究创新的先驱者是熊彼特（Schumpeter，1912），在 19 世纪 20 年代，熊彼特首次提出了创新的概念，强调新奇性，做不一样的事情，比如一个新的产品、一个新的市场、一个新的生产方法、一个新的供货来源、一个新的组织结构。熊彼特的研究为学者们关于创新内涵的研究做了铺垫，在此基础上，学者们对创新的内涵进行了外延，因为创新是一个综合概念，包含着多个方面多个维度。总体来说，有关创新内涵的研究可以分为两大类：创新是一个过程与创新是一个结果。学者们认为，创新是一个过程，可以划分为五个方面：创新层面、创新方向、创新来源、创新驱动、创新产生地。创新层面包含三个层面：企业层面、团队层面、个人层面；创新方向包含两个形式：自下而上、自上而下；创新来源包含两类：发明、获取；创新驱动包含两种：市场机会、资源；创新产生地有两处：网络、企业。还有学者认为，创新是一个结果，可以划分为四个方面：创新表现形式、创新程度、创新类型、创新涉及面。创新表现形式包含四类：产品创新、过程创新、服务创新、企业模式创新；创新程度包含两类：突破性创新、渐进性创新；创新类型包含两类：管理创新、技术创新；创新涉及面包含三类：产业创新、市场创新、企业创新。学者们或从中选择一个或几个方面对创新进行相关研究，为大家理解创新提供了多层次、多方面的认识。

因为创新的内涵非常丰富，再加上研究绩效界定的视角不一，因此，长期以来，学者们对创新绩效的内涵仍然没有达成一致的认识。实际上，影响创新绩效的因素非常多。比如企业研发体系的构建、企业对研发活动的投入、企业创新文化、领导者创新精神等因素都与创新绩效密切相关，在推进创新活动方面发挥着非常重要的作用。从投入和产出的角度进行分析，企业进行创新活动最终目的是提升自身经济效益，但是创新本身风险很高，投入大、回报周期长，因此，创新产出要转化为企业效益最有效的途径就是要持续不断地进行投入。在这种状况下，如果进行企业创新绩效的研究单纯从金融指标或者财务指标等方面着手的话，就很难准确地反映出企业创新活动的真实情况，失之偏颇。

目前，创新绩效有狭义和广义两种理解，狭义的创新绩效是指组织内的创新水平和创新成果，广义的创新绩效不仅仅包含着狭义的意思，还包含着在整个创新过程当中的创新产出（侯二秀和郝唯汀，2012）。周晓阳和王钰云（2014）从企业间合作创新的视角出发，认为创新绩效是协同创新的各方的满意度，将协同创新各方的战略协调、组织沟通等纳入了创新的过程中。对于创新绩效的内涵，在学术界主要有三类观点。第一类观点研究的视角是创新作用，创新绩效是企业内的创新活动、创新环境间的相互作用（Aggefi，1999）。第二类观点研究的视角是创新过程，创新绩效就是组织内的成员在获取知识和共享知识中，不断成长，促进知识重心转移，保持自身竞争优势的行为过程（韩翼和廖建桥，2007）。第三类观点研究视角是创新的结果，创新绩效就是组织的利润指标，一个组织是否达成了创新目标，评价的标准就看组织有没有实现自己的利润目标（Fischer et al.，2013）。因为组织的创新实践包含的内容越来越丰富，所以很多学者在审视创新绩效时不再采用单一维度，而是采用多重维度。

本书认为创新绩效是组织及其组织内成员在创新方面所做出的努力以及取得的成果。对于创新是一个过程还是一个结果的问题，本书认为创新既是一个过程也是一种结果。其中，对于一个组织来说，产品创新的重要性是毋庸置疑的，得到了各界的广泛认可，过程创新、技术创新以及其他任何形式的创新，最终都会反映到组织内部新产品的研发当中，借助于新产品的投放对企业的销售收入、利润、企业价值等产生影响。因此，本书的创新绩效聚焦于组织内的新产品创新上，创新绩效应该是组织进行新产品研发所取得的成果，同时也关注创新过程。

1.4　研　究　创　新

本书立足于中小企业，研究嵌入性网络关系如何影响中小企业的动态能力，进而影响创新绩效。与以往研究相比，本书有以下几点创新。

1. 选取嵌入性网络关系分析研究中小企业的创新绩效，有机结合了正式机制和非正式机制

在中小企业内，往往需要借助于一系列的正式制度或机制、非正式制度或机制协调企业和企业所有者、员工、供应者、顾客、债权人、债务人、政府机关、社区等利益相关者间的利益关系，保证企业科学的决策，维护企业各个方面的利益。正式制度或机制、非正式制度或机制可以来源于企业内部，也可以来自企业外部。本书选取嵌入性网络关系对中小企业创新绩效进行分析和研究，从一个新的视角介入，有一定的新颖性，使中小企业管理理论得到了进一步完善，从原来对正式制度或机制的关注转向把正式制度或机制、非正式制度或机制有机结合起来。本书研究中小企业创新绩效，从正式制度或机制转向非正式制度或机制中的嵌入性关系网络，开始把中小企业和其他组织的网络关系纳入企业管理中，充实了现有的研究。在中小企业内，管理实际上就是一系列制度上的安排，用以解决中小企业内的一系列问题，保护企业所有者的利益，因此，中小企业的管理问题受到各界的普遍关注，那么提升中小企业的管理水平就具有重要的意义。本书基于嵌入性网络关系研究中小企业创新绩效，把关注的焦点从正式制度或机制转到正式制度或机制、非正式制度或机制的有机结合，能够提升中小企业的管理水平。

2. 从动态能力理论的视角，剖析嵌入性网络关系对中小企业创新绩效影响的中间机理

日前的研究，大部分基于组织行为等理论视角，研究嵌入性网络关系对中小企业创新绩效直接的影响，对于嵌入性网络关系到底如何影响中小企业创新绩效的机制关注不足。基于知识角度的动态能力理论认为，组织学习等中小企业活动是中小企业形成和提升动态能力的主导机制，因此组织学习等活动必然对中小企业的动态能力产生或多或少的影响。嵌入性网络关系，能够帮助网络内的中小企业互通有无，共享知识和资源，促进了组织学习等活动，有助于中小企业提升自身的动态能力。动态能力是中小企业进行创新、获取持久竞争优势的重要来源，尤其是对于资源、信息不足的中小企业。因此，本书从动态能力理论的视角切入，研究中小企业的创新绩效，打开了嵌入性网络关系影响中小企业创新绩效机制的黑箱。

3. 建立了嵌入性网络关系通过动态能力影响作用中小企业创新绩效的理论模型

本书建立了嵌入性网络关系通过动态能力影响作用中小企业创新绩效的理论模型，即"嵌入性网络关系→动态能力→中小企业创新绩效"的路径模型。只有详尽地分析研究路径，才能从根本上真正解释嵌入性网络关系对企业尤其是中小企业的创新绩效的影响。实际上嵌入性网络关系并不是直接影响中小企业的创新绩效，而是借助于动态能力的中介效应。本书构建的路径模型，深化了中小企业创新管理已有的研究框架，能够更加科学合理地解释嵌入性网络关系和中小企业创新绩效之间的关系，深化了"结构→行为→绩效"的研究范式，规避了在传统研究内嵌入性网络关系直接影响中小企业绩效导致研究结论不确定甚至会违背现实状况的缺陷。从逻辑关系上分析，嵌入性网络关系首先影响中小企业的动态能力，然后借助于动态能力影响中小企业创新绩效，这有助于打开"嵌入性关系网络→中小企业创新绩效"的黑箱，科学合理地解释中小企业创新绩效形成机理，突破了传统研究中嵌入性网络关系直接到创新绩效的缺陷，能够完善中小企业管理的理论研究、实证研究。

第2章///

理论依据与文献综述

2.1 理 论 依 据

为了把握本书进行相关研究的理论脉络，需要对基础理论进行系统的梳理、归纳，以此为本书研究奠定比较坚实的理论基础。

2.1.1 开放性创新理论

创新是由熊彼特（Schumpeter，1912）首次提出，随后创新的内涵不断延伸、扩展，涵盖的领域包括技术创新、市场创新、产品创新、制度创新等，研究的对象也不仅仅局限于单个企业，扩展到了整个区域、国家。创新在经济活动中的核心作用是不容忽视的，已然成为经济不断发展的源泉、动力。

传统意义上，创新仅仅局限于企业内部活动，具有封闭性和高度集权性，比如在企业内进行研发，其研发投入完全取决于企业自身需要，这是传统意义上的封闭性创新模式。但是动态环境下，产品更新换代的速度非常快，企业需要投入大量的资源进行创新，而且存在着很高的不确定性，这种状态下单靠一个企业凭借自身的能力、资源很难在竞争激烈的市场环境下取得创新优势。在封闭性创新模式下，企业独立研发、生产、销售所有的产品，还要提供所有的财务支持、售后等，事无巨细，事事亲力亲为，高额的研发投入使企业处于劣势，很多创新成果因脱离市场需求而没被投入市场，无法获利，因资源有限无法快速适应新兴的市场。基于以上一些原因，需要打破传统意义下的封闭的创新模式和方法。在反思封闭性创新模式的不足之后，切萨布鲁夫（Chesbrough，2003）率先提出了开放性创新理论，认为企业创新活动应该积极寻求外部资源，打破企业边界的束缚进行合作，从而巩固已有市场、扩展新兴市场。

开放性创新就是在创新过程中，企业逐渐增加获取和利用外部技术和知识，并且把企业内部自身发明和创造通过一定的途径进入到市场当中。如果从企业自身角度分析，开放性创新就是企业的创新活动已然突破企业边界，跨组织存在和发展。这一过程实质上就是企业在积极主动地寻找企业外部、企业内部的各种创新机会，而且有意识地把自身研发的需求和创新机会相结合。佩宁（Penin，2010）认为，在开放性创新模式下，知识是开放的，很多企业都愿意积极主动地公开自己已掌握的知识，以此使企业和企业外部的利益相关者间提升互动水平。也就是说，企业会有意识地使知识在企业内部、企业外部间进行流动，既可以促使企业更快速便捷地利用企业外部环境内存在的各种创新成果，也可以加快企业内部的各种创新成果在外部进行商业化的进程，即开放性创新由输入式创新和输出式创新组成。

开放性创新模式给企业带来了很多好处，因此企业开始积极运用多种开放性创新的方式方法，开放性创新的实践活动呈现出井喷的态势（Vrande et al.，2009）。闫春（2013）认为开放性创新之所以在全球范围内得到广泛的实践，是因为越来越多的企业开始意识到企业研发活动的紧迫性、重要性。一个企业不管规模有多大，其研发资源都是有限的，为了利用好企业外部的科技产出、创新成果，愈来愈多的企业开始借助于正式途径或者非正式途径与外界开始合作，积极主动地去联系全球范围内的研究机构、高校以及其他企业，为企业寻求、利用最有潜力的产品、最好的技术。目前，很多跨国企业成立技术联盟，这也成为很多大型跨国企业获得技术优势的重要途径，而直接购买企业外研发部门或研发人员的科技成果也是很多高新技术企业获得技术优势的新方法。比安奇等（Bianchi et al. , 2011）分析了生物制药企业，发现这些企业愈来愈多的在非核心业务领域采用开放性创新的组织方式和方法，既有创新输入，也有创新输出。

在开放性创新模式下，企业和周边环境的边界相对松散，可以互相渗透，便于创新资源、要素更便捷、更方便地流动。切萨布鲁夫和克劳瑟（Chesbrough and Crowther，2006）把开放性创新划分为两类：内向型和外向型。内向型的开放性创新是指企业从外部的知识源或者合作伙伴那里探索、获取相关知识，强调外部知识、资源流向企业内部，这些类型不同的知识源或者合作伙伴具体包括顾客、竞争对手、供应商、研究机构、高校、政府机关等。外向型的开放性创新是指外部利用企业内部的资源、知识，比如知识交易、知识转让、企业部分剥离等。企业采用开放性创新活动，能够提高创新绩效、核心竞争力，从而实现企业持续、稳固、长远的发展（陈劲等，2013；张振刚等，2015；Rubera et al. ，2016）。

开放性创新理论总结借鉴了以往学者关于战略联盟、合作研发、创新网络等等的研究，为中小企业的发展打开了一个较新的视角，带来了一种较新的思路，颠覆了过去人们普遍认为的内部创新才是企业重要战略资产的传统观念。开放性创新已然成为中小企业一种较新的创新范式，学者们从不同的视角，比如不同的企业规模、不同的行业背景、不同的产业类型等等，研究中小企业开放性创新的若干问题。开放性创新模式不仅仅适用于大型企业，同样适应于中小企业，事实上，开放性创新对于那些经常受到资源、规模限制和约束的中小企业来说，尤为重要。开放性创新可以帮助中小企业克服规模小带来的若干弊端，比如资源匮乏、融资困难等，外部资源、知识内部化，使中小企业跳出仅仅依赖于自身资源进行创新的固有思维模式，更大范围内有效获取、利用外部资源，从而提高创新的速度和效率，拥有较多的创新成果，提高创新绩效，打造核心竞争力（Parida et al. ，2012；Marieta et al. ，2014；Szymanska et al. ，2016）。

2.1.2 社会网络理论

关于社会网络的研究，通常认为起源于英国人类学。拉德克利夫·布朗（Radcliffe Brown）在 20 世纪初期首次使用了"社会网络"的概念，把网络聚焦于群体内文化对内部成员行为产生的约束，这时的网络仅仅是一个隐喻。巴恩斯（Barnes，1954）不再把社会网络仅仅当作一个隐喻，而是转向现实社会，开始对社会网络进行系统研究，用社会网络的观点分析挪威地区一个渔村内跨阶级、跨亲缘的关系。博特（Bott，1957）第一次使用社会网络对家庭、夫妻关系进行分析，成为典范性研究。这一系列的研究，使社会网络引起了社会学家的关注，各种成熟的观点逐渐完善充实了社会网络理论。社会网络的概念逐步拓展，其行动者也不再仅仅局限于单个人，而是扩大到了囊括家庭、企业、组织在内的集合单位。目前，社会网络理论在企业研究领域内被广泛运用，而且成为这一领域内的研究热点。

格兰诺维特（Granovetter）对社会网络理论的发展做出了很大的贡献（甄志宏，2006）。格兰诺维特（1973）首次提出了新概念——联结，认为联结包括强联结、弱联结两类，强联结和弱联结在个体间、企业间所起作用存在着差异。弱联结发生在群体之间，分布范围广，比强联结更能跨越社会界限以获取信息等资源。格兰诺维特（1973）提出可以从互动频率、亲密程度、感情力量、互惠交换四个维度对联结强度进行测量，并且提出了理论假设，认为虽然不一定所有的弱联结都充当信息的桥梁，但是也只有弱联结才能搭起信息的桥梁。弱联结假设的提出引起了研究人员对社会网络的热情，但是弱联结假设存在一定的缺陷，先入为主的断言有两个或多个没有交集的群体。社会网络不再简单的是信息桥，而应该是人情网，信息的获取只是众多人情关系的一个副产品，即强联结假设（边燕杰，1985）。

社会网络理论把资源基础理论、权变理论结合起来，以力场理论、图论为基础逐步发展起来，从产生到现在逐步形成了包含网络嵌入、网络关系、网络节点、网络能力、网络结构、社会资本等丰富内容的知识体系。社会网络理论内涵丰富，与本书密切相关而且应用广泛的核心理论包括嵌入性理论、社会资本理论和结构洞理论等。

1. 嵌入性理论

波兰尼（Polanyi，1944）首次提出了概念——嵌入性，强调经济行为并不是自给自足，而是隶属于宗教、政治、社会关系中，嵌入的观点实际上就是对古典经济学的一种批判。怀特（White，1981）认为市场就是网络，市场是在网络基础上发展来的，代表一种社会关系。在同一网络内的若干生产经营者，互动中相互传递信息，从而建立起信任关系，在市场中依靠这种信任关系得以延续商业活动，保持良好的市场秩序。在波兰尼和怀特的影响下，格兰诺维特（1985）指出个体经济行为会受到其所在社会网络的制约，重新界定了嵌入性的概念，提出了嵌入的分析框架，用信任与违纪、市场与层级两组概念分析经济行为中的嵌入问题，指出无论在什么发展阶段，嵌入性总是普遍存在的，只不过是嵌入的程度存在一定的差异。

格兰诺维特（1992）阐述了结构嵌入和关系嵌入的概念，首次将嵌入分为结构嵌入、关系嵌入两类。关系嵌入是社会人在经济活动中做出的各类决策会受到其他成员的影响，并不一定是在单独或完全理性的情景下进行的。关系嵌入是社会网络中所有参与经济活动的成员间基于信任、承诺、互惠发生的二元交易关系，以直接联系为纽带，包含互相信任、共享优质信息、协同解决问题等。关系嵌入首要的特征是互相信任，信任是共享优质信息、协同解决问题的保证，大大降低参与经济活动的成员采取机会主义行为的概率。在相互信任的基础上共享优质信息、协同解决问题，可以促进对隐性知识进行传递和共享，提高共同解决问题的效率。结构嵌入通常表现为网络结构、网络位置，关注于在网络内关系嵌入所处的位置。在网络中，企业越处于中心的位置，就越容易获取信息、资源、机会，在竞争中保持优势。关系嵌入和结构嵌入是嵌入性理论最经典的一种分类，广泛应用于多个领域，为更深入更深层次研究嵌入性理论提供了基石。

嵌入性理论还有多种分类方法，不同的学者研究视角存在着差异，就会把嵌入模式划为不同的种类。佐京等（Zukin et al.，1990）根据企业所在的社会情景不同，分为政治嵌入、认知嵌入、结构嵌入、文化嵌入四类。政治嵌入指企业的各种经济交易行为会受到国家法律和政治环境等的影响；认知嵌入指组织成员的各种决策和行为会受到自身思维模式、周边环境的影响；结构嵌入指组织的经济活动会受到所处网络结构的影响；文化嵌入指组织的目标、行为会受到价值观、信念等社会文化的影响。哈利宁等（Halinen et al. , 1998）从更宽泛的网络角度出发，把嵌入模式分为政治嵌入、社会嵌入、技术嵌入、市场嵌入、空间嵌入、时间嵌入等。空间嵌入是企业在进行经营活动时的空间水平，以空间方式嵌入地区、国家甚至更广范围的区域实体。时间嵌入把是商业网络当作一个正在演变的社会、经济系统，与时间紧密联系，因为企业连接于企业的过去、现在、未来，时间是与各种类型的组织相互联系的。马丁·赫斯（Martin Hess，2004）指出企业的经济行为已然嵌入所研究的社会结构中，所以从空间、时间的角度，把嵌入模式划分为地域嵌入、网络嵌入、社会嵌入三类。地域嵌入是企业嵌入某个特定环境或区域的程度；网络嵌入包含个人或组织之间的各种正式关系和非正式关系、商业机构或非商业机构之间的关系；社会嵌入是包含文化、血缘等的社会背景对经济行为的影响。哈格多恩（Hagedoorn，2006）把网络嵌入划分为环境嵌入、双边嵌入、组织间嵌入三类。

尽管学者们对嵌入模式从不同的层面、不同的视角进行了不同的分类，但是，这些分类方式都是建立在格兰诺维特（1992）提出的关系嵌入与结构嵌入的基础之上的，在这一分类基础上进行更细的划分，因此，关系嵌入与结构嵌入仍然是嵌入性理论关注和研究的重点。

2. 结构洞理论

结构洞理论研究网络的结构，分析什么样的网络结构才能够给网络内的行为主体带来更多的回报或者更多的利益。伯特（Burt，1992）率先提出了结构洞理论，是这一理论的关键代表人物，认为网络中关系强弱实际上与企业所获取的社会资本缺乏必然联系（后期证明这一观点有失偏颇，这两者之间是存在联系的）。伯特提出了两类社会网络模式：无洞模式、有洞模式。无洞模式指社会网络中，任何个体间都两两存在着直接的联系，不存在关系断裂的状况，这种情况不常见，只存于小群体范围内。

有洞模式指网络内有些个体之间没有直接的联系，使整个网络看起来好像出现了一些洞穴。

结构洞就是社会网络中某些或者某个主体与一部分主体有着直接的联系，但是和其余的个体没有直接的联系，即关系间断或者无直接关系，这时社会网络内就出现了空隙，从整个网络来看就好像网络结构当中出现了洞穴。如果网络内两个或多个主体间没有直接的联系，需要借助于网络内的第三者形成间接联系，这个起着牵线搭桥作用的第三者在社会关系网络内就占据了结构洞的位置，因此，结构洞是对第三者来说的。

伯特（Burt，1992）指出，在社会关系网络内，主体的位置远远重要于关系的强弱，主体的位置决定了其拥有多少的资源、信息和权利。不管关系强与弱，只要存在结构洞，那联结两个没有直接联系主体的第三者就拥有较大的控制优势、信息优势、资源优势，以此获取更多的回报、更多的服务。因此，不管是个体还是组织，要想在激烈的市场竞争中取得优势，必须广泛建立各种联系，占据更多更重要的结构洞，以此掌握更多的信息、资源等（Jason，2010；Ozyar et al.，2016）。

结构洞理论的贡献是强调企业跨越结构洞的经济行为，对网络内的企业构建网络关系借此获取更多知识、信息、资源等具有重要的价值。中小企业要进行创新，因为能力、资源有限，不能仅仅依靠自己的力量，需要借助于外界的力量，就会成立战略联盟等组织形式，那在这些网络内，哪个中小企业拥有最多的结构洞，就会成为知识、信息、资源等的集散地，就拥有较大的控制权。因此，中小企业在维持现有的网络关系时，还应该不断地去寻找新的联结机会，借此扩大社会关系网络的范围，争取获得更多的回报。

3. 社会资本理论

社会资本理论是以弱关系假设、强关系理论、资本拓展等为基础，逐渐演变成有较大影响力的一种理论。社会资本理论把社会资本并列于人力资本、物质资本等，为研究人员进行理论研究提供了一个新的焦点。

布迪厄（Bourdieu，1990）首次提出资源是不同于资本的，把社会网络研究的对象提升到社会资本。社会网络是由各种要素组成的关系网，处在动态变化中，其动力就是社会资本。布迪厄把社会资本定义为潜在资源或实际资源的集合体，认为资本可以划分为三类：经济资本、社会资本、文化资本，这三类资本之间存在着区别，而且相互作用、相互转化。借助于社会资本，社会主体能摄取到投资诀窍、补助性贷款、保护性市场等经济资源；社会主体通过接触拥有知识的专家等来提高自身的知识资本和文化资本；社会主体还能和一些制度化机构建立起密切的联系。

林南（Lin，1990）对社会资源、社会资本进行了区别，社会资源是可以从社会网络中摄取的，是内嵌入社会关系网络的权力、声望、财富等相关资源，这些资源内嵌入人和人之间，是与其他人进行交往才能摄取到。社会资源是个体实现各种目标的行之有效的途径，其中，个人资源在很大程度上决定着他所获取的社会资源的多少。林南以社会资源论为基础，提出社会资本理论。社会资本不同于社会资源，社会资源仅仅和社会网络相关，而社会资本却是一种特殊的资源，投资于社会关系中，并且希望能在市场上获取回报；镶嵌入社会结构内，借助于有目的的各种行为获取资源。社会资本具有先在性，社会个体必须遵循相关的规则，才能获取相关社会资本；社会个体也必须借助于有目的的行为，才能获取相关社会资本。林南认为，社会个体在社会中的地位越高，其就会有更多的机会摄取社会资本。

伍尔科克（Woolcock，2011）认为社会资本会采用网络、制度、交际、协同等途径或方法促进经济发展。社会资本反映的是个体或者组织等社会主体拥有的所有社会关系带来的价值，在一个社会网络中，社会主体拥有越多的社会关系，就意味着社会主体拥有越多的社会资本，其在网络中就越容易获取相关的资源。因此，社会主体拥有社会资本的多寡决定了其在所嵌入的网络中所处的地位。随着研究的深入，社会资本理论被广泛运用到管理学、社会学等很多学科领域，逐渐成为解释社会发展、经济现象的新的理论视角。在社会网络中，如果个体或组织与其他个体或组织发生联系时，知识外溢的现象产生，这是社会资本产生的原因（王淼等，2004）。

社会资本理论使传统经济学的理论更加完善，探究个人行为、组织行为产生的原因，把组织活动、群体决策、个人选择等纳入同一研究范畴内，分析社会制度、价值观、文化对组织行为、组织结果的影响，补充、扩展了组织各类绩效的影响因素。因此，社会资本理论指明了新的研究要素、研究方向，有利于理解、分析以社会资本为基础的关系、结构、行为等。中小企业要充分发挥、利用独立于企业外的各类社会资本，应该把社会资本纳入中小企业的日常生产经营活动中。中小企业的社会资本实际上是中小企业内嵌入社会网络后所获取的各类资本，这类资本存在社会网络当中，所以社会资本是形成社会网络的基础，有利于网络关系的强化。

社会网络理论起源于西方国家，但我国社会结构与西方国家的社会基础存在一定的差异，基于我国传统社会结构的特征，费孝通（1996）提出了区别于西方社会"团体格局"的"差序格局"，中国传统意义上的人际关系通常都是以自我为中心，借助于血缘关系或者地缘关系，像涟漪一样，逐步向外围扩展，在这个圈子当中，越靠近中心，越容易获取资源、权利。黄光国（2005）建立在社会交易理论上，提出了人情面子理论，认为行为主体会依据不同的关系选择合适的社会交往法则：以情感交往法则处理情感关系（建立于家庭成员间），以人情交往法则处理混合型关系（建立于家庭成员之外的同学、同乡、朋友、亲戚间），以公平交往法则处理工具性关系（不以建立长期的情感型关系为出发点，而是以某种目的为基础）。

全球网络飞速发展，任何一个企业都不可能孤立地存在。在开放性创新的背景下，任何一个企业都和外部组织有着越来越紧密的联系。社会网络的不断完善，企业能够更便利地借助于形成的网络关系获取网络内的知识、信息等各类资源（Lavie，2006）。社会网络理论具有方法论的特点，其概念模型、统计方法被广泛应用到管理学等学科领域内的实证研究中，使定量研究和专业、规范的定性研究相结合。社会网络理论作为本书研究的重要基础理论之一，本书涉及嵌入性网络关系等相关内容都将在这一理论的分析框架下进行。

2.1.3　企业能力理论

理查德森（Richardson，1972）首先提出了企业能力这一概念，认为企业能力就是企业在发展过程中逐渐形成并积累的知识、技能、经验的综合。随着资源论的快速发展，研究人员发现仅仅从静态的视角研究企业资源存在一定的局限性，因此开始从动态的视角进行研究，转向企业能力，关注于资源的配置。企业能力理论就以资源基础理论、知识基础理论为基础产生和发展起来，成为管理学、经济学的重要分支。企业能力理论在发展历程中经历了两个转变：由内生视角转变为外生视角，由原子视角转变为网络视角。当前，以企业能力理论为研究重点的流派主要有两个：核心能力理论流派，以普拉哈拉德等（Prahalad et al.，1990）等为代表；动态能力理论流派，以皮萨诺等（Pisano et al.，1997）、艾森哈特（Eisenhardt，2000）等为代表。

1. 核心能力理论

20 世纪 80 年代，研究人员认为企业竞争优势的主要来源是知识、信息等一些静态资源，但随着不断细化的分工和加剧的市场竞争，有一些静态资源没有对竞争优势产生明显的作用，企业竞争优势不再来源于有形的资源，所以研究人员开始探究深层次原因。普拉哈拉德等（Prahalad et al.，1990）横向对比了日本企业和欧美企业，发现日本企业之所以成功，在于其有一种独特无形的能力，这种独特无形的能力被定义为企业内部独有的能力体系，包含着了解掌握并且开发扩增企业的优势、利用企业优势创造更多收益。普拉哈拉德等（Prahalad et al.，1990）把这种独特无形的能力称之为核心能力，核心能力是企业竞争优势的重要来源之一，核心能力理论由此确定。研究人员开始把更多的关注给予核心能力，推动了这一理论的发展。

企业的竞争优势不仅仅来源于知识、信息等静态资源，还来源于其配置关键重要资源的能力，即核心能力。核心能力虽然涵盖的范围非常广，但总体来看，是围绕企业资源优势确定的，是企业开发、使用、保护核心资源的一种无形能力。企业要获得持久的竞争优势就应该坚持不懈地发展自身的核心能力。企业不再仅仅是资源的集合体，更是能力的集合体。只有拥有资源，并且能合理有效地配置资源，企业才能获得优势，在竞争中取胜。核心能力理论发展至今，研究人员对于如何界定核心能力一直没有形成一致的意见，学者们从不同的角度进行解读。林等（Lin et al.，2011）认为企业核心能力是产品的设计构想、设计理念等；弗勒里等（Fleury et al.，2012）认为竞争力强的产品是企业立足国际市场的核心能力；梁（Liang，2013）把核心能力划分为两种类型：一种是相关于管理职位的核心能力，比如管理者领导力、洞察力等；另一种是无关于管理职位的核心能力，比如顾客满意度、管理者是否值得信赖等。这两种核心能力互相协调、共同作用，成为企业提升竞争优势、绩效的重要力量。阿尔巴内塞等（Albanese et al.，2017）基于社会网络的视角，认为企业网络能力是企业的核心能力。由此可见，核心能力涉及资源配置、人力资源、产品、网络关系等很多因素，这一理论被广泛应用到诸多领域（Kim et al.，2016；Albanese et al.，2017）。

核心能力理论致力于合理配置能够给企业带来竞争优势的各种资源，即核心能力。这一理论是企业能力理论的关键成果之一，一段时间内成为管理学、经济学研究的焦点。核心能力对于企业获得竞争优势有着重要的价值，涉及企业的各个层次，从内部资源到外部资源、从单个资源到多个资源组合、从技术到产品等。核心能力理论引领研究者、管理者把关注的焦点扩大到核心能力，使企业在进行资源积累的同时，更重视有效配置各类资源，以此提升核心能力。因此，核心能力理论成为管理学、经济学领域内重要理论之一。但是企业面临的经营环境逐渐趋向动态化、复杂化，外部环境呈现高度不确定性，这些因素都给企业构建核心能力带来了巨大的挑战。企业很难分辨出哪些能力能够发展成核心能力，给企业带来持久竞争优势；竞争环境快速变化会导致企业原有核心能力失效，出现核心僵化的局面，导致企业丧失掉原有的竞争优势。

2. 动态能力理论

企业面对的外部环境越来越复杂、动态，而且企业内原有的资源、核心技术具有相对黏性的特点，因此企业容易陷入惯性陷阱和路径依赖的发展模式中，无法使企业在复杂动态环境下获得可持续的竞争优势（Teece et al.，1997），核心能力理论就凸显出局限性。动态能力理论是研究企业能力理论所有流派中主要的一个流派，是在反思核心能力理论的基础上发展起来的，也是为了应对日趋复杂、迅速变化的市场环境和知识技术环境而产生的。

不同的学者研究视角存在着一定的差异，所以对于动态能力的界定不尽相同。蒂斯等（Teece et al.，1997）认为动态能力就是企业出于适应环境的目的，整合、重新配置、重构企业资源的能力，动态强调企业能力要匹配于环境，能力强调企业内部配置资源的活动。恩斯特罗姆等（Kindstrom et al.，2013）提出动态能力其实就是企业内组织流程、管理流程的一些惯例。王等（Wang et al.，2015）指出动态能力实际上就是企业的适应能力。蒂斯等（Teece et al.，2016）以核心能力已有的研究为基础，指出动态能力就是配置资源、能力与外界动荡环境相匹配的一些能力。沃尔格穆特等（Wohlgemuth et al.，2016）以惯例为基础，认为动态能力就是企业在现有资源、流程的基础上改变已有惯例的能力。

动态能力理论从企业和环境的匹配程度、重新构建企业资源的研究视角出发，认为动态能力积极作用于企业竞争优势。动态能力是高阶能力，企业的能力根据能力阶层理论的观点可以划分为两大类：常规能力、动态能力，动态能力能够改变企业内的常规能力，在动荡的环境下，高阶能力对保持企业的竞争优势具有重要作用。动态能力也是组织内的一种惯例，受到企业历史的影响，因为动态能力对于企业而言只能自己构建，不能从市场上直接购买，表现出路径依赖性、企业嵌入性的特征，不可能超越企业边界独立发展，同时，动态能力是企业有意识的组织和战略活动，是企业在不断的实践和学习过程中积累经验建立起来的。

对于动态能力的维度划分问题，不同的学者其观点也存在一定的差异。蒂斯等（Teece et al.，1997）、艾森哈特等（Eisenhardt et al.，2000）等把动态能力划分为三个维度：整合能力、重构能力、建构能力。王等（Wang et al.，2007）也把动态能力划分为三个维度，即是吸收能力、创新能力、适应能力。吸收能力是从外界汲取知识，结合于内部知识；创新能力是企业借助于内部创新获取市场优势；适应能力是企业内部要素要匹配于外部环境。这三种能力都需要整合、更新、重构、再创造企业资源，因此是与蒂斯等（Teece et al.，1997）的观点相辅相成的。巴雷图（Barreto，2010）把动态能力划分为四个维度：感知威胁和机会的能力、及时决策的能力、市场导向决策的能力、改变资源基础能力。帕夫洛等（Pavlou et al.，2011）把动态能力划分为三个维度：感知能力、学习能力、协调整合能力。威廉等（Wilhelm et al.，2015）把动态能力划分为三个维度：感知能力、学习能力、重构能力。

对于动态能力的维度划分问题，受到普遍公认的两个维度是整合能力、重构能力，这两个维度不管是在理论研究还是实证研究中都得到较大比例研究人员的认可。整合能力、重构能力不仅仅存在抽象化的组织层面上，也存在于具体运作的组织过程中，比如战略联盟、兼并收购、新产品研发等。整合能力、重构能力在企业的生产经营活动的不同阶段都发挥着非常关键的作用。基于资源基础论的视角，整合能力、重构能力是动态能力的主要维度（宝贡敏等，2015）。

企业能力理论提供了"能力—行为""能力—绩效"的理论基础，本书研究我国经济转型和升级背景下的嵌入性网络关系对中小企业创新绩效产生影响的路径，具体分析"嵌入性网络关系→动态能力→中小企业创新绩效"的理论研究框架，研究视角是嵌入性网络关系，研究内容是嵌入性网络关系通过动态能力如何影响中小企业创新绩效的关系。企业能力理论是研究企业各类绩效、企业行为的一个重要理论，广泛应用到企业管理、经营中的各个领域内。基于此，企业能力理论为本书研究的理论基础之一。

2.1.4　企业成长理论

关于企业成长理论，最早可以追溯至 18 世纪 70 年代的亚当·斯密（Adam Smith），他在《国富论》中提出劳动分工能够提高劳动生产率，促进产量增加、企业规模扩大，从而促进企业的成长，亚当·斯密还提出市场容量也是促进企业成长的因素之一。劳动分工、市场容量促进企业成长，亚当·斯密的研究结论铺就和开启了探索企业成长理论之路。古典经济学派另一个代表学者马歇尔（Marshall）提出了企业成长是由外部经济、内部经济一同决定的观点。

1. 外生企业成长理论

外生企业成长理论强调外部因素决定企业成长，企业边界、生产率是由外生变量比如宏观经济、市场需求、成本结构等决定的。外生企业成长理论不断的演化发展，出现了不同的流派：基于新古典经济学的成长理论、基于新制度经济学的成长理论、基于竞争优势理论的成长理论。

基于新古典经济学的成长理论认为，促使企业成长的最基本的要素应该是企业所处的外部环境，企业成长是随着外部环境的发展变化状况企业进行自身规模、结构调整的一个过程。此时的企业被当作一个简单的生产函数，已经抽象掉了内部的各种复杂的安排，企业成长的过程就是追求产量最优规模的过程，实现利润最大化的既定目标。企业成长就是按照最优化原则进行被动选择，缺乏企业的主动性。马丁·库斯（Marten Coos，2000）站在产业组织的视角上分析了劳动力需求和企业成长以及产业演变间的关系，构建了企业劳动力需求和企业成长以及产业演变间的模型，企业劳动力需求会对企业成长产生重要的影响。牧野（Makino，2005）从政府的宏观政策分析其对企业成长产生的影响。尼克松（Nixon，2005）研究市场供求如何影响企业规模，认为市场供求是对企业成长产生影响的关键因素。

基于新制度经济学的成长理论提出企业成长实质上就是扩大企业边界。科斯（Coase，1937）研究发现市场机制最好的替代是企业，市场交易费用和企业用于内部协调的管理费用之间的均衡程度决定了企业的边界，基于此，节约用于市场交易的费用是促进企业成长的源动力。这显然是与现实情况不相符的，在现实中，市场越发达，越有利于企业的成长，这也得到了杨小凯和黄有光（1993）等很多学者的论证。威廉姆森（Williamson，1979）采用不确定性、资产专用性、交易效率这三个维度对交易费用进行定义，在此基础上为确定企业边界提供准则，当企业面对过高的交易费用时，会通过一体化战略，即后向一体化或者前向一体化，降低交易费用，使交易内部化，这样就扩张了企业纵向边界，是企业成长的具体表现之一。

基于竞争优势理论的成长理论提出企业成长的动力是其竞争优势提供的。波特（Porter，1985）提出了竞争优势理论，企业要获取竞争优势可以借助于成本领先战略、差异化战略、目标集聚战略这三类基本战略。波特经过研究又提出了价值链理论，企业优化价值链也能提升企业的竞争优势。企业选择竞争战略，获取竞争优势，需要借助于五力模型对行业环境进行分析，分析竞争者、供应商、购买者、替代品生产商、潜在竞争者这五种力量。在此基础上，确定竞争战略，获取竞争优势，为企业成长和发展提供源动力。同样，希尔（Hill，1987）提出了 PEST 模型，支持了波特的相关观点，认为政治环境、经济环境、社会环境、技术环境等因素都会对企业成长产生影响。

2. 内生企业成长理论

内生企业成长理论强调内部因素决定企业成长，企业的成长具有内生性，制度、资源、知识、能力等内生变量是决定企业能否成长的关键主导因素，决定着企业成长的范围、方式、速度和程度。内生企业成长理论实质上强调的是企业内部的制度、资源、知识、能力等各种因素相互作用、相互协调、共同发展，由此促进了企业成长。内生企业成长理论不断的演化发展，出现了不同的流派：彭罗斯的成长理论、基于管理者理论的成长理论、基于制度变迁理论的成长理论、基于演变经济学的成长理论、基于资源基础理论的成长理论、基于学习型组织理论的成长理论。

彭罗斯的成长理论被认为是内生企业成长理论的开拓者，建立了"资源—能力—成长"的分析框架。彭罗斯（Edith Penrose，1959）以单个企业作为研究对象，关注于单个企业内生成长的过程，提出决定企业成长速度、方向和成长边界的是管理资源，而管理资源在任何企业内都是稀缺的。因此，要促进企业的成长，就必须增加企业内的管理资源，而缓解管理资源紧张最有效的途径就是使内部的决策活动程序化和惯例化。尽量减少企业内的非程序化决策，因为非程序化决策会引起很多新的协调问题，占用管理者大量的时间和精力。而企业内部人力资源的素质、知识、技能等是有效发挥和使用管理资源的关键条件，因此，在成长过程中企业必须重视人力资源的集聚和管理能力的提高，建立知识积累机制。知识积累实际上就是知识在企业进行内部化的一个结果，形成了标准操作规程、程序化决策规则等，提高了决策效率，节约了稀缺的管理资源，促进企业的成长。

基于管理者理论的成长理论认为企业规模的扩大是企业成长的主要特征。伯利和米恩斯（Berle and Means，1932）洞察到企业所有者和经营者合二为一的弊端后，提出在企业内所有权、控制权应该分离。许多经济学家在这一命题的基础上探讨经理式企业的目标和行为，所以形成了管理者理论。随着所有者和经营者、所有权和经营权的分离，实际控制权就转移到经营者手中，基于管理者理论的成长理论认为企业的目标发生了改变，以前是追求所有者利润的最大化，而现在追求管理者效用最大化。管理者效用和利润不是直接相关的，而是和企业价值、增长、规模密切相关，因此，在管理者效用的驱使下，企业追求的目标由利润最大化转化成企业规模最大化，追求规模的扩大成为企业成长的原动力。

基于制度变迁理论的成长理论认为企业成长实际上就是古典企业转变为现代企业的一个过程。钱德勒（Chandler，1992）从宏观和历史的角度探讨了基于制度变迁理论的成长理论，现代企业的出现与两次重要的制度变迁密切相关，第一次是所有权和经营权相分离，第二次是企业内部的层级制组织结构的建立和发展。真正意义上的企业成长应该是现代企业出现之后，企业内部建立起层级制组织结构，使企业内部更便于进行协调，管理活动更加有效，为企业扩大规模提供了很大的可能性。技术进步为企业扩大规模提供了技术保障和支持，市场扩大为企业扩张规模提供了可能和外在的动力。钱德勒（Chandler，1992）认为企业成长就是企业市场交易活动的内部化，需要在企业内部建立起高水平的协调机制，这就需要企业调整组织结构。从历史上来看，现代企业经历过三种组织层级制度：第一种是 H 形结构，即控股公司结构；第二种是 U 形结构，即以集权为特征的结构；第三种是 M 形结构，即以分权为特征的结构。钱德勒认为 M 形结构是企业对成长的反映，采用纵向、横向两类方式实现企业内部市场交易活动内部化。

基于演变经济学的成长理论认为市场环境是变化的，经济变迁的基础应该是企业运营的模式和方向。尼尔逊和温特（Nelson and Winter，1982）认为现实企业由利润推动，但因为企业面临着不确定的环境、拥有不完全的知识，因此企业不可能达到新古典经济学假设的利润最大化的状态。企业在运作过程中会遵循着企业内已经成熟的各种惯例，不是时时刻刻计算出最优解决方案。尼尔逊和温特（Nelson and Winter，1982）认为企业的成长就是企业内改变惯例的那些应变行为。任何企业的惯例都具有独特性，是企业内经验、知识的载体，而且在一定时间内保持不变，这样不会促进企业成长。但是如果企业按照当前的惯例运营没得到满意的收益，企业就会调整惯例，这一过程就会促进企业成长。企业惯例对企业内成员活动产生较大的影响，所以企业成长就是企业改变惯例的过程，企业的惯例对企业成长的模式和方向起决定作用。

基于资源基础理论的成长理论从企业内部资源的角度出发，认为企业成长具有内生性，企业内部的各种资源、能力、知识等决定企业成长的模式和方向。普拉哈拉德和哈姆尔（Prahalad and Hamel，1990）认为企业进行生产所需要的要素主要有两类：竞争性要素、非竞争性要素。企业内的竞争性要素能够在公开市场上得到，非竞争性要素是不能在公开市场上得到的，因此，非竞争性要素是企业独一无二的能力、知识，决定了企业的核心竞争优势。非竞争性要素具有专有性，是在企业内部对知识等进行长期积累的结果。虽然市场公开，其他企业有可能进行模仿，但是非竞争性要素的复杂性加剧了模仿的成本。因此，基于资源基础理论的成长理论认为企业的成长就是同行之间相互学习、相互模仿，最大限度地吸收消化内外部资源，形成自己的竞争优势，企业成长就是企业持续积累知识的一个过程。

基于学习型组织理论的成长理论认为企业要长期进步发展，要获得核心的竞争优势，就应该建立一个完善的内部学习机制。多德森（Dodson，1993）认为企业成长中最不能缺少的机制就是组织学习，现代企业就是一个学习型生命体。企业成长的任何一个步骤和组织学习都是密切相关的，通过学习，可以优化企业的组织结构，促进运营效率的提高；通过学习，企业能够了解顾客的现实需求和潜在需求，开发出适销对路的新产品；通过学习，企业可以了解竞争对手尤其是主要竞争对手的情况，及时对自己的竞争策略进行调整；通过学习，企业可以借助于系统化规章制度对智力资本进行开发，节约企业内的很多管理资源等。因此，企业要成长，要持续发展，必须进行不断地学习，提高自身的学习能力，把自己打造成一个学习型组织。

实际上，外生企业成长理论和内生企业成长理论是相辅相成的，不能完全割裂开来。外部因素和内部因素共同促进了企业的成长，外部因素给企业提供了足够的促进其成长的市场空间等，内部因素会给企业带来超额的利润、提高的生产能力、下降的内部交易费用等，这些都促进企业的成长。

2.2　研　究　综　述

对现有的文献资料进行梳理、综述是进行深入研究问题的前提与保证，本书将对嵌入性关系网络、动态能力、中小企业创新绩效等方面的相关文献资料进行梳理。

2.2.1　中小企业创新绩效的相关研究

熊彼特被认为是现代创新理论的奠基人之一，提出创新实质上是把一种或者多种从来没用过的有关生产条件和生产要素的新组合纳入生产系统，建立起一种比较新的生产函数。自熊彼特之后，越来越多的学者开始深入研究创新理论，知识经济时代，环境不确定性和动态性增强，创新的知识观越来越明显，使创新理论不断发展和丰富起来。创新绩效用以衡量企业的创新活动所取得的结果，从创新的形式来看，创新绩效可分为三类：产品和服务创新、商业模式创新和过程创新。产品和服务创新是指企业向市场适时地推出其生产的有价值的新颖的各类新产品或新服务，是企业向市场推出的明显改进的或者全新的产品。商业模式是组织或者企业为顾客创造价值、传送价值，把获取的其中一部分价值作为收益促进利润增长（David，2010）。商业模式创新是企业创造、售卖、传送给顾客相关价值，对于顾客、企业、产业来说是一种新颖的方式（Davila，2006；Schneider，2013）。过程创新不同于产品创新，是价值链上的企业独有的，隐性化更强一些，但是在提升创新优势方面，过程创新更加有效。

目前对创新绩效的研究主要基于三个视角：企业能力的视角、社会网络和社会资本的视角、开放性创新的视角。有的学者基于企业能力的视角进行研究，认为企业的创新绩效受限于企业自身的能力体系，比如企业创新能力、协调网络关系能力、从外部吸收知识的能力、整合重构资源的能力等，关注的焦点集中于企业内组织结构的安排、不同部门间协调机制和效率等因素如何影响企业创新绩效。有的学者基于社会网络和社会资本的视角进行研究，认为企业要合理安排和外界创新网络的流程和联结方式、设计网络治理机制等方式提升企业的创新绩效，打破了传统的基于资源基础论把企业看作原子的观点。有的学者基于开放性创新的视角进行研究，认为创新搜寻、创新开放度会影响到企业创新绩效，获取和利用外部创新资源对企业来说非常关键，企业要通过整合和利用内外部资源来减少技术和市场带来的不确定性，由此促进企业创新绩效的提升。因此，开放性创新是企业创新管理领域内一种较新式的思维模式（陈佳芬和陈劲，2008）。

对于中小企业的创新绩效如何进行测评，受到企业管理人员和投资者们的普遍关注，因为中小企业的盈利能力、发展潜力和创新绩效是紧密相关的。学者们对中小企业创新绩效的测评更多地从技术创新绩效的角度着手。目前，学者们主要是通过构建指标体系对中小企业创新绩效进行评价。一般来说，中小企业创新绩效的评价指标有四种分类标准：财务指标与非财务指标、单一指标与多维指标、客观指标与主观指标、创新产出指标与创新过程指标。

1. 财务指标与非财务指标

文卡拉曼和拉马努贾（Venkatraman and Ramanujam，1986）认为可以采用财务指标与非财务指标对创新绩效进行测量。财务指标反映的是因为企业创新活动所产生的财务绩效的改善和提高，主要体现在生产销售领域，具体是新产品的市场占有率、新产品的利润率、单位产品成本的降低率、新产品的销售额占比企业的总销售额等（Chen et al.，2015）。但是佩尔图萨等（Pertusa et al.，2010）认为评价创新绩效采用的财务指标大部分来自企业绩效的评价体系，虽然在一定程度上能够显示出来因为产业因素导致企业绩效存在差异，但是不能显示出企业彼此之间真正的差异。麦克吉和彼得森（Mcgee and Peterson，2000）也提出了采用财务指标存在的不足，因为除上市公司外大部分中小企业不会提供真实的财务数据，导致没法保证财务绩效客观正确。钱德勒等（Chandler et al.，1993）、李等（Lee et al.，2001）、李林生（2012）等提出在对中小企业进行技术创新绩效评价时，非财务指标就显得更重要一些，与财务指标相比，非财务指标具有更高的可信性、一致性。非财务指标是由于企业的创新活动产生的非财务绩效表现，比如新产品开发的成功率、新产品引进的速度、新产品开发的数量等（Khalili et al.，2013）。这种非财务指标是主观指标，借助于专家打分的形式，获取中小企业的创新信息，既保证了设计问卷时的灵活性，也保证了研究的效度和信度。财务指标能够通过二手数据获取，也可以对被调查对象进行询问获取；而非财务指标基本上都是借助于主观评价获取的。

2. 单一指标与多维指标

早期研究中小企业的创新绩效主要采用单一指标进行衡量，比如专利数据、新产品数量、研发投入等。哈格多姆和克洛特（Hagedoom and Cloodt，2003）认为多指标间会造成统计上重叠，因此用单一指标对高新技术企业内的创新绩效进行衡量就足够全面了。但是陈劲和陈猛芬（2006）指出如果仅仅用专利数据、研发投入等单一指标对创新绩效进行测度，不仅不能全面客观地反映企业技术创新的绩效，还容易给决策者造成片面的认识，误导其过分强调某一指标。多数学者指出，技术创新表现为复杂性和系统性，其创新活动的阶段性、多样性和各创新活动之间的层次性使得用以评价创新绩效的指标应该呈现层次性和多样性，因此应该采用多维度的评级指标体系对创新绩效进行度量。构建多维指标的测量体系时，新产品数量、新产品开发速度、新产品成功率、申请专利数、新产品的销售额占比企业的总销售额等多个指标对技术创新绩效进行测度。

3. 客观指标与主观指标

客观指标是利用已经存在的各种二手数据对创新绩效进行测量，比如上市公司的各种数据、企业调查数据、专利数据、全球创业观察以及世界银行等机构披露和出版的数据。主观指标是借助于调研问卷对被调查对象进行询问，借以评价企业的创新绩效。主观指标分为完全主观指标和类似主观指标两类（Richard et al.，2009）。完全主观指标和类似主观指标的区别在于完全主观指标的题项不涉及财务指标，而类似主观指标的题项涉及包括资产负债率等一些财务指标。客观指标与主观指标对创新绩效进行测度各有利弊，客观指标得到的数据相对而言比较客观，可复制性、可靠性等比较高，但是不容易获取，而且很难如实表示相应的构念；主观指标能够如实地表示创新绩效这一构念，但是因为被调查对象存在心理偏差导致存在一定的测量误差（Gilovich et al.，2002）。

4. 创新产出指标与创新过程指标

创新产出指标认为绩效应该是一种结果，直接反映企业实施技术创新活动的现实绩效和效果，包括社会效益指标、技术效益指标、经济效益指标等，具体表现为新产品数量、新服务数量、专利数、新产品成功率等。创新产出指标可以分为两类：专利指标、新产品收益指标。很多学者关注于专利指标，用企业获取专利数对创新绩效进行衡量，包括特定时间内企业申请专利数（Yayavarami and Chen，2015）、注册专利未来五年内被其他企业引用的次数（Leone and Reichstein，2012）等。专利指标比较容易获取数据，而且能够代表企业技术创新水平（高辉，2017）。新产品收益指标是评价企业内新产品开发的成果，因为新产品通常都是技术创新最终的成果，因此用新产品指标对创新绩效进行衡量有一定的科学性，也得到了广泛的应用。新产品收益指标主要包括两大类：一是包括利润增长率、资产回报率、销售增长率等在内的新产品市场绩效指标和财务绩效指标（Chen et al.，2014，2015）；二是包括新产品引入成功率、引入速度等在内的新产品开发绩效（Li and Atuahene‐Lina，1999）。创新过程指标认为绩效应该是一个过程，直接反映企业在实施技术创新活动中的管理水平、潜在绩效等，包括创新应用、创新管理、研发投入等，具体表现为企业技术活动数、研发人员和客户交流频率、研发人员和生产部门交流频率、研发经费、研发人员数量等（高健等，2004；陈劲和陈钰芬，2006）。孔凡柱（2014）认为一般情况下，创新产出指标用以度量创新绩效更科学合理一些，可行性比较大，而且测量创新绩效时准确性最高。

已有的研究创新绩效影响因素的成果比较丰富，国内外学者们尝试从不同角度、不同层次对创新绩效影响因素这一问题进行了比较深入的研究。对已有文献进行梳理，发现影响创新绩效的因素大概可以划分为四大类：第一类是环境因素，如政府政策、国家法律、税收政策等；第二类是结构因素，如企业所处社会网络等；第三类是组织因素，如企业文化、企业制度等；第四类是个人因素，如管理者特征、员工学习能力等（肖艳红，2018）。环境因素对企业创新绩效的影响受到学者们的关注，龙等（Long et al.，2011）认为影响创新绩效的重要因素是企业所处的环境，分析了贸易自由化影响创新绩效的作用机理；张玉臣等（2013）认为税收优惠政策对企业创新绩效产生的影响不尽相同，对于刚成立规模比较小的企业而言，税收受惠政策会对创新绩效产生积极的影响，但是随着企业规模扩大、成熟度越来越高，税收优惠政策对创新绩效的积极作用会逐渐减弱，直至消失；关等（Guan et al.，2015）以我国 1000 家制造企业为研究对象，实证检验了政府财政政策和企业创新绩效间的关系，发现税收优惠、专门贷款等政府一系列的财政政策对企业提升创新绩效有促进作用。学者们深入研究了结构因素对创新绩效的影响，索达（Soda，2011）基于企业网络为基础，以汽车企业为研究对象进行研究，发现在网络内企业所处的位置是影响创新绩效的重要因素；哈金森（Huggins，2012）提出创新绩效实质上是企业内在性质和网络资源共同作用产生的结果，在网络资源中网络伙伴所处的地理位置和知识联盟均会对创新绩效产生重要的影响。还有学者们研究组织因素对创新绩效的影响，蒋等（Chiang et al.，2010）研究了开放性创新战略和创新绩效间的关系，发现在激进型创新领域内开放式搜寻其广度和深度都会积极影响和作用于创新绩效；霍根等（Hogan et al.，2014）构建起组织文化和创新绩效之间的理论模型，研究组织规则在内的组织文化对创新绩效的影响机理，实证检验了组织层面的一些变量对创新绩效的影响，提出组织层面的一些变量是影响创新绩效的主要来源；维巴诺等（Verbano et al.，2016）把技术创新战略结合于创新绩效进行研究，发现企业内创新绩效的主要来源是技术创新战略和企业智力资本。个人因素对创新绩效的影响同样受到学者们的关注，索西克等（Sosik et al.，2012）以191个样本数据研究了管理者的个性特征和绩效间的关系，发现管理者的智力、勇气、忠诚度等积极影响于企业的创新绩效。威尔德罗姆等（Wilderom et al.，2015）研究了管理者特征影响创新绩效的机理，认为管理者情商会有效提升企业的凝聚力，而且凝聚力高的企业内创新绩效也会随之提高，这为企业内管理人员管理水平的提高、创新绩效的提升提供了新的视角。

在我国经济转轨时期，国内学者根据中国特色的环境从外部环境、内部环境、社会网络等不同的角度分析了影响中小企业的创新活动、创新绩效的因素。周国红等（2001）通过实证分析认为企业研发投入、营销能力强弱、技术开发机构的完善程度等是影响中小企业创新绩效的重要行为要素。姜波等（2011）针对科技型中小企业内资本结构和创新绩效间关系进行研究，显示企业内资本结构中如果负债占比越高，那么企业内经营现金流、财务负担就会越沉重，从而对中小企业内的技术创新活动造成负面的影响。张德茗等（2011）针对科技型中小企业进行实证验证，发现知识吸收能力能够驱动中小企业创新绩效，潜在吸收能力能够帮助中小企业获得创新所需资源。张旭军等（2012）调查了河北省的中小企业，研究发现这些中小企业内的创新活动大部分局限在国内区域，创新的重点主要是提高产品质量和产量、改进技术水平，而且当中小企业创新战略匹配于竞争环境、学习模式适应于技术来源时，中小企业就能够获取较高的创新绩效。

综上所述，学者们对影响创新绩效的因素进行了相关的研究，现有的研究结果显示政府政策、关系网络、企业国际化、企业文化以及组织成员个人特征等不同层面的诸多因素都会对创新绩效产生一定的影响，虽然影响广度和深度都存在差异，但这也为本书的研究提供了重要的理论基础。

2.2.2 嵌入性网络关系对中小企业创新绩效直接影响研究

嵌入性网络关系是否对中小企业创新绩效产生影响，产生什么样的影响，学术界对这一类的研究相对比较少。但嵌入性网络关系是探讨经济主体个体行为的一种重要的工具，在组织边界不清晰、日益模糊，跨组织进行合作非常盛行的背景下，嵌入性网络关系对企业的创新行为、创新绩效发挥着越来越突出的作用，因此，嵌入性网络关系对企业创新的影响应该成为学术界关注的新焦点。

学者们对嵌入性网络关系对创新绩效的影响没有把焦点投入到中小企业中，但是学者们发现嵌入性网络关系能够直接影响到企业的创新。对于嵌入性网络关系如何影响企业的创新，不同的学者得出的结论不完全相同，甚至会相互矛盾，学者们主要有以下两种看法：

1. 嵌入性网络关系直接对创新绩效产生影响

科恩和利文索尔（Cohen and Levinthal，1997）、科里和费尔普斯（Corey and Phelps，2010）等学者认为关系嵌入性网络关系对企业的创新活动产生积极的影响，有利于企业创新活动的产生，促进企业创新绩效的提升。达尔和库茨伯格（Darr and Kurtzberg，2000）等学者认为嵌入性网络关系负向作用于企业的创新活动，不仅仅不会促进企业的创新活动，反而起到阻碍的作用。桑普森（Sampson，2007）、谭云清（2015）等学者在研究嵌入性网络关系和企业创新的关系时，发现嵌入性网络关系和企业创新活动之间呈现非线性关系，即倒 U 形关系。萨尔曼和萨维斯（Salman and Saives，2005）在研究生物技术企业的基础上，发现如果企业在整个网络内处于网络中心，其容易获取到各种知识优势，有利于进行创新。托尔托列洛和克拉克哈特（Tortoriello and Krackhardt，2010）研究社会关系和企业创新行为的关系时发现，社会关系有利于企业的创新行为，能够帮助和支持企业的创新行为。

范群林和邵云飞等（2011）以四川省德阳市的装备制造业集群为研究对象，把结构嵌入性划分为三个维度：节点度、结构洞、中介中心度，分析了结构嵌入性和集群企业的创新能力增长之间的关系，研究发现集群企业内的结构洞显著正向作用于企业的创新能力，而节点度、中介中心度不影响于企业的创新能力。这说明在四川省德阳市的装备制造业集群内，结构洞位置上的大企业能够从网络关系中获取较多的创新资源，因此创新能力增长，具有绝对优势，而那些处在非结构洞位置上的配套企业，缺乏核心竞争优势，与大企业之间的业务合作处在较低水平上，缺乏知识、信息和技术等方面的学习和互动，因此无法获取创新资源，创新能力无法得以提升。赵炎和郑向杰（2013）建立在资源依赖理论的基础之上，运用各种社会网络方法、统计分析方法，基于十大高科技行业构建了较大规模的联盟创新网络，分析联盟创新网络内 420 家上市公司地域根植性、网络嵌入性如何影响创新绩效，研究发现：个体中介中心性、行业网络密度显著正向影响着网络关系内的企业的创新绩效，但是中介中心性对创新绩效的影响具有比较明显的滞后性，网络内的企业其所在的区域位置不影响于创新绩效，但是在研究联盟网络密度对企业创新绩效的影响时发现企业其所在的区域位置在这一过程中具有调节的作用。刘雪锋和徐芳宁等（2015）从企业的嵌入性网络切入，构建了关系模型"嵌入性网络关系—知识获取—创新能力"，研究发现嵌入性网络关系的不同嵌入机制对知识获取产生的作用存在着差异，关系嵌入的互惠程度、联系频繁程度、持久程度、信任程度等和结构嵌入的接近中心性、居间中心性等有利于网络关系内的企业更深入更广泛的交流沟通，由此获取外界知识，而关系嵌入是否密切不相关或者不显著相关于显性知识、隐性知识的获取。隐性知识和显性知识在构建的模型中所起的中介效应不显著，而是关系嵌入、结构嵌入直接影响企业的创新行为，促进企业提升创新能力。张悦和梁巧转等（2016）采用 Meta 的分析方法，重新统计分析了 68 篇独立样本的实证研究，发现关系嵌入（关系的稳定性、网络的互惠性、联系的强度、关系的质量）、结构嵌入（网络的中心性、网络的异质性、网络的密度、网络的规模）显著正向影响企业的创新绩效，其中结构嵌入的网络中心性维度对创新绩效有着最明显的影响。此外，进行调节效应分析，发现企业所属产业的类型、产业分布的类型等在嵌入性网络关系、创新绩效间的关系中有调节作用，在高新技术产业的条件下，网络密度、网络规模、联系强度等正向作用于创新绩效的程度会增强；产业分布类型在网络中心性、网络异质性、网络密度等结构嵌入变量和创新绩效间的关系中有显著的调节作用。周建华（2016）基于浙江省两大产业集群内的 266 家企业进行实证分析，研究发现嵌入性网络关系强度正向影响着企业技术创新并且验证了用企业家资源、融资渠道的多样化、专业人才的市场环境等指标进行度量的制度环境在嵌入性网络关系和技术创新间所起的部分中介的效应。綦良群和蔡渊渊等（2017）基于随机前沿方法进行实证分析我国装备制造行业内全球供应链的价值位势、嵌入强度等相关因素如何影响产业研发的两个阶段的效率，作用强度如何，影响方向如何，研究发现全球供应链的嵌入强度负向影响产业研发的直接产出效率，同时正向影响研发成果的经济转化效率。刘建基（2018）认为嵌入性网络关系能够积极作用于商业模式的创新，他把嵌入性网络关系分为两个维度，结构嵌入性与关系嵌入性，这两个维度都能促进新颖型和效率型的商业模式的创新，其中结构嵌入性对商业模式的创新发挥的作用要更明显一些。

此外，学者们还发现这嵌入性网络关系和企业创新行为间还受到很多变量的调节作用，比如搜索策略（谭云清，2015）、区域位置（赵炎等，2013）、网络能力（任胜钢等，2011）。

2. 嵌入性网络关系间接对创新绩效产生影响

有的学者关注于嵌入性网络关系对企业的创新行为产生间接的影响，魏江和郑小勇（2010）认为嵌入性网络关系的强度对组织内的渐进式技术的创新绩效、突破式技术的创新绩效都会产生影响，只不过是作用机制存在着一定的差异，存在差异的主要原因在于组织学习能力这一变量在其中所扮演角色存在不同；在渐进式创新中，在强关系这一作用过程中组织学习能力更多的扮演中介角色，在弱关系这一作用过程中组织学习能力更多的扮演调节角色；在突破式创新中，在强关系这一作用过程中组织学习能力只扮演中介角色，在弱关系这一作用过程中组织学习能力既扮演中介角色也扮演调节角色。李妍和梅强（2010）提出了研究框架分析嵌入性网络关系、创新的动力、创新的能力这三者之间的关系，把嵌入性网络关系划分为两个维度：技术嵌入和业务嵌入，这两个维度对创新的动力产生促进的作用，借助于创新的动力正向影响于创新能力，而且在这个过程中，环境的动态性具有调节作用。许冠南和周源（2011）以 5 家制造企业为研究对象，进行案例间的分析和案例内的分析，考察嵌入性网络关系如何影响企业的技术创新，构建了嵌入性网络关系作用于企业技术创新的分析框架，研究结果表明，在网络关系中制造企业间的信息共享、协同解决问题、信任等能够促进企业获取新知识、利用新知识，由此促进企业技术创新行为的产生，绩效的提升。阮爱君和卢立伟等（2014）基于社会网络的视角，把嵌入性网络关系划分为结构嵌入和关系嵌入两个维度，构建起结构嵌入和关系嵌入影响创新能力的机制模型，对 139 家企业进行问卷调查后进行实证分析，发现结构嵌入下的网络中心性和网络规模、关系嵌入下的网络关系质量和网络关系强度显著影响着企业的创新能力，在结构嵌入和创新能力之间组织学习起部分中介的作用，在关系嵌入和创新能力之间组织学习起完全中介的作用。蒋天颖和丛海彬等（2014）针对集群企业构建了嵌入性网络关系、知识的转移、知识的创造、技术创新间的理论模型，用浙江省杭州市文化创意产业和软件产业的集群企业进行模型的验证，发现在集群企业内嵌入性网络关系显著正向影响着知识的转移，显著正向影响着知识的创造；但是嵌入性网络关系并没有对企业的技术创新产生直接的影响，而是借助于知识的转移和知识的创造对技术创新产生影响；知识的转移对技术创新不产生直接的影响，而是借助于知识的创造对技术创新产生间接的影响，知识创造具有完全中介的作用。庄彩云和陈国宏（2017）基于组织学习理论和网络嵌入性理论，在产业集群内构建出多维嵌入性、双元学习能力和创新绩效的结构方程模型，实证分析福建省三个产业集群的调查数据，研究表明知识网络的多维嵌入性对创新绩效有着正向的影响，不同类型的学习能力对多维嵌入性和创新绩效间有着中介效应，其中，利用型学习在嵌入性网络关系的关系嵌入维度与知识嵌入对创新绩效的作用过程中起着完全中介的作用，探索型学习在嵌入性网络关系的结构嵌入维度与知识嵌入对创新绩效的作用过程中起着完全中介的作用。

就目前的研究成果来看，国内外学者们对嵌入性网络关系和企业创新绩效的相关研究，大部分集中于嵌入性网络关系如何影响企业创新绩效，研究结论众说纷纭，出现研究结论不统一的主要原因在于研究人员选择的视角存在着差异，企业类型不同也会产生不同的结论，因此，本书研究动态环境下的嵌入性网络关系对中小企业创新绩效产生影响的路径，具体分析"嵌入性网络关系→动态能力→中小企业创新绩效"的理论研究框架，研究视角是嵌入性网络关系，研究内容是嵌入性网络关系通过动态能力如何影响中小企业创新绩效。

2.2.3　嵌入性网络关系对动态能力影响研究

对于外部环境和企业之间的关系，学术界进行了广泛的讨论，不同研究领域内的学者们基于不同的理论视角开展了较长时间的研究。纳德卡尼等（Nadkarni et al.，2008）认为外部环境会对组织的战略选择和绩效产生影响。在中国情境下，我国组织对于外部环境最明显的感受就是环境表现出的动态性（Dess et al.，1984；Xu et al.，2013；董振林，2017）。环境动态性针对外部环境的不可预测性，不仅仅指外部环境发展过程当中的波动性，还指未来结果存在着不可预测性（Thompson，1876；Khandwalla，1972；Miller et al.，1983）。环境动态性实质上是环境动荡性和不稳定性的一个混合（Dess et al.，1984；Finkelstein et al.，1998）。环境动态性针对的是环境的变化，包括环境变化的程度、速率、可预测性等，具体类型是市场动态性和技术动态性（董振林，2017）。环境动态性描述了环境变化，但是环境变化却是多维度的（Miller and Lin，2015）。霍利等（Wholey et al.，1989）认为不稳定环境包括三个维度：频率、幅度、可预测性等，频率分析环境发生不同变化时的时间间隔，幅度分析环境变化的程度或者是一种环境状态和另一种环境状态间的距离，可预测性分析企业能够预测环境的变化或预测的程度。频率和幅度反映环境变化的速度，可预测性反映组织能否轻而易举地对环境变化进行预见（McCarthy et al.，2010）。如果环境变化达到的环境状态很多，而且每种环境状态有着接近平均的出现概率，那么这种环境具有很大的不可预测性，如果两种环境状态出现的概率完全相同，那么环境的不可预测程度最高。

环境动态性主要考察环境的变化速度和能否有效预测。奥德里奇（Aldrich，1979）把企业的外部环境进行划分，包含动荡性、能力、稳定—不稳定性、同质性—异质性、集中—分散、一致—分歧六个维度。迪斯等（Dess et al.，1984）在此基础上，通过实证研究，把企业外部环境分为动态性、复杂性、宽容性三个维度。动态性是指因为环境变化的程度和速度造成外部环境的不可预测性、不稳定性以及不确定性程度；复杂性是指外部环境当中存在的各种要素间的异质性和各种要素分布状态的集中程度；宽容性是指在企业可持续发展的过程中外部环境提供的资源和机会。坦等（Tan et al.，1994）把企业外部环境分为动态性、复杂性、敌对性三个维度。动态性、复杂性是环境发生的变化，反映了环境的不确定性；敌对性和宽容性是一组相对的概念，表达了一个维度上相反的两个方面，但实质上都是反映外部环境支持企业发展的程度。詹森等（Jansen et al.，2006）指出环境动态性实质上是环境大幅度的变化以及伴随而来的不确定性。基于以上分析，环境动态性就是指环境变化的程度、速度、不可预测性，环境动态性越高，不确定性就越高。

嵌入性网络关系如何影响动态能力，学者们尝试从不同的视角进行解析。现有文献基本从资源视角、学习视角这两个方面进行讨论。

基于资源基础论的视角，包括动态能力在内的企业各种能力的培养、构建不能缺乏信息、人力、资金等各类资源的支持。嵌入性网络关系有利于获取各类资源，能够提升企业的动态能力。吴（Wu，2007）针对中国台湾地区的高科技企业进行研究，发现嵌入性网络关系帮助企业获取更多的资源，企业如果拥有的资源越多，就越容易获取外部资源、合理使用外部资源、吸引外部合作伙伴，由此促进企业提升动态能力。达夫和古德拉姆（Doving and Gooderham，2008）研究发现，嵌入性网络关系有助于企业获取差异化的能力和资源，如果跨组织联系存在较大的异质性，越有利于获取异质的能力和资源，提高了企业适应外界环境的能力。刘烨等（2009）基于高新技术企业进行研究，发现嵌入性网络关系能促使企业获取企业家资源，企业家资源积极作用于企业提升动态能力。董保宝和葛宝山等（2011）基于资源基础论、动态能力论，强调动态能力在企业获取竞争优势中所起的作用，动态能力有利于企业从外部识取相关资源，外部资源反过来又有利于提升企业的动态能力，借助于动态能力可以促进企业竞争优势的提升。罗等（Luo et al.，2012）认为企业家的个人社会关系网络如果质量高，就有利于网络资源的整合、和网络内其他成员达成合作，以此促进企业动态能力的提升。舒燕和邱鸿钟（2014）基于2009～2011年中药上市公司的财务数据，采用结构方程模型分析企业资源、动态能力、竞争优势的关系，实证结果表明，企业资源可以是促使动态能力的提升，中药企业可以借助于资源的整合形成和提升动态能力。

　　章威（2009）研究的动态能力界定为基于知识资源的动态能力，认为嵌入性网络关系内结构嵌入、关系嵌入影响着不同的动态能力要素，也就是说，结构嵌入内的合作组织多样性显著正向影响着知识整合能力，关系嵌入内的共同解决问题显著正向影响知识整合能力，关系嵌入内的共同解决问题、承诺、信任等显著正向影响知识获取能力。杜健和姜雁斌等（2011）把企业动态能力划分为三个维度：知识创造能力、知识获取能力、知识整合能力，研究了动态能力、嵌入性网络关系、创新绩效间的关系，采用了探索性案例的研究方法，验证了网络嵌入的不同属性比如承诺、多样性、共同解决问题、信任等显著正向影响知识整合能力、知识获取能力，同时知识整合能力正向影响创新绩效，在创新绩效中起着关键性作用。张秀娥和姜爱军等（2012）以我国东北地区的中小企业作为获取数据资料的来源，以此运用回归分析的方法验证了嵌入性网络关系、动态能力、企业成长间的关系，研究结果表明嵌入性网络关系的强化能够促进企业动态能力的提升，以此在动荡环境下促进企业的成长。田雪和司维鹏等（2015）针对 151 家物流企业进行问卷调查，建立结构方程模型对调查数据进行实证检验，结果表明关系嵌入、结构嵌入都会对动态能力产生积极的正向影响。彭本红和武柏宇（2017）把创新搜索理论、动态能力理论结合起来，以那些参与网络平台生态系统内的关键企业为研究对象，分析了跨界搜索、企业动态能力、开放性服务创新绩效间的关系，研究发现跨界搜索的嵌入模式、路径模式都会显著正向影响企业的动态能力。

　　就目前的研究成果来看，国内外学者们对嵌入性网络关系和动态能力的相关研究，大部分学者们认为嵌入性网络关系能够在企业内塑造、提升动态能力，其对动态能力的促进作用是毋庸置疑的。

2.2.4　嵌入性网络关系、动态能力对中小企业创新绩效的传导机制

　　尽管蒂斯等（Teece et al.，1997）是基于资源基础理论的补充提出了动态能力，用以说明动态能力是企业在动荡环境中保持持久竞争优势的新工具。但对于动态能力是否对绩效产生正向影响，这种影响是直接的还是

间接的，一直以来备受争议，不同的学者给出的观点存在着差异。艾森哈特等（Eisenhardt et al.，2000）、佐特（Zott，2003）、扎赫拉等（Zahra et al.，2006）、张伟等（2018）以及其他学者认为动态能力不会直接影响绩效，而是借助于间接方式对绩效产生影响。艾森哈特等（Eisenhardt et al.，2000）认为动态能力是企业获取竞争优势的一个必要条件，但不是充分条件；佐特（Zott，2003）认为动态能力不是直接创造企业的竞争优势的，是借助于改变企业惯例或者资源组合实现的；扎赫拉等（Zahra et al.，2006）认为动态能力是通过改变企业的基础能力对企业的竞争优势产生影响；张伟等（2018）基于陕西省的商业企业，发现企业动态能力会正向影响竞争优势，从而对绩效产生影响。实证检验中，有一部分学者研究了动态能力怎么通过中介效应影响到企业绩效，帕夫卢等（Pavlou et al.，2011）通过问卷调查，研究发现动态能力首先对企业的运营能力产生影响，进而影响到企业新产品的开发绩效；普洛基罗等（Protogerou et al.，2012）以 271 家希腊的制造企业为基础，研究发现动态能力首先影响包括技术能力和营销能力的基础能力，进而影响企业的绩效；斯塔德勒等（Stadler et al.，2013）分析了从美国石油企业搜集到的二手数据，发现企业的动态能力正向影响资源开发和资源获取；怀尔登等（Wilden et al.，2014）通过中介模型分析动态能力通过对技术能力和营销能力产生影响进而影响包含财务绩效、生存绩效在内的企业绩效，研究发现动态能力显著正向作用于企业基础能力，通过基础能力对企业绩效产生正向的影响；威廉等（Wilhelm et al.，2015）研究发现企业的动态能力能够从效率和效用两个角度促进企业基础能力的提升。

还有一部分学者认为动态能力直接影响企业绩效，马卡多克（Makadok，2001）、佐洛等（Zollo et al.，2002）、格里菲思等（Griffith et al.，2006）以及其他学者认为动态能力能创造出难以被模仿的新的资源组合，是企业获取超额经济租的重要来源，能够帮助企业获取超优绩效；多瓦等（Rindova et al.，2001）、林等（Lin et al.，2014）、李等（Li et al.，2014）以及其他学者研究发现动态能力对企业财务绩效和竞争优势有着直接的正向影响；蒂斯（Teece，2007）认为在环境快速变化的情景下，动态能力有助于企业获取竞争优势；德梅维奇等（Drnevich et al.，2011）

基于业务流程，研究发现动态能力正向影响于企业层面和业务层面的绩效；贝特罗夫等（Peteraf et al.，2013）认为竞争环境、经验、时间附加价值等差异仍然能够使企业借助于动态能力取得竞争优势；马科宁等（Makkonen et al.，2014）实证研究了海运业、食品加工业、媒体业等面临变化的一些企业，发现动态能力有助于新产品提高销售比例；席尔克（Schilke，2014）选取汽车制造、机械、化工三个行业的 279 家企业的数据进行实证分析，发现动态能力直接作用于包括财务绩效和战略绩效的竞争优势，而且是正向作用；吉罗德等（Girod et al.，2017）认为动态能力能够改变企业的运营能力，使企业生产出竞争力更强的产品或者服务，有助于企业获得比行业平均水平高的利润，从而促进企业的财务绩效；龙思颖（2016）、肖增瑞（2018）等学者认为动态能力会对企业成长绩效产生直接的影响。但是，还有一些学者认为，动态能力并不一定总是正向影响于绩效（Zollo et al.，2002；Zahra et al.，2006）。动态能力是一种能力，代表的是一种改变资源组合、改变常规能力的高阶能力（龙思颖，2016）。扎赫拉等（Zahra et al.，2006）认为动态能力是对企业绩效发生正向影响还是负向影响完全取决于在运用动态能力改变资源组合时是不是适应了当时的情景，如果依据不准确的因果假设使用动态能力，或者在非必要的时候使用动态能力，可能会负向作用于企业绩效。蒂斯（Teece，2012）提出因为动态能力需要高额的维持成本，所以动态能力会对企业绩效造成负面的影响。因此，动态能力是一把双刃剑，而不应该是万能钥匙，能不能达到预期的效果完全取决于企业能不能根据不同的情景对动态能力进行适当的运用。

对于中小企业来说，外部环境越来越动态、复杂，竞争形势愈来愈严峻，创新已然成为中小企业占领市场先机、获取竞争优势的主要手段之一。因此，学者们开始把关注点和研究的方向投入到动态能力如何对创新产生影响，现有的文献也从不同的视角对动态能力和企业创新之间的关系进行了理论探讨、实证研究。

早期的学者们重视理论研究，从理论上解析动态能力影响创新的机制原理，把创新绩效界定在技术创新、产品创新两个方面。艾森哈特和马丁（Eisenhardt and Martin，2000）、巴尼（Barney，2001）等学者认为要在企业内充分发挥出动态能力积极的作用，需要借助于动态能力将静态的创新资源有效地转化成创新绩效。奥康纳（O'Connor，2008）基于系统论的视角，构建了包括人才开发、必要技能、探索过程、可识别组织结构等在内的七项要素组成的动态能力的培育框架，以此促进企业开展突破性创新。魏泽龙和弋亚群等（2008）基于创新理论、动态能力理论，分析动态能力如何影响探索型创新、应用型创新，同时进一步研究环境动态性所起的调节效应，研究发现动态能力对探索型创新、应用型创新所起的作用不同，其中，动态能力影响探索型创新的作用更明显一些；同时，环境动态性在动态能力和两类创新间所起的调节作用存在一定的差异性，环境动态性在动态能力和探索型创新间起着正向的调节作用，但是在动态能力和应用型创新间没有显著的调节作用。

埃洛宁等（Ellonen et al.，2009）以四家出版企业为研究对象，发现企业的动态能力越强，就越有利于进行渐进性创新与颠覆性创新。阿加瓦尔和塞伦（Agarwal and Selen，2009）针对大型电信公司的经验数据，运用结构方程进行分析，研究发现高水平高质量的动态能力能够有效促进企业进行服务创新，因此企业要促进服务创新、提升服务创新质量，就必须对动态能力加强管理。

林萍（2012）针对福建省的电子信息企业的数据资料进行实证分析，发现企业内包括人力、技术、信息等在内的各类资源必须借助于动态能力才能作用于组织的创新，也就是说企业内的各类资源积极影响于动态能力，动态能力又积极影响于创新，企业内的各类资源没有直接作用于组织的创新，必须借助于动态能力的中介效应对组织的创新产生影响。因此，在动态高度不确定的环境下，企业仅仅掌握丰富的资源是远远不够的，还应该拥有自己的动态能力，而且要根据外界的变化持续的重构和更新能力和资源，才能够保障企业得到持续的创新。

徐召红（2014）在分析智力资本影响企业创新绩效的过程中提出了动态能力的中介效应，认为智力资本在积累的过程中会促进企业动态能力的提升，进而促进企业创新绩效，在智力资本和企业绩效间动态能力起着中介效应。江积海和蔡春花（2014）采用扎根分析和案例研究的方法，以瑞丰光电为研究对象，分析联盟组合的开放性创新，从联盟组合的"点—边—

网"入手，总结出联盟组合的三个层面：企业即点、关系即边、网络即网，这三个层面包含资源异质性、资源多样性、开放深度、开放广度、耦合机制、结构强度等六个显著的结构特征要素，结合瑞丰光电验证这六个结构特征要素影响开放性创新的机理，发现在联盟组合内这六个结构特征要素正相关于创新绩效。

简兆权和王晨（2015）针对北京、广州、厦门的 193 家高新技术企业，研究分析环境不确定性、动态能力在战略导向和技术创新间所起的调节效应和中介效应，研究发现市场导向显著正向影响于技术创新，动态能力在市场导向和技术创新间起着完全的中介效应；创业导向同样显著正向影响于技术创新，动态能力在创业导向和技术创新间起着部分的中介效应；组织所处的环境如果不确定性程度增大，动态能力就会对技术创新产生更大的影响。简兆权和柳仪（2015）针对华南地区的 243 家典型的服务型企业进行研究发现，关系嵌入性、网络能力均显著正向影响于服务创新绩效，网络能力在关系嵌入性与服务创新绩效间起着完全中介的作用。

李随成和武梦超（2016）研究发现供应商的整合能力正向影响于渐进式创新和突破式创新；在供应商的整合能力和渐进式创新之间，技术动态性起着负向调节的作用，市场动态性起着正向调节的作用；在供应商的整合能力和突破式创新之间，技术动态性起着正向调节的作用，市场动态性起着负向调节的作用。袁野和蒋军锋等（2016）以 434 家企业为研究对象，分析动态能力如何影响创新活动，以及战略导向在动态能力和创新类型间的调节作用，研究发现企业的捕获能力强的条件下，企业倾向于进行技术创新或联合创新；企业的感知能力与变换能力强的条件下，企业倾向于进行联合创新；在感知能力和市场创新、捕获能力和联合创新的关系中，市场导向均起着正向调节作用；在感知能力和联合创新的关系中，企业家导向起着正向调节的作用。

张飞雁（2018）认为在竞争全球化、环境高度不确定的背景下，企业不能仅仅靠自身资源和能力来占领市场，企业应该向外逐步扩展自己能够获取资源的范围，需要借助于供应链的协同创新来提升企业的动态能力，以动态能力为基础对供应链的协同创新和绩效进行实证分析后发现，动态能力会以供应链的协同创新的形式表现出来对供应链的绩效产生影响，也就是动态能力能促进企业内供应链的协同创新，然后借助于供应链的协同创新促使整个供应链的绩效提高。孙慧和张双兰（2018）基于 2011～2016 年实施走出去战略的高新技术企业，分析了在国际化的背景下动态能力如何影响企业的创新绩效，研究发现高新技术企业的动态能力以及三个结构要素都对创新绩效产生显著的正向作用，其中，协调整合能力对创新绩效所起的作用更大一些；国际化能够显著强化企业动态能力的促进提升作用，其中，对协调整合能力强化作用更大；随着国际化程度的进一步深入，动态能力会进一步促进创新绩效的提升。

由此可见，动态能力对创新绩效的影响还处于存有争议的阶段，因此需要结合具体的研究视角、关注的焦点进行更深入的理论分析、实证检验；同时，创新绩效可以划分为技术创新绩效、服务创新绩效、管理创新绩效等不同类型，动态能力对不同类型的创新绩效也会产生不同的影响。

虽然没有学者直接研究嵌入性网络关系通过动态能力影响中小企业的创新绩效，但是有学者把动态能力当作中介变量进行研究，将动态能力作为资源积累等企业内外部因素影响组织绩效或者竞争优势提升的企业内部机制。吴（Wu，2006）认为在不稳定环境下，企业的资源不直接影响绩效，而是借助于动态能力间接影响绩效。马什等（Marsh et al.，2006）研究发现动态能力在知识保留和诠释、新产品的开发绩效间存在部分的中介效应。蔡（Tsai，2006）提出处在社会网络间的企业能够有机会与不同组织进行资源优势互补，获取社会资本、利用社会资本，社会资本越丰富，企业的吸收能力就越强，从而更好地进行创新。

黄等（Huang et al.，2007）以中国台湾地区的高新技术企业为研究对象，发现动态能力就是组织战略能力和研发创新能力，尽管组织战略和流程间的整合能够显著促进组织绩效，但是动态能力在两者间有着较显著的中介效应。斯马特等（Smart et al.，2007）认为动态能力是企业更新社会网络、使用资源等所必须具备的关键能力，企业借助于动态能力从社会网络中获取资源，从而促进企业创新。吴（Wu，2007）认为企业内的结构资本、关系资本等影响企业绩效是通过动态能力的中介效应。

廖等（Liao et al.，2009）提出在资源储备与创新间，动态能力发挥着中介作用；胡望斌等（2009）在研究创新导向和组织绩效间的关系时发现，动态能力在其中发挥着重要的中介效应。

郑等（Zheng et al.，2011）指出企业在社会关系网络中获取知识资源，知识资源通过动态能力提升创新绩效。姚伟峰等（2011）指出企业借助于社会网络可以获取企业发展所需的内外部资源，从而提升企业能力、形成新的竞争力，其中企业整合资源能力能促进商业模式的创新。

布巴－奥尔加等（Bouba－Olga et al.，2015）认为从动态过程的视角更能够合理解释关系网络和创新间的关系，知识流、社会网络互动在动态过程中帮助企业实现创新。

阿克哈凡等（Akhavan et al.，2016）认为形成知识变革能力的机制和互惠、信任、团队认同、社会互动关系等社会资本要素的良性互动，会对团队创新能力产生影响，因此，知识变革能力越强，团队创新能力越强。

孙锐等（2017）认为企业的创新活动是建立在获取内外资源的基础上的，企业通过创造内生价值实现这一过程。

陈建军和王正沛等（2018）认为中国宇航企业的组织结构会对创新绩效产生影响，但是组织机构不是直接完全作用于创新绩效，还会借助于动态能力、创新氛围的中介效应实现的，通过实证研究针对中国宇航企业的调查数据，发现中国宇航企业的组织规范、组织集权等维度会对创新绩效产生消极的作用，动态能力、创新氛围等维度分别在组织规范与创新绩效、组织集权和创新绩效间都存在着部分的中介效应。

就目前的研究成果来看，多数学者们研究发现动态能力积极影响于包括产品、管理、服务、技术等方面的企业创新活动，但在中小企业内如何培育、提升动态能力，以此推动提升企业创新绩效的研究还存在很多的局限性，许多问题没有得到解决。动态能力影响企业创新绩效的研究仍然处于探索的初期，动态能力对不同类型创新活动的影响机理、影响程度、相关的情境因素等很多问题需要进行更加深入、全面的理论分析、实证检验。

实际上，嵌入性网络关系并不是直接影响中小企业的创新绩效，而是借助于动态能力的中介效应引发的。本书建立了嵌入性网络关系通过动态能力影响作用于中小企业创新绩效的理论模型，即"嵌入性网络关系→动态能力→中小企业创新绩效"的路径模型。这一路径模型，深化了中小企业创新管理已有的研究框架，能够更加科学合理地解释嵌入性网络关系和中小企业创新绩效之间的关系，深化了"结构→行为→绩效"的研究范式，规避了在传统研究内嵌入性网络关系直接影响中小企业绩效导致研究结论不确定甚至会违背现实状况的缺陷。从逻辑关系上分析，嵌入性网络关系首先影响中小企业的动态能力，然后借助于动态能力影响中小企业的创新绩效。

2.3　综合评述

针对中小企业研究嵌入性网络关系和创新绩效间关系是最近十几年兴起的一个受到广泛关注的管理学、社会学领域内的研究课题。嵌入性网络关系已经在很多地区、很多企业内成为一种广泛存在的现象，尤其是在环境动荡、中小企业资源匮乏的状况下，嵌入性网络关系的作用非常明显，引起了国内外学者们的普遍关注。在嵌入性网络关系的现有研究中，很多国内外学者们已经普遍认同了嵌入性网络关系对企业创新绩效产生影响，同时研究人员采用了不同的方法验证了嵌入性网络关系对企业创新绩效的影响。通过对现有文献中嵌入性网络关系、动态能力、创新绩效等理论进行梳理，使本书初步把握了围绕嵌入性网络关系对企业创新绩效产生影响这一研究主题的理论研究现状和实证研究状态。目前的研究尽管为本书探讨嵌入性网络关系对企业创新绩效产生影响提供了理论支持、基本思路，为深入研究嵌入性网络关系对企业创新绩效产生影响的作用机理进行了有益探索，但是当前研究还存在一些亟须完善之处。

2.3.1　嵌入性网络关系对创新绩效产生影响的环境因素

嵌入性网络关系是不是影响中小企业的创新绩效，嵌入性网络关系是如何影响中小企业的创新绩效，目前大部分研究是把嵌入性网络关系作为解释变量，创新绩效作为被解释变量，进行回归分析，实证检验嵌入性网络关系对创新绩效的影响。但是至今，嵌入性网络关系和创新绩效间的关系一直没有得到统一的结论。之所以出现不同的结论，其原因在于研究人员没有考虑到嵌入性网络关系要充分发挥作用的话，需要一个长期的过程，不可能是一蹴而就的。因此，未来关于嵌入性网络关系影响中小企业创新绩效的研究，应该把外部环境和内部环境等变量引入研究体系内，不再简单地把嵌入性网络关系理解为中小企业内一种静态的战略资源，而应该以动态的方法和视角研究嵌入性网络关系和中小企业创新绩效间的关系。

2.3.2　嵌入性网络关系和创新绩效的维度划分

国内外学者们已经把资源基础理论、组织学习理论、社会网络理论纳入研究嵌入性网络关系当中，也对构建嵌入性网络关系进行了一定的研究，强调嵌入性网络关系在企业发展、提升创新绩效的过程中发挥的促进作用。嵌入性网络关系也是功能各异、规模不同，学者们研究的角度也是多种多样，比如基于信任的社会关系、基于联盟的交易关系、基于契约的市场关系等。这些研究都分散于对嵌入性网络关系的类型、成因、风险、利益等角度的分析中，没有形成一个完整系统的体系框架，也没有针对如何进行嵌入性网络关系的协同管理、促使企业创新绩效的提升的完整系统的理论体系。

国内外学者们依据不同的企业经营目的，对研发绩效、产品绩效、创新绩效等进行了一定的研究，并且依据不同的测量绩效的对象，把绩效划分为联盟绩效、组织绩效、企业绩效等不同的层面，研究了影响创新绩效的若干因素。但是学者们在创新绩效的测度方法上没有达成一致的意见。

2.3.3　动态能力的度量方法

学术界已经在动态能力的基本概念、内涵等理论问题上达成了一些共识，在构建机制领域也从组织行为因素、组织战略因素、组织情景因素、企业家或企业资源积累因素等方面积累了一些研究文献。但是，现有文献在研究动态能力的发生情景、后果、具体影响机制等方面还存在着欠缺，没有深入分析动态能力对创新绩效的影响，欠缺动态能力对创新绩效的具体影响机制。因此，未来关于动态能力的研究应该有所突破。首先，要完善构成动态能力概念的维度。当前学者们普遍认同行为维度，未来应该进一步从态度维度、认知维度等视角完善和丰富构成动态能力概念的维度，同时还应该从合并型的多维概念研究动态能力，不仅仅关注于动态能力构念的本身，还应该关注于动态能力构成维度层面上的构念以及子构念。其次，要采用统一的多维方法测量动态能力。目前的研究大部分把动态能力局限于单位构念，从重构能力、学习能力、整合能力、适应能力等角度测量，未来测量动态能力应该采用更精确的测量方法。最后，要研究动态能力的形成以及影响创新绩效等后果。动态能力是怎么形成的，嵌入性网络关系如何形成动态能力，内在机理是怎样的。创新对企业而言，呈现出高不确定性、高风险性、高模糊性、高复杂性等特点，动态能力是如何影响创新绩效的，是不是为企业进行创新活动提供了一个有效的路径、机制或工具。虽然已有文献证实动态能力会积极影响企业创新，但没有深入研究这种影响如何发生的。

2.3.4 嵌入性网络关系影响创新绩效的机理问题

当前大部分的研究关注于嵌入性网络关系对创新绩效的直接影响，但是很少有学者们去研究嵌入性网络关系影响创新绩效的机理问题，也就是嵌入性网络关系是如何对创新绩效产生影响的，通过什么样的路径对企业创新绩效产生作用。在研究过程中，只有详尽地分析清楚研究路径，才能从根本上真正解释嵌入性网络关系对企业尤其是中小企业创新绩效的影响。基于资源基础理论视角对嵌入性网络关系进行分析，嵌入性网络关系是企业内尤其是中小企业内一类非常重要的稀缺的资源，但是企业从外界获取的资源必须借助于有效的合理的资源配置方式才有可能影响到企业的创新绩效。从逻辑关系看，嵌入性网络关系首先影响到企业的动态能力，进而借助于动态能力影响企业创新绩效。相对于创新绩效而言，嵌入性网络关系和企业的动态能力间有着更加密切的关系。因此，在嵌入性网络关系和创新绩效的研究中，应该更多地考虑动态能力的中介效应，只有把中介变量动态能力纳入研究体系内，才能真正解释嵌入性网络关系对企业创新绩效的影响机理。

2.3.5　实证检验对象的选择问题

目前的实证研究居多是以大中型企业进行的，用以分析动态能力和创新绩效间的关系，但实际上，中小企业因为自身资源的限制，更加需要具有动态能力，匹配于外界环境，获取外部资源，进行创新，才能更好地生存和发展，因此，动态能力对于中小企业来说就显得尤为重要，本书实证检验嵌入性网络关系借助于动态能力影响中小企业的创新绩效就显得很有必要，弥补了研究的空白。

本书拟立足于资源基础理论的视角下分析嵌入性网络关系，建立嵌入性网络关系通过动态能力影响作用于中小企业创新绩效的理论模型，即"嵌入性网络关系→动态能力→中小企业创新绩效"的路径模型。这一路径模型，深化了中小企业创新管理已有的研究框架，能够更加科学合理地解释嵌入性网络关系和中小企业创新绩效之间的关系，深化了"结构→行为→绩效"的研究范式，规避了在传统研究内嵌入性网络关系直接影响中小企业绩效导致研究结论不确定甚至会违背现实状况的缺陷。从逻辑关系上分析，嵌入性网络关系首先影响中小企业的动态能力，然后借助于动态能力影响中小企业创新绩效。因此，以嵌入性网络关系指标作为本书的解释变量、以动态能力指标作为本书的中介变量、以多维度的中小企业创新绩效指标作为本书的被解释变量，对我国嵌入性网络关系和创新绩效间的关系通过搜集到的数据进行实证研究，进一步突破了传统研究中的缺陷，即从嵌入性网络关系直接到创新绩效的不足，完善了针对中小企业治理的理论研究、实证研究，具有较强的理论价值和实践价值。

第3章 ///

嵌入性网络关系、动态能力对
创新绩效的机理分析

3.1 动态环境下嵌入性网络关系效应分析

3.1.1 动态环境下嵌入性网络关系的社会资本效应

古典经济学认为社会资本是实体性资本，包含着厂房、土地、资金和机器等相关的生产要素。但是在现代经济学的视角下，社会资本已经不仅仅局限于传统意义上的生产要素，而是范围更广泛，囊括个人社会资本、企业社会资本在内的若干要素。布尔迪厄（Bourdieu，1986）研究发现，对于企业而言，社会成员间建立起来的关系网络非常重要，既有益于员工个体，也有益于企业自身，投资价值比较高。倪昌红和邹国庆（2010）认为关系网络作为一类社会资本，和物质、人力等资本一样，对组织、个体都有较高的价值，不仅仅提升群体效率，同样提升个体效率。权利和学识等是社会个体拥有的一些非常关键、重要的稀缺资源，掌握这些资源的多与寡对社会个体攫取社会资本能力起着决定性的作用；资金、信息等是社会群体拥有的一些非常关键、重要的稀缺资源，掌握这些资源的多与寡对社会群体攫取社会资本能力起着决定性的作用。边燕杰（2000）认为在现代市场经济背景下，为了应对激烈的市场竞争获取生存的空间，企业的社会联系普遍广泛，具体可以划分为纵向联系、横向联系、其他社会联系三大类。纵向联系指的是企业与上下级间的联系，比如上级政府部门、上级主管部门、下级部门等的联系；横向联系指的是企业与其他伙伴组织间的联系；其他社会联系是企业与除了纵向联系、横向联系之外的组织间的联系。

帕特南（Putnam）在科尔曼（Coleman）的研究基础之上，认为社会资本不仅仅针对个人层面而言，也可以从集体层面解读。社会资本应该是一类团体财产，甚至是国家财产，不应该仅仅是个人财产。依据帕特南（Putnam）发展完善的社会资本理论，嵌入性网络关系是企业内一类较关键、重要的社会资本，企业通过嵌入性网络关系，能够从政府机关、社会群体内寻找到促使自身持久健康发展的各类稀缺的社会资源。在全球化经济环境下，企业意识到嵌入性网络关系越来越重要，不断谋求嵌入性网络关系，希望借助于嵌入性网络关系能够最大限度地追求各类社会纵向资本和社会横向资本，促使企业能够提升自身市场价值，增加直接的收益或者间接的收益。随着不断推进的全球化浪潮，竞争本质、强度都有了很大的改变，企业间以往单纯的竞争关系也转变为竞合共赢关系。基于通信技术、现代信息、新的合作模式，企业在全球范围内，集成不同特质、地理分散、不同能力的各类企业，整合分散于各处的顾客、供应商、合同制造商、下属机构、分支机构、合资企业、研发联盟、政府机关等若干全球资源，创造卓越的生产能力、服务能力，打造核心竞争优势。嵌入性网络关系使企业借助于彼此间的合作高效整合来自各方的稀缺资源，由此实现共赢。因此，嵌入性网络关系对企业而言是一类重要且关键的社会资本，直接或间接影响企业发展。

随着竞争的不断加剧，企业间的联系会越来越密切、频繁，嵌入性网络关系就成为企业在新竞争环境下必不可少的获取资源的重要渠道（阮平南和武斌，2007）。因此，嵌入性网络关系就从个人层面推广到了企业层面，越来越广泛地被运用到管理学、经济学各领域内，演变成解释社会发展、经济增长等若干现象的一个主要的工具。嵌入性网络关系使得在解释企业发展的动因时，跳出了传统意义上的劳动、土地、资本等的巢窠，开始关注于社会规范、社会文化等对企业发展的推动作用（韦影，2005）。在企业内，嵌入性网络关系的建立和维持需要花费企业大量的时间、精力，需要企业内各级人员尤其是高管的持续关注、长期经营，因此，嵌入性网络关系实质上是企业内的公关行为，协调、建立、维持与各方面的联系，获取企业发展所亟须的各类稀缺资源。企业在与包括政府机关、合作伙伴等在内的外界建立嵌入性网络关系时，依赖于包括董事长、总经理在内的各级人员。一方面，基于外部社会的视角，包括董事长、总经理在内的各级人员是企业的代表，在与政府机关、合作伙伴等联系时起着主导、关键的作用；另一方面，基于企业自身的视角，嵌入性网络关系是包括董事长、总经理在内的各级人员所拥有的一些个人社会资本，而且也能够被企业所用，是企业社会资本，便于企业更加便利地从各类稀缺资源中获取利润，因此，嵌入性网络关系有助于企业经营业绩的提升。

随着企业规模越来越大，经营范围或者服务范围涉猎越来越广，需要的资源数量和种类越来越多。一旦企业亟须某种资源，尤其是亟须稀缺资源时，通过市场因为资金或者其他原因没办法短期配置到位，就只能去和拥有这些资源的组织进行交涉。如果企业建立起了嵌入性网络关系，稀缺资源的拥有者又在这个网络内，那么企业在与其打交道的时候就容易得多，比较容易地就从合作伙伴那里寻求到了所需的相关资源。基于此进行分析，嵌入性网络关系实质上就是在竞争日益激烈和残酷的环境下企业所独有的一类特殊的社会资本，借助于这些由正式契约或非正式契约、显性契约或隐性契约构建起来的嵌入性网络关系，企业和顾客、供应商、合同制造商、下属机构、分支机构、合资企业、研发联盟、政府机关等组织或机构牢牢地联结起来，促使企业绩效的提升和改善。

3.1.2　动态环境下嵌入性网络关系的资源效应

资源是影响企业发展的重要因素，这是毋庸置疑的事实。但是，任何企业不可能拥有其发展所需要的各类资源，这自然就决定了企业必然要和所处环境中的资源控制者进行互动，以此获取所需资源。张方华（2006）认为企业借助于关系网络能够从资源控制者那里获取知识、信息、资金等所需资源。知识包括技术研发、市场开发、创新管理等方面的知识；信息包括技术、市场需求、政策等方面的信息；资金包括税收优惠、政府资金、风险投资、金融投资等方面的资金。

巴尼（Barney，1991）基于传统资源观的观点认为，企业绩效之所以存在差异，是因为企业所拥有的资源存在着差异，企业内的竞争优势主要来源于各自所拥有的很难被别的竞争对手模仿、复制的一些异质性资源。基于资源依赖理论的观点，温斯利（Wensley，1988）认为企业要生存和发展，需要发展现有资源、创造新资源、保护核心资源；普费弗等（Pfeffer et al.，1978）认为组织考虑的首要问题是生存，而生存的基础是资源，但是一个组织不可能完全拥有其发展所需要的一切资源，所以对资源的需求使组织对外部产生较强的依赖性。资源基础理论、资源依赖理论都认为资源对任何组织的生存、发展所起的作用是不容忽视的，因此，对于中小企业来说，需要获取关键资源，促进其成功。希尔曼等（Hillman et al.，2009）认为组织的生命很大程度上取决于组织资源，组织要应对非常规性的任务，要高效完成各类任务，一个重要的评判标准就是其资源获取能力。如果企业所需的知识、信息、资金等一些关键性资源出现不足，就会导致企业活动获得尤其是创新活动难以为继。

因此，企业构建嵌入性网络关系就势在必行。借助于嵌入性网络关系，企业能够获取所需的知识、信息、资金等一些关键性资源。林恩等（Lynn et al.，2000）研究证实，知识是企业最重要资源，是提升竞争优势的关键因素，知识对企业各类活动尤其是创新活动有着较为显著的推动作用，能有效提高企业绩效。范吉利斯（Vangelis，2001）研究证实，企业获取技术、市场、政策等相关信息的能力能够显著正向影响企业内的绩效。陈劲（2001）指出企业的各类活动都需要投入充足的资金，而官建成（2004）认为资金不足是我国企业面临的主要问题，使我国企业在开展各类活动时面临着诸多不利因素。由此可见，创新企业的资源获取能力是判断其目标能否实现和绩效能否提升的一个重要指标。企业要对各类资源进行不断地获取、整合和利用，资源的获取是企业成功的关键和保障（秦剑，2009）。

随着企业嵌入性网络关系的发展，基于企业外部合作伙伴的资源视角进行分析，企业所嵌入的网络内各成员所拥有或所控制的各类资源，会对企业的行为和绩效产生很大的影响，这远远超越了传统意义上资源观的内涵，传统资源观认为企业的竞争优势主要来源于企业自身所拥有的各类资源，而嵌入性网络关系打破了这一局限性，认为企业所拥有的企业外部网络内的资源同样能够带来竞争优势（寿柯炎和魏江，2015）。格兰诺维特（Granovetter，1985）基于社会网络理论的观点认为，任何组织或者个体都和外界存在着或多或少的社会关系，也就是嵌入一个多类别社会关系交织组成的网络内。戴尔等（Dyer et al.，1998）、古拉蒂（Gulati，1999）等学者认为嵌入性网络关系影响企业持久竞争优势的主要因素，源于企业在所处网络内蕴含的各类稀缺资源，正是这些网络资源，使企业能够获取无法比拟的竞争优势，这些资源只有嵌入到各式各样的社会网络内才能获取到，而且这类资源很难被其他的竞争对手模仿。因此，企业要提升自身的竞争优势，一方面可以加强自身所拥有的各类资源，另一方面也应该借助于嵌入性网络关系获取一些重要的异质性资源。嵌入性网络关系的特征会影响到异质性资源的性质，也会影响到企业获取网络资源的能力，最终会导致企业在绩效上存在着差异。

当前我国还处于经济转轨的关键时期，资源配置逐渐以市场为导向，但是仍然有些资源的控制权还掌握在政府或国有企业手中。于蔚（2013）研究发现政府和国有企业仍然掌握着某些稀缺资源控制权、分配权。在我国，中小企业发展非常迅速，也取得了比较高的效率。萨皮恩泽尔（Sapienza，2004）、丁克（Dinc，2005）、于蔚（2013）等部分学者研究发现银行的某些放贷行为会基于政治目标需要，而不是完全依据经济目标需要。我国的商业银行虽然都在改制上市，政府逐渐对银行放开，弱化自己的话语权，但是余汉和杨中仑（2017）等学者提出地方经济要发展还需要依靠银行的推动，政府在一定程度上还是要依赖于银行，因此商业银行不可能完全摒弃政府干预。嵌入性网络关系是企业的一项重要资源，通过网络内各企业的担保等，企业可以相对容易地从一些商业银行中获取贷款，一定程度上缓解企业的融资压力，帮助企业获取发展所需要资金。

目前研究表明，嵌入性网络关系会影响到企业对各类资源的获取。通过嵌入性网络关系，企业和网络内各成员之间广泛联结、频繁互动，使企业能够有更多机会从其所嵌入的外部网络内，搜寻、获取企业生产活动、经营活动、创新活动所需的各类资源，获得其他企业的信息、知识、资金等方面的支持。如果企业在其所嵌入的网络内中心性越高，在知识或信息交换的核心节点上，就能有更多的机会接触到丰富的知识、信息等相关的资源，就能够更容易获取企业生产活动、经营活动、创新活动所需的各类资源。如果企业所嵌入的网络关系强度越高，内部各成员之间存在着较高的信任度，企业也会更容易获取各类资源。

如果企业具有良好的组织声誉，就会促进所嵌入的网络内各成员对企业越来越信任，这种网络间的彼此信任能够大幅度减少企业间存在的信息不对称、交易成本过高等现象，也可以减少知识转移的过程中出现的知识保护等倾向，由此保证企业能够从网络内其他企业那里获取更多的有价值的包括知识、信息、资金等各类所需的资源，尤其是对创新企业而言。创新企业具有的使命、价值观，能够响应社会的普遍需求、期望，因此能够得到所嵌入的网络内其他成员的认同，使嵌入性网络内的成员之间进行沟通时有共同的语言、价值观，企业就能够更加便利地获取各类资源。

3.1.3　动态环境下嵌入性网络关系的组织间学习效应

面对越来越复杂的外部环境，组织仅仅在内部学习已经远远满足不了其快速发展所需要的各类知识，因此，企业必须跨越组织边界，通过嵌入性网络关系，与外部各类组织建立起联系，获取各种资源，满足其发展所需。普拉哈拉德等（Prahalad et al.，1990）研究发现，企业通过和外部各种类型的组织进行合作，学习到很多知识。因此，企业开始构建嵌入性网络关系，通过协同研发、知识交换等合作模式，组织之间互相学习，已经远远超出了企业自身的范畴。在这种模式下，企业间不是以往的竞争关系，发展为了竞争和合作共存的关系。莱恩（Lane，2001）认为传统的组织学习理论仅仅局限于组织内部的学习，这是远远不够的，应该把视角扩充为组织间学习上来。迪克逊（Dickson，1997）认为组织间学习是企业拥有的价值最高的资源，能够使企业保持长久的竞争优势。组织间学习是企业从合作伙伴那里获取和使用知识等资源的手段，借助于特定网络环境，企业会充分利用外部网络节点上的寻求知识机制来发现、获取知识。

组织间学习就是企业和网络内其他组织之间进行的双边或者多边的一个学习过程，借助于这一学习过程，网络内不同类型的组织都会努力在外部环境中实现组织各自的目标。通过嵌入性网络关系，企业进行组织间学习，通过知识转移、知识融合等活动，从外部获取经验、知识，然后进行处理和一系列整合，使企业维持竞争优势，提高企业绩效。组织间学习实质上就是对组织学习活动进行延伸，在嵌入性网络关系内，通过组织学习，学习型组织由单个组织扩充到整个网络组织内。通过正式合作关系或者非正式合作关系，企业嵌入到了特定的网络关系内，创造、获取、转移相关知识和技能，与网络内其他企业共同创造价值，共获网络租金。卡莱等（Kale et al.，2000）认为企业创新思想、创新信息等主要来源于和网络内其他的合作伙伴进行交流，这些创新思想、创新信息大部分是经验性知识，内隐性比较高，因此，对企业提出来较高的要求，要求其必须具有主动学习的态度，积极主动地去学习，才能有效地获取和吸收经验性知识。刘霞和陈建军（2012）认为组织间学习就是行为主体间知识共享、联结互动、知识创造。

通过嵌入性网络关系，企业从供应商、顾客、竞争对手、政府机关、高等院校等若干外部的合作伙伴那里获取企业发展所需要的各类知识和资源。巴克利等（Buckley et al.，2009）研究发现知识获取仅仅是组织之间资源和知识的转移，而学习是组织从外部获取资源和知识的主要目的。知识获取能力高的企业，面对错综复杂的外部环境能够快速识别、获取和企业相关的资源、知识，知识获取效率较高。企业通过知识获取，仅仅从外部获取一些知识，但是企业获取知识可以通过不同的渠道，因为渠道存在着显著的差异，使得企业在应用知识的方式上存在着显著不同，这些反映的是企业知识应用的能力，改造、利用、创新从外部获取的资源和知识。张小娣（2010）认为企业应用知识的方式主要有三类：直接应用、创新、改造。直接应用就是把从外部获得的知识直接运用到企业活动中，这些知识直接影响企业绩效；创新和改造是对从外部获得的知识进行选择性利用，根据企业自身状况改进从外部获得的知识。

组织间学习集合了知识获取能力和知识应用能力，企业首先要具备高水平的知识获取能力，同时还应该具备高水平的知识应用能力，提高利用外部知识的效率。魏江和郑小勇（2010）研究了嵌入性网络关系、组织间学习和创新绩效之间的关系，在嵌入性网络关系较强的状态下，强的组织间学习有利于提升创新绩效。依据组织学习理论，组织学习能力会影响企业的创新绩效，关系嵌入对组织间学习会产生积极的影响。在嵌入性网络关系中，企业成员间互相信任，较高的互动频率，如果成员间有着较强的认知能力，知识的共享、交换就会更便利，就能更有效地促使知识转化和知识融合。企业成员间沟通频繁，也能促进其理解、吸收深层次知识，促使知识利用效率提升，组织间学习能力提高了。在嵌入性网络关系中，企业成员间进行信息共享，传递优质信息，帮助企业获取到较多的隐性知识，促使企业对现有知识储备进行更新。在嵌入性网络关系中，企业成员间会共同合作，去解决一些共同的问题。在解决共同问题的过程中，企业成员就会在解决问题的组织框架、规章制度、思维方式等方面产生共同的语言，交流屏障被打破了，这就为组织间学习奠定了良好的基础，创造出得天独厚的好条件，促使知识的传播、吸收、整合。嵌入性网络关系，为组织间学习提供了较为广阔的平台。

3.2 嵌入性网络关系对动态能力的作用机理

3.2.1 动态能力的五维度构成

艾森哈特（Eisenhardt，2001）认为，动态能力存在于大部分企业内，只不过是有强弱之别，因此，动态能力本身并不是企业竞争优势的主要来源。企业是以利润最大化为主要目标的主体，每个企业应该具有的素质是感知威胁和机遇，抓住机遇并且改变自身。企业能否提升创新绩效，取决于动态能力作用在创新绩效的路径上时产生的一系列反应。企业不同，面对变化的反应也不尽相同：企业情境、资源位势、路径依赖特性等不相同，所以反应速度、调整时点、资金实力、组织柔性、管制结构等就会不相同。在创新路径的演化过程中，存在着不少失败的案例。部分企业没有抓住机遇，落后于外界环境的变化，企业的路径产出出现振荡式的发展；部分企业在发展的过程中，没法支撑顾客的一些新型刚性需求，导致其日渐消亡；部分企业误判了环境的变化，选择了不合适的路径，最终失败；部分企业虽然选择了合适的路径，但因为只是环境和市场的适应者，没有成为环境和市场规则的制定者，所以也没有和竞争对手那样取得较大的成功。

动态能力是企业内部通过整合、吸收、重置资源，打破当前对无效路径所产生的依赖，逐步形成新的有效的依赖路径和一套高效运营的惯例。事实上，调整路径相关决策的制定，很大程度上取决于企业和管理者具有的特质，张军和金露（2011）认为企业路径演化时，企业自身的开发、创新活动是其内生变异动力。如果企业内有创新精神，想改变市场环境，就会在环境中不断地加强创新行为。企业要调整战略路径，需要有足够的资源和知识支撑，不断地试错匹配路径，才能持续竞争优势。

1. 感知判断能力

目前，学者们从企业性质、管理层特质、动态能力和资源禀赋、组织和环境互动等角度研究创新绩效的提升问题，但是学者们对于创新绩效提升如何开始这一问题研究不透彻。把环境不确定性、企业决策假设等因素纳入企业研究系统内，环境不确定性就被内化为系统里一个内部的驱动因素，即企业主观意识、环境不确定性会对企业创新产生很大的影响。企业需要时刻刻感知和判断所处市场环境的变化、运营绩效水平，根据企业当前情境、资源位势等调整其创新绩效等主观变量，以决策企业接下来的创新行动。

尚航标（2014）研究发现战略行为能够匹配环境变化的前提是战略决策者适时调整企业战略路径。管理者感知方式不同和感知信息不完整等会导致主观感知外部环境存在不确定性、难以预测性，这会影响企业的创新决策，影响创新绩效，因此，感知判断能力是创新绩效提升的开端。在快速变化的环境下，对于中小企业来说，发展的主要动力已由过去的资源转变为创新行为。这类企业拥有更强的组织柔性、感知能力等，所以就拥有了较强的动态能力，敏感地感知到市场上的机遇。如果中小企业有着持续有效的路径产出，动态能力就会不断地促使中小企业感知、发现机遇，然后引入新的创新方案，触发中小企业向新的创新路径发展转变，获得更高市场占有率。

蒂斯（Teece，2007）研究发现，企业内高层领导的感知能力决定了企业动态能力的强弱。企业的高管要具有企业家的精神特质，对于企业成为行业领先者充满了野心和动力，对于环境带来的威胁和机遇及时感知，抓住稍纵即逝的机遇做出决策。因此，感知判断能力是中小企业在变化的环境中能否及时抓住机遇或及时止损的重要因素，是组成中小企业动态能力的主要部分。

2. 学习吸收能力

蒂斯（Teece，1997）研究发现，动态能力核心内容是调整资源，企业的竞争优势来源于整合、配置包括竞争性、非竞争性在内的各类资源，形成新的路径依赖、资源位势、组织流程等。佐特（Zott，2003）认为，动态能力是整合、重置企业资源的惯例或过程，时机、成本、学习是其三个基本属性。因此，中小企业在进行创新决策时，必然要付出成本，投入其中大量的有形资源或无形资源，借助于对知识、资源的吸收学习，实现资源重置，形成新的流程、组织惯例、资源位势、知识体系，最大限度地发挥其优势。中小企业在进行创新时需要对资源、知识等进行原始积累，只有新的资源、知识匹配到现有运营流程内而且适应了环境变化，才能有效替换现行的知识单元，以此形成新的创新战略；只有新的资源纳入进来，形成新的包括管理体制、组织结构、信息系统等在内的支撑性系统，新创新战略才能顺利实施。这一过程的推进往往是动态能力的学习吸收能力在起作用。

巴尼（Barney，1991）认为企业的资源分为三类：人力资本资源、物质性资源、组织资本资源。阿米特和休梅克（Amit and Schoemaker，1993）认为知识、信息等也属于企业的资源，资源是企业所拥有或者所控制的所有能满足企业生产、服务的有形资源和无形资源。如果一种元素能够有助于企业抓住机遇、摆脱威胁，有利于中小企业打造竞争优势，那么这种元素就是其战略性资源,不管这种元素是无形的还是有形的。在知识学习中,中小企业围绕惯例单元替换相关知识。在中小企业内,物质性资产,比如资金、设备、材料等,提供给动态能力重新整合、重置的成本,而经验知识、市场信息、组织资本、员工智力资本等对中小企业成功有着关键的作用。中小企业通过学习活动实现内部知识更新,而动态能力作用是把新知识纳入到组织日常惯例中,通过整合重置有形资源形成新惯例从而支撑组织结构。

因此,中小企业要吸收新资源、学习新知识,还要吸收、整合、内化其所学的资源和知识,学习吸收能力是组成中小企业动态能力的主要部分。

3. 试错匹配能力

中小企业往往不是完全理性的,这就决定了中小企业在选择路径时只能遵循满意原则,使得所选路径会有优劣之别。路径的依赖性会影响管理者认知,因此,管理者在进行决策时不可能准确地预知所选出的方案的实际产出。特别是对于中小企业,固有决策方式使得决策效率低下,灵活性差;而且中小企业进行决策居多以经验为导向,导致所选方案无法与组织情境相匹配,因此,中小企业必须反复不断地尝试、调整、检测所选路径方案,以匹配组织情境因素、适应外部环境。

蒂斯(Teece,2007)认为资源重置过程是一把双刃剑,导致企业内部会出现某些因素威胁到竞争优势,因此,中小企业在调整创新战略时应该有较强的容错能力,才有可能探寻到恰当的发展道路。中小企业能否持续其竞争优势,最关键性步骤是动态能力的试错匹配能力。佐洛和温特(Zollo and Winter,2002)研究发现,重复性的试错学习使企业积累了大量隐性知识,如果已存的当前问题解决程序未能按照预期完成既定的任务,以及出现了更加有效的新解决方式,那么当前的编码程序就会受到威胁。中小企业最终选定的创新路径方案要和中小企业的发展相匹配,其产出能够为中小企业带来比平均产业创新绩效高的创新绩效,才能取得竞争优势。在这一匹配过程中,必须通过中小企业的试错学习才能实现。卡德亚尔和纳尔逊(Cardeal and Nelson,2012)认为竞争优势来自创新战略有效地匹配企业内的互补性资产，形成战略隔绝，试错学习具有重要作用。试错学习方式有两类：一类是完全摒弃原有方案，重新试错备选方案，这种方式付出较高的调整成本和资源重置；另一类是针对现有方案中的新问题，重新调整修订流程、组织、惯例等，解决涌现出的问题。

试错过程中，管理者借助于新吸收的知识整合、重置原有的知识和资源，以期使创新方案匹配企业情境，获得竞争优势。尚航标（2014）研究发现，试错行为是环境要求、管理流程、企业行为互相匹配的条件下最终完成的。在中小企业实际运营中，这是一个较为复杂的过程，需要企业采取一系列的资源整合行为，需要付出的成本很高。中小企业创新战略的形成是多次动态循环进行试错后最终选择出来的，不是一蹴而就的，是内部情境和外部环境相匹配的新方案。中小企业试错匹配能力越强，就越能依据企业变化方向及时调整创新方案，越容易抓住机遇维持竞争优势。因此，试错匹配能力是组成中小企业动态能力的主要部分。

4. 知识应用能力

通过多层次多标准的试错匹配，企业创新方案确定下来，管理人员继续推动，使之逐步发展到程序化、惯例化的稳定状态，形成企业日常的流程和运营惯例，推动企业实施整体性创新战略，这体现出动态能力下的知识应用能力。

斯彭德和甘特（Spender and Gant，1996）研究发现，知识的价值在于能不能被有效应用，而不是学习多少知识。创新方案本身具有知识属性，在企业内部传播时就是知识转移和知识应用的一个过程，是战略性学习的过程。新的创新方案必须演变为企业的运营流程和管理机制才能成为惯例以支持企业新的创新战略，提高企业的创新绩效。企业提升创新绩效关键的技能是知识应用能力，知识应用能力实际上是在组织内部普及相关新知识，把集体性知识转变为组织惯例，引发创新效率的提升。高层管理者将知识应用过程中形成的新认知逐渐理论化，主导企业行动，然后在企业内部把新的创新战略思维由整体到单元、由上而下复制扩散，促使内隐性规范形成，服务所选创新方案，企业借此自我强化，获取一定的范围经济。最后，借助于知识编码、知识表达等，将内隐性规范转变为集体性的行为默契，用以规范员工的思维和行为，从而该创新方案在企业内部正式留存下来，新的创新战略路径形成。

蒂斯（Teece，2007）提出了资源重置能力，认为就是吸收、重新配置、整合有形资产与无形资产。知识单元不断更新调整，原有方案的惯例就不具有自我强化特性。当管理者进行创新战略调整后，原有的主导逻辑发生松动、改变，高管认知开始否定、主动遗忘部分主导逻辑，中小企业开始吸收和释放大量资源、一系列知识，更新各类知识单元，以匹配改变了的主导逻辑。目前，很多学者已验证，知识应用能力能提高中小企业核心竞争力，继而提高实际绩效。在知识应用的过程中，员工充分发挥自主创新能力，根据环境的变化产生出多元化行为，共享、应用隐性化或者显性化的知识，更新行为逻辑。形成惯例的过程中，关键性的因素是重复性进程，基于新的创新方案，通过重复性过程，加快形成内隐性规范，有利于形成集体性默契，从而促成一整套惯例。

借助于知识应用能力，中小企业最终将新的创新方案运用到日常运营流程内，形成全新的创新战略路径。因此，知识应用能力是组成中小企业动态能力的主要部分。

5. 战略柔性能力

在动态能力的作用下，中小企业应该足够的柔性，才能完成创新方案的更新，这就对中小企业的能力尤其是动态能力提出了更高的要求，需要动态能力有足够的灵活性，才能实现创新战略的调整演化。中小企业的组织结构要能够灵活的吸纳、共享、传播新知识，保证创新战略的可调试性、可调整性。目前的很多研究把战略柔性能力和战略调整行为关联到一起。萨梅赫和纳比尔（Sameh and Nabil，1998）认为企业柔性能力实际上就是战略调试能力；沃尔贝达（Volberda，1997）认为企业柔性能力就是动态能力作用于资源、运营能力所产生的中间产物，会有效促使企业战略适应能力的提升。因此，战略柔性能力是中小企业创新战略演化所依据的组织保障。

战略柔性能力相对于核心刚性，动态能力体现出企业战略的可调整性、柔性。柔性能力涵盖了试错、包容、快速反应等若干能力，由此可见，战略柔性囊括了组织柔性、决策柔性、创新柔性、战略资源柔性等企业多个方面。刘力钢和李军岩等（2009）甚至从动态能力的视角构建出战略柔性模型。从动态能力来看，战略柔性包括企业对内灵活性和对外灵活性两方面。企业对内灵活性包括对规章制度、组织结构等的可变革性和可调整性；企业对外灵活性是组织整体适应外部环境变化的灵活性，即企业创新战略的变化方向是否兼容于环境变化方向。实质上，企业内部发生的各种变化是外部环境进行选择的结果。

战略柔性能力强调了创新战略具有可调整性，有效克服战略的刚性僵化。战略柔性能力关注于战略是否动态耦合于环境的不确定性，要依势而动，不能局限于培养静态核心竞争优势，而是上升到创新体制机制。因此，战略柔性包含着宽泛的内容，既包含着变化的意识，同时包含着变化的能力，还依赖于变化的机制和组织。资源丰富的中小企业会有更多渠道以获取知识，分权程度高的中小企业更容易促使决策层去感知学习获取市场变化的真实信息，以创新为导向的企业文化能够促进知识在员工、组织间的传播以提升知识转移能力，有企业家精神的高管敢于付出较高成本去促使知识管理工作的改善。这样的中小企业在动态环境中会主动地制造变化、适应变化和应用变化，牢牢把握住市场动向，成为市场规则的制定者。中小企业在面对不确定性的外部环境时，动态能力是其保持竞争优势的一种柔性表现。

为了有利于中小企业进行战略调整，战略柔性能力必须足够强，才能促使惯例交互、复制，以完成创新战略演化。因此，战略柔性能力是组成中小企业动态能力的主要部分。

3.2.2　嵌入性网络关系和动态能力五维度体系

动态能力由五个维度组成：感知判断能力、学习吸收能力、试错匹配能力、知识应用能力、战略柔性能力。嵌入性网络关系如何影响动态能力的五个维度，经济学家和管理学家们基于不同的角度进行解读。梳理现有的文献，学者们对于这一问题的讨论主要基于两个视角：资源的视角和学习的视角。

依据资源基础论观点，学者们认为企业培养和构建各种能力，是离不开人力、资金和信息等相关资源支持的。从系统论的角度出发，嵌入性网络关系能够有利于企业获取相关资源，由此提升动态能力的各维度，学者们亦对此进行了论证。吴（Wu，2007）基于中国台湾地区，以高科技企业为例进行研究，结论显示嵌入性网络关系有助于企业获得更多资源，同时，如果企业拥有的资源丰富，获取外部资源就更便利，也能使这些资源得到合理利用，合作伙伴也能被吸引过来，由此促进企业增强动态能力。学者达夫和古德拉姆（Doving and Gooderham，2008）深入研究了嵌入性网络关系，发现企业借助于嵌入性网络关系能够获得有别于自身的资源和能力，如果企业和别的组织异质程度比较高，企业越能够获取到异质的资源和能力，企业对外部环境的适应能力也随之提高。刘烨等（2009）通过对高新技术企业的研究发现，借助于嵌入性网络关系，企业能够获取企业家资源，而企业家资源在提升企业动态能力方面发挥着积极作用。基于资源基础理论和动态能力理论，董保宝和葛宝山等（2011）认为企业在获取竞争优势的过程中，动态能力起着不容小觑的作用，企业借助于动态能力从外界获取到相关资源，反过来这些资源又促进了企业动态能力的提升，借此提升了企业竞争优势，促进企业发展。罗等（Luo et al.，2012）提出如果企业家有着质量较高的个人社会关系网络，就能够整合相应的网络资源，促使企业和其他组织进行合作，由此提升企业动态能力。基于中药类上市公司 2009~2011 年的财务数据，舒燕和邱鸿钟（2014）运用结构方程模型，实证检验了企业资源、动态能力和竞争优势间的关系，结果显示企业资源有助于提升企业能力，中药企业可以通过资源整合形成和增强其动态能力。

章威（2009）界定了动态能力，认为动态能力是基于知识资源的动态能力，同时，把嵌入性网络关系分为结构嵌入和关系嵌入两类，分别对动态能力产生不同的影响，即，结构嵌入下合作组织的多样性、关系嵌入下共同解决问题对知识整合能力产生显著的正向影响，关系嵌入下信任、共同解决问题、承诺等对知识获取能力产生显著的正向影响。

杜健和姜雁斌等（2011）采用了探索性案例分析方法研究了动态能力、嵌入性网络关系、创新绩效间的关系，动态能力有知识创造能力、知识获取能力、知识整合能力三个维度，嵌入性网络关系有承诺、多样性、共同解决问题、信任等不同属性，研究发现嵌入性网络关系对知识整合能力、知识获取能力产生显著的正向影响，同时知识整合能力对创新绩效有着显著的正向影响。张秀娥和姜爱军等（2012）运用回归分析的方法验证了东北地区中小企业的嵌入性网络关系、动态能力和企业成长之间的关系，结论显示强化中小企业的嵌入性网络关系，能够提升中小企业的动态能力，尤其是在动态环境下，这种作用更加明显。田雪等（2015）建立结构方程模型对物流企业实证检验，结果表明关系嵌入、结构嵌入都会正向影响动态能力。彭本红和武柏宇（2017）分析了网络平台生态系统内的一些关键企业，研究跨界搜索、动态能力和开放性服务创新绩效间的关系，结果表明跨界搜索下的嵌入模式、路径模式都对动态能力有着显著的正向影响。

梳理当前的研究成果发现，大部分学者们认为嵌入性网络关系能够在企业内塑造、提升动态能力的五个维度，其对动态能力五个维度的促进作用是毋庸置疑的。

3.3　动态能力对中小企业创新绩效的作用机理

3.3.1　中小企业创新绩效三维度构成

在第 1 章中，本书认为创新绩效是组织及其组织内成员在创新方面所做出的努力以及取得的成果。对于创新是一个过程还是一个结果的问题，本书认为创新既是一个过程也是一种结果。其中，对于一个组织来说，产品创新的重要性是毋庸置疑的，得到了各界的广泛认可，过程创新、技术创新以及其他任何形式的创新，最终都会反映到组织内部新产品的研发当中，借助于新产品的投放对企业的销售收入、利润、企业价值等产生影响。因此，本书的创新绩效聚焦于组织内的新产品创新上，创新绩效应该是组织进行新产品研发所取得的成果，同时也关注于创新过程。

贝纳丁（Bernadin，1995）、坎贝尔（Campbell，1990）、布里奇（Brumbrach，1998）等学者从创新效果界定划分创新绩效。贝纳丁（Bernadin，1995）认为创新绩效是工作所产出的结果或者成果，过程因为不容易测算衡量，所以选择从结果的角度界定度量。坎贝尔（Campbell，1990）指出如果用最终结果替代绩效就会忽略整个创新过程所带来的重要意义，因此创新绩效是基于实现组织目标的目的采取的一系列创新行为活动和过程，对组织目标完成状况进行测度即可测算出创新绩效。布里奇（Brumbrach，1998）认为行为只是基于完成任务的目标所产生的工作表现，最终是促使初始目标的完成，所以创新绩效应综合考虑过程和结果两个因素，认为创新绩效是创新过程和创新结果组成的一个集合。

德鲁克（Drucker，1993）、格利高里（Gregory，2002）、麦格·特加特（McG Tegart，2004）等学者从创新层面界定划分创新绩效。德鲁克（Drucker，1993）基于微观视角，从创新性项目本身出发，指出通过组合创新元素实现创新项目的进展，进而取得结果，这个结果就是创新绩效。格利高里（Gregory，2002）基于中观视角，从企业和所在行业出发，指出创新绩效是创新活动过程中企业获取的技术创新成果，体现为新产品的数量。麦格·特加特（McG Tegart，2004）基于宏观视角，从区域和国家层面出发，指出创新绩效是在区域创新系统内所产生的经济效益、社会效益，创新绩效最终目的是为了提高社会福利和促进经济增长。

周勇（2006）、向坚（2011）、周晓阳（2014）、叶英平（2017）等学者从创新评价界定划分创新绩效。周勇（2006）研究发现如果对单一产出创新行为进行创新绩效测算，应该基于多项创新投入视角，他认为创新绩效是一种效率，是投入创新要素使其转化成创新成果的一种效率，其以区域为基础研究创新绩效时，讨论了研究与开发（R&D）人员和经费的投入情况。周晓阳（2014）研究了产学研的协同创新，基于合作过程的视角，认为创新绩效是进行合作创新时，各参与者的满意程度，其把各合作者战略协同的程度、组织间沟通状况纳入整个创造创新绩效的过程内。向坚（2011）研究创新绩效的评价时，基于产出视角，认为创新绩效是技术创新、社会效益、经济利益的直接产出，在测量产品研发、专利申请、生产力效率等的基础上，又增加了制度创新、管理创新的一些绩效指标。叶英平（2017）认为创新绩效是企业通过和高校等建立起持续、稳定的产学合作关系，以提升经济效益、促使技术水平进步。

单红梅（2002）对技术创新绩效进行模糊评价时，把创新绩效分为社会效益、经济效益两个维度。陈铁军（2003）以中小企业为基础研究创新绩效，根据中小企业所处的生命周期阶段不同，把创新绩效分为远期竞争能力、即期经济效益两个维度。池仁勇（2003）分析企业影响创新效率的因素时，把创新绩效分为产品增长率、产品销售份额、产品创新比重、产品更新周期四个维度。纳西罗夫斯基（Nasierowski，2003）对国家创新系统效率进行研究时，把创新绩效分为国内生产总值、国家生产率、国内专利申请数量三个维度。公（Gong，2004）对区域创新效率进行研究时，把创新绩效分为专利申请数量、新产品销售额和新产品利润率三个维度。阿莱格雷（Alegre，2006）把创新绩效分为产品创新效率、产品创新成果两个维度。普拉约戈（Prajogo，2006）对创新激励、创新能力、创新绩效三者的关系进行研究时，把创新绩效分为市场领先程度、创新速度、创新数量、创新水平四个维度。朱永国（2007）基于区域科技的投入绩效建立绿色评估的指标体系时，把创新绩效分为环境影响、经济社会效益、科技产出三个维度。李玲（2011）对技术创新网络内关系依赖、创新开放度影响创新绩效进行研究时，基于合作创新视角，把创新绩效分为关系稳定性、技术创新能力、合作满意度三个维度。孙永磊（2014）对网络惯例双元能力影响合作创新绩效进行研究时，基于合作创新视角，把创新绩效分为创新能力的提升程度、合作满意程度、关系稳定程度三个维度。

参考以上国内外学者关于创新绩效的相关研究，结合中小企业的研究背景和现状，本书把中小企业创新绩效分为创新能力、经济效益和合作满意程度三个维度。

1. 创新能力

创新能力是中小企业能力系统内的一部分，对构建企业能力体系具有重要意义，是其中较为关键的一环。研究企业创新能力，对于研究中小企业创新绩效有着重要作用。因为影响创新的因素存在着范围广、多面性的特点，所以国内外学者基于多种角度，从影响创新的各类不同因素出发，研究企业的创新能力，并且也取得了若干的成果。

韦斯特法尔（Westphal，1996）等学者认为企业创新能力应该涵盖多种能力，研究视角聚焦于企业组织行为，把创新能力概括为组织、创新、适应、技术获得、信息等多种能力的集合体。伯格曼（Burgebnan，2000）等学者认为企业创新能力是支持创新战略的重要力量，具体涵盖了五个方面的能力：对获取资金进行规划分配的能力、分析和理解所处行业发展潜力和前景的能力、战略实施和内部管理能力、理解技术发展轨迹的能力、理解组织结构以及内外文化因素的能力等。穆勒（Muller，2005）等学者认为企业创新能力反映的是一种综合能力，作用于产品开发、生产技术改进、储备、生产和组织等整个生产流程上。巴顿（Barton，2007）等学者认为考量一个企业创新能力强弱的重要标准包括能否具有创新价值观、能否建立起完备的技术系统、能否拥有掌握核心技术的专业人才、能否具备先进管理系统。

综观国内学者近几十年对创新能力研究的成果，虽然理解存在不相同，但是，对创新能力的阐述可以概括为三类观点：第一类观点认为创新能力实际上是企业运用一切已知的囊括知识和经验等在内的信息，产生一些有社会价值、新颖、独特产品的能力，包括创新思维、创新意识、创新技能三部分，其中核心部分是创新思维，这类观点以张宝臣、张鹏、李燕等为代表。第二类观点认为创新能力包含着相互关联的两部分，一是获取、改组、运用已有知识，二是产生新思想、研究与发明新技术和新产品，这类观点以田慧云、安江英等为代表。第三类观点认为应该基于知识结构界定创新能力，创新能力应该具备四类知识，包括专业知识、基础知识、方法论知识或工具性知识、综合性知识，这类观点以彭宗祥、殷石龙、宋彬、庄寿强等为代表。

创新能力是企业多种能力的综合体，为了应对复杂多变的环境，以最大限度挖掘市场上的潜在利润空间，企业重新组合企业内部资源，积极开展战略决策、研究开发、组织协调、营销管理、生产制造等各方面能力的综合。企业的创新能力不单指研发能力，是由多种能力要素组成的，涉及生产经营活动的多个环节、多个方面。具体来说，创新能力涵盖着研发投入能力、市场营销能力、生产制造能力、创新管理能力、创新产出能力五个方面。一是研发投入能力，包括人员投入、资金投入、设备投入等。二是市场营销能力，包括市场调研能力、销售能力等。三是生产制造能力，包括工艺设计能力和工艺管理能力、工人的技能和适应性、装备的先进性等。四是创新管理能力，包括创新战略和创新机制。五是创新产出能力，包括技术性产出、收益性产出、竞争性产出等。

2. 经济效益

效益实际上包含着效果和收益两层含义，可以是包括物化劳动和活劳动在内的劳动占用、劳动消耗和取得劳动成果间的比较，还可以是活动对企业所作的贡献。因此，效益既包括活动本身的直接效益，也包括由活动带来的间接效益或活动对企业发展所作的贡献。在企业活动中，假如劳动成果高于劳动耗费，则产生正效益；假如劳动成果等同劳动耗费，则产生零效益；假如劳动成果低于劳动耗费，则产生负效益。通常意义上，企业效益好坏是指正效益。

一般来说，效益具有四个特性：一是综合性。企业活动通常是综合利用、多目标开发，体现出经济、社会、环境等多角度的综合效益。二是随机性。内外部环境复杂多变，企业活动效益受到不确定性因素影响，通常难以准确预估。三是发展性。因为随着时间的变迁，受外部环境影响，企业目标有所变化，企业活动效益也会调整发展的。随着社会经济环境的良性发展，企业活动收益增加，效益也随着增加，但是活动的风险也加大。四是复杂性。一些企业活动的效益通常比较复杂，往往需要全面分析研究。如企业内各部间的目标有时是相互矛盾的，很难使所有部门同时实现效益最大化。

效益通常分为三类：经济效益、社会效益和环境效益。一是经济效益。经济效益是指与没有从事企业活动相比，该企业活动带来的财富增加或者损失减少。基于国民经济总体角度，经济效益是指社会的所有方面能获取的收益；基于企业管理者角度，经济效益是指实际收入。经济效益是进行经济评价的主要指标，是国家、企业等着重分析估算的主要内容。二是社会效益。社会效益是指实施该企业活动对社会安定、社会发展和人民福利等方面所起的作用。如企业实施扩张战略可以创造更多就业机会，设备更新换代可以改善卫生、生活条件等。三是环境效益。环境效益是指企业活动后对改善气候、水环境、生活环境等所获取的利益。如企业引进污水处理设备对改善厂区周边水质的作用，投资社区购买健身器材对改善生活环境的作用等。

在企业内，对经济效益进行评价是非常必要的。企业生产经营活动由多方面内容和环节组成，是一个较为复杂的过程，决定企业经济效益高低的影响因素是多方面的，单一的经济效益指标仅仅反映一个侧面。所以，为了客观公正地反映一个企业真实的经济效益，需要从多角度进行度量，采用一整套相互关联和相互交叉的指标构建成的指标体系进行准确、全面的衡量与评价。企业所有经济活动的出发点是经济效益，经济效益的提高，有利于企业市场竞争力的增强。企业要发展，需要降低劳动消耗，最小投入获取最大经济效益。只有取得高的经济效益，在市场竞争中才能不被淘汰，获得持久发展。

对经济效益进行客观公正的评价，其目的是为了认识过去、了解现状、计划未来，从而促使经济效益全面提高。企业要认识过去，借助于对各时期、各阶段的经济效益进行评价，把握经济效益发展变化的规律，总结经济效益提高的经验与教训，为了解现状、计划未来奠定基础。企业要了解现状，借助于评价经济效益，了解企业经济效益总体水平的高低，把握各环节、各部门的经济效益水平以及对经济效益总体水平的影响，分析影响企业经济效益发生变动的主观原因、客观原因，认清经济效益提高的潜力所在。企业要计划未来，在认识过去、了解现状的基础上，规划增长目标，制定正确的策略，预测未来企业经济效益水平，制定和评价未来方案的经济效益水平，以决策出最优方案。

3. 合作满意程度

中小企业面临的外部环境越来越复杂，不断深入的全球化趋势，相互合作日益普遍，在这种背景下，战略联盟成为越来越多的企业选择的一种合作形式。爱尔兰等（Ireland et al.，2002）研究发现，世界一流的跨国公司中，80%以上的企业认为促使企业发展的最重要的战略工具是战略联盟。但是，在实际操作中，普拉桑特等（Prashant et al.，2009）发现在全球范围内一直存在着一种矛盾的现象，不断增加的战略联盟数量和平均高达 50% 的战略联盟失败率并存。梅兰妮等（Melanie et al. ，2009）、关健和王先海（2015）等学者研究发现，战略联盟失败率居高不下的主要原因在于战略联盟内合作伙伴之间缺乏相互信任、协调不当、沟通不畅等，造成战略联盟内合作伙伴的合作满意程度很低。合作满意程度的高低是决定战略联盟合作是否成功最关键的因素。

莫尔（Mohr et al. ，1994）认为合作满意程度主要是用于衡量在合作过程中企业的主观反应，主要源于企业对强化自身竞争优势、提升企业竞争力、合作过程中愉快程度的主观感知。也就是说，合作满意程度是企业在合作过程中，对这种合作关系的主观情感反应，对合作过程、合作结果所产生的期望和实际感知是否一致的体验。因此，这种主观的情感反应表现在两大方面，即对合作过程中愉悦程度的感知和合作后对提升自身竞争力的感知。在嵌入性网络关系下企业进行创新的过程中，网络内成员的合作满意程度实际上是合作参与者的一种主观感受。如果合作参与者感知到较高的心理契约履行度，从这种合作关系内获取到了额外好处，作为回报，合作参与者会增加付出，或者促使投入资源质量的提升，以增强合作关系，提高合作满意程度，并愿意和网络内成员继续合作。参与者为了保持心理的平衡和交易的平衡，会使投入资源的质量降低，或者通过拖延合作、采取消极应付的方式方法，降低合作满意程度，不愿意和网络内成员继续合作。

在合作关系中，形成、履行或者破坏心理契约实际上是双方进行不断博弈产生的结果。合作双方在心理契约的博弈中，会根据自己的知觉判断，持续不断对自己的心理期望进行调整。合作双方一旦就契约的内容达成一致意见之后，合作关系或交易行为就会随之发生。待合作关系或交易行为发生后，合作双方会重新开始缔结心理契约。如果察觉到另一方的行为和自己的期望相一致时，就会努力地履行约定的责任和义务；反之，如果察觉到另一方的行为偏离于自己的期望时，就采取消极行为进行对抗。

莫尔等（Mohr et al. ，1994）认为一段积极的经历通常会引发人们更积极的情感，从而导致积极的态度，产生相应的积极的行为；一段消极的经历通常会引发人们更消极的情感，从而导致消极的态度，产生相应的消极的行为。按照情感事件理论的观点，在嵌入性网络关系下企业进行创新的过程中，如果网络内成员感知到彼此都履行了约定的心理契约，就会提升相互间的积极情感，产生积极的合作态度和行为，促使合作满意程度提高；提升了合作满意程度，又会促使合作伙伴继续努力，进而维护整个创新网络稳定。反之，如果网络内成员感知到彼此没有履行约定的心理契约，经历了违背心理契约事件，就会产生一定的负面情绪，从而引发消极的合作态度，产生消极的对抗行为，引起合作关系破裂，影响到整个创新网络稳定。

在嵌入性网络关系下企业进行创新的过程中，企业有着多种互补的分配复杂资源和协调知识的协调能力，有利于企业跨越企业边界，重新审视其为完成任务应该担负的责任，以尽可能减少冲突发生的可能性，提升企业的合作满意程度。同时，沟通能力的强弱也会影响合作过程中的满意程度。在嵌入性网络关系内，及时、准确、充分的沟通会大大减少合作伙伴间信息不对称的问题，帮助合作伙伴有效识别合作过程中的价值创造机会。合作伙伴间开诚布公地进行交流，一方面舒缓企业对其他合作伙伴产生机会主义行为的担忧，另一方面增加彼此间合作的意愿、投入，由此提高合作满意程度。

3.3.2　动态能力和中小企业创新绩效三维度体系

中小企业创新绩效由三个维度组成：创新能力、经济效益和合作满意程度。动态能力如何影响创新绩效的三个维度，不同的学者从不同的角度进行解读。

依据系统论的相关观点，奥康纳（O'Connor，2008）认为要构建起动态能力的培育框架，主要包含着七项要素，比如可识别组织结构、必要技能、人才开发、探索过程等，企业通过培育动态能力开展突破性创新。依据创新理论和动态能力理论，魏泽龙和弋亚群等（2008）分析研究了动态能力对探索型创新和应用型创新的影响，并进一步研究了环境动态性的调节效应，结果显示，动态能力对探索性创新和应用性创新发挥着不同的作用，动态能力对探索型创新有着更明显的影响作用；在动态能力和两类创新间，环境动态性所起的调节作用存在着差异性，在动态能力和应用型创新间，环境动态性没有显著的调节作用，但是在动态能力和探索型创新间，环境动态性起着正向的调节作用。基于四家出版企业，埃洛宁等（Ellonen et al.，2009）研究发现有着较强动态能力的企业，更有利于进行渐进性创新与颠覆性创新。

基于福建省电子信息企业的数据资料，林萍（2012）实证研究发现企业内的各类资源，比如人力资源、技术资源、信息资源等，必须通过动态能力的中介效应才会对组织创新产生作用，即，企业内各类资源不会对组织创新产生直接的作用，而是需要通过影响动态能力进而影响到组织创新，企业内各类资源首先对动态能力产生积极的影响，然后动态能力又对组织创新产生积极的影响。由此可见，企业面对高度不确定的动态环境，即使拥有丰富的各类资源，也不一定有着较高的创新绩效，要使创新活动增多、创新绩效提高，还必须拥有较强的动态能力。只有依据变化的外界环境，更新或重构企业自身拥有的资源和能力，才能保证企业的可持续创新。基于扎根分析和案例研究的方法，江积海和蔡春花（2014）对瑞丰光电进行了研究，联盟组合有三个层面，分别是企业（点）、关系（边）、网络（网），从联盟组合的"点—边—网"入手，分析联盟组合的开放性创新。联盟组合的三个层面包含着六个显著的结构特征要素，即资源异质性、资源多样性、开放深度、开放广度、耦合机制、结构强度，在联盟组合内这六个结构特征要素都会影响到企业的开放性创新，而且这六个结构特征要素与联盟组合的创新绩效呈正相关关系。

在调研厦门、广州、北京三地的193家高新技术企业的基础上，简兆权和王晨（2015）研究分析了在战略定位和技术创新之间，环境不确定性、动态能力所起的调节效应、中介效应，研究结论显示：市场导向对技术创新具有显著的正向影响，动态能力在市场导向、技术创新之间有着完全中介效应；同时，创业导向对技术创新也具有显著的正向影响，但是动态能力在创业导向、技术创新之间起着不完全的中介效应；如果组织环境的不确定性增加，动态能力对技术创新的影响将更大。在调研华南地区有代表性的243家服务型企业之后，简兆权和柳仪（2015）研究发现关系嵌入性、网络能力对服务创新绩效有着显著的正向影响，同时，在关系嵌入性与服务创新绩效之间，网络能力起着完全中介的作用。

在调研 434 家企业的基础上，袁野和蒋军锋等（2016）研究了动态能力和企业创新活动间的关系，以及在动态能力和不同的创新类型间战略导向所起的调节作用，结果显示：企业在其捕获能力强的条件下，倾向于进行技术创新，或者进行联合创新；企业在其感知能力、变换能力强的条件下，倾向于进行联合创新；在分析感知能力对市场创新的影响、捕获能力对联合创新的影响时，发现市场导向在其影响过程中都起着正向的调节作用；在分析感知能力对联合创新的影响时，发现企业家导向在其影响过程中起着正向的调节作用。李随成和武梦超（2016）研究分析了供应商的整合能力和不同创新类型间的关系，结果显示供应商的整合能力会对渐进式创新、突破式创新产生正向的影响，其中技术的动态性在供应商的整合能力与渐进式创新间有着负向的调节作用，在供应商的整合能力和突破式创新间有着正向的调节作用；市场的动态性在供应商的整合能力与渐进式创新间有着正向的调节作用，在供应商的整合能力和突破式创新间有着负向的调节作用。

竞争全球化程度加大，外界环境也变得高度不确定，在此背景下，张飞雁（2018）指出企业仅仅依靠自身的资源和能力来发展是远远不够的，应该逐步地向外扩充自身获取资源的能力，借助于价值供应链上的协同创新，提升自身动态能力，反过来，动态能力又促进企业提升了价值供应链的协同创新绩效，促使价值供应链的整体绩效提高。针对 2011～2016 年那些实施国际化战略的高新技术企业，孙慧和张双兰（2018）研究了国际化背景下企业动态能力对创新绩效的影响，发现动态能力会显著正向作用于创新绩效，而且国际化能够显著强化企业动态能力的促进提升作用，随着国际化程度的进一步深入，动态能力会进一步促进创新绩效的提升；在此基础上，把动态能力划分为学习吸收能力、变革重构能力、协调整合能力，发现这三个维度也都显著正向作用于创新绩效，但是这三个维度所起的作用不同，其中，协调整合能力对创新绩效所起的作用更大一些。

综上所述，动态能力影响创新绩效的三维度，但是对不同类型的创新绩效，动态能力所产生的影响存在着一定的差异。

3.4　嵌入性网络关系、动态能力对中小企业创新绩效的作用机理

在我国，中小企业不断转型升级，中小企业竞争加剧但彼此间重视合作，在这种时代背景和现实状况下，嵌入性网络关系是如何对企业的创新绩效产生影响的？嵌入性网络关系对企业的创新绩效是以什么样的路径产生影响的？中小企业应该如何选择、构建嵌入性网络关系从而提升中小企业的创新绩效以赢得自己的竞争优势？结合现有研究领域内有关嵌入性网络关系以及创新的相关研究成果，本书试图解决这些问题，构建起嵌入性网络关系与中小企业创新绩效间的理论模型，用以深入探索嵌入性网络关系与中小企业创新绩效间的相互关系，以丰富嵌入性网络关系与中小企业创新管理这些领域内的研究成果，以期完善现有的嵌入性网络关系与中小企业创新管理的理论框架。

动态能力最早是由美国经济学家大卫·J. 蒂斯（David J Teece）提出的，认为动态能力是企业为了适应外部变化快速的环境，构建、整合以及重新配置企业所拥有的内外部能力（Teece et al.，1997）。实质上，动态能力是中小企业的重要战略能力。它从战略角度分析了中小企业的生产经营活动，认为中小企业为了适应所处的动荡多变的外部生产经营环境，需要重构和整合企业的常规能力。动态能力之所以重要，是因为其基于战略的角度，找到了推动中小企业可持续成长的源动力。国内外学者们，比如达夫和古德拉姆（Doving and Gooderham，2008）、尹苗苗和蔡莉（2010）等研究发现，对于初创企业、面临转型升级的中小企业而言，动态能力起着比较重要的作用。基于此，动态能力和中小企业创新绩效间的关系需要进行深入研究。

从嵌入性的视角来看，中小企业的创新绩效、所处的外部环境关系密切；面对复杂多变的外部环境，中小企业的动态能力、嵌入性网络关系密切相关。因此，古拉蒂等（Gulati et al.，1999）、佐洛和温特（Zollo and Winter，2002）、麦克维利等（McEvily et al.，2005）、达夫和古德拉姆

（Doving and Gooderham, 2008）、吴晓波和吴东（2009）、尹苗苗和蔡莉（2010）、姜爱军（2012）等学者提出在嵌入性网络关系内，中小企业间加快了信息传递速度，提高了资源利用效率和机会识别效率，网络内的相关主体间能够便利的共享、获取和整合相关的知识、信息、资本等重要资源，从而有助于中小企业培育自身的动态能力。因此，嵌入性网络关系不仅仅影响中小企业动态能力的形成，而且影响中小企业创新绩效的提升。但是，嵌入性网络关系与动态能力影响中小企业创新绩效不是独立存在的，而是彼此联系，嵌入性网络关系会通过动态能力对中小企业的创新绩效产生影响。

目前，学者们借助于一定的实证与理论研究，对嵌入性网络关系进行了相关的探讨，分析了嵌入性网络关系与中小企业创新绩效之间的关系，也获得了一些有价值的研究成果。基于以上分析发现，嵌入性网络关系积极作用于中小企业的创新，有利于提高中小企业的创新绩效，由此使中小企业获取一定的竞争优势，促使中小企业提升整体绩效。但是，目前国内外学者们基于嵌入性网络关系影响中小企业创新绩效的研究不是很多，尤其是对中小企业进行类似研究的相关文献也不是很丰富，具体到嵌入性网络关系影响中小企业创新绩效的机制上，目前的研究表现出来很大的分歧。实际上，嵌入性网络关系与中小企业的创新绩效间很可能存在着比较复杂的关系，不能离开了动态能力的中介效应，否则获取到的结论就不够深入和全面。因此，要想更加严谨、更加科学准确地解释嵌入性网络关系影响中小企业的创新绩效，还需要充分考虑动态能力的中介效应，以及嵌入性网络关系的具体内容。

嵌入性理论不仅仅是渗透在经济学的发展中，同时也渗透在管理学的发展历程中，比如在战略管理、组织管理等相关领域内都体现出嵌入性理论对其的影响。众所周知，战略管理是管理学领域重要的分支之一，关于战略管理的文献众多，梳理下来发现，决定企业绩效的重要因素之一是企业的竞争优势，培育竞争优势有很多途径，除了来源于企业拥有的内部资源之外，还来源于在嵌入性网络内所形成的一些特殊资源。学者们对此进行了相关研究，戴尔和西恩（Dyer and Singh, 1998）认为竞争对手难以模仿的是企业因嵌入自身所独特的关系网络中，而其所拥有的各种各样的资源与能力，企业独特的竞争优势来源于这种特殊的资源与能力。基于组织管理的视角，通过研究企业与企业外其他组织的内外部结构，证明社会结构会对企业行为产生强烈的影响，奠定了"结构→绩效"的研究基础。因此，嵌入性网络关系对企业特别是中小企业有着重要的作用，是一类战略性资源，会对中小企业的各种能力和绩效产生直接影响。

如果在中小企业创新绩效研究中，割裂开来经济系统和社会系统分别进行研究，是不科学的，因为经济系统和社会系统是紧密联系的。新经济社会学和新制度经济学的发展，尤其是社会资本理论和企业网络理论的发展，使嵌入性成为主流关注的视角（卢周来，2009）。目前，嵌入性网络关系成为社会学、管理学、经济学领域内普遍关注的热点问题，尤其是中小企业大部分经济活动是和非经济制度、经济制度紧密联系的，不能脱离于社会环境，当然也不能完全固守于已有的社会信条和社会规则，应该嵌入社会里具体的网络内。国内外学者对嵌入性网络关系和中小企业的创新绩效间的关系也进行了一定的研究，初步确定了嵌入性网络关系和中小企业的创新绩效间存在着一定的联系，嵌入性网络关系会影响中小企业的创新绩效，但是没有解释两者之间的影响是如何发生的。基于此，本书构建了嵌入性网络关系通过动态能力影响作用于中小企业创新绩效的理论模型，即"嵌入性网络关系→动态能力→中小企业创新绩效"的路径模型。事实上，嵌入性网络关系对中小企业的创新绩效并不会产生直接影响，需要借助于动态能力的中介效应。从逻辑关系上来看，首先嵌入性网络关系会影响中小企业的动态能力，然后，借助于动态能力对中小企业的创新绩效产生影响。本书创建的路径模型，更加科学合理地解释了嵌入性网络关系、中小企业创新绩效间的关系，使中小企业创新管理已有的研究框架得以深化，使"结构→行为→绩效"的研究范式得以深化，规避了在传统研究内嵌入性网络关系直接影响中小企业绩效导致研究结论不确定甚至会违背现实状况的缺陷。

基于此，本书构建了嵌入性网络关系通过动态能力影响作用于中小企业创新绩效的理论模型，即"嵌入性网络关系→动态能力→中小企业创新绩效"的路径模型。这一模型进一步深化了"结构→行为→绩效"的研究范式，规避了在传统研究内嵌入性网络关系直接影响绩效的缺陷，进一步完善了中小企业管理理论的研究。本书探究嵌入性网络关系对中小企业创新绩效影响的机理，也就是嵌入性网络关系是通过什么样的路径对中小企业的最终创新绩效产生作用。在中小企业内，动态能力的最终结果表现为创新绩效。因此，本书分析嵌入性网络关系对中小企业创新绩效的作用应该关注于动态能力这一中介过程。原因在于本书认为嵌入性网络关系并不是直接对中小企业创新绩效产生影响，是借助于动态能力来实现的。基于逻辑关系视角，嵌入性网络关系首先对中小企业的动态能力产生影响，借助于中小企业的动态能力影响中小企业的创新绩效。相对中小企业创新绩效来说，嵌入性网络关系和动态能力之间的联系更为密切。所以，在嵌入性网络关系的研究中应更多考虑动态能力这一中介过程所产生的重要作用，由此才能真正解释中小企业创新绩效形成机理。

本书认为嵌入性网络关系首先对中小企业动态能力产生影响，借助于动态能力影响中小企业创新绩效，依据的是市场结构—市场行为—市场绩效范式（Structure – Conduct – Performance，SCP），来自现代产业经济学的观点。在 20 世纪 30 年代，SCP 范式首先由梅森教授提出，随后发展成正统的产业组织理论，研究手段以实证为主，分析过程依次为市场的结构决定企业的行为，企业的行为决定企业的绩效。SCP 范式这一理论被广泛运用到管理学和经济学领域（苏东水，2000）。本书运用 SCP 范式分析嵌入性网络关系对中小企业创新绩效产生的影响机理，嵌入性网络关系是通过什么样的路径对中小企业的创新绩效产生作用的。毫无疑问，嵌入性网络关系和中小企业创新绩效间本身也应该存在着因果关系。

因此，在嵌入性网络关系影响中小企业创新绩效的过程中，应该更多地考虑动态能力这一中介过程产生的重要作用。本书立足多维理论视角和研究框架下分析中小企业内嵌入性网络关系，构建嵌入性网络关系、动态能力对创新绩效的理论模型。以中小企业创新绩效指标作为被解释变量、嵌入性网络关系作为解释变量、动态能力作为中介变量，形成了"嵌入性网络关系→动态能力→中小企业创新绩效"的路径模型，突破了传统研究中由嵌入性网络关系直接到创新绩效的缺陷，对完善中小企业治理的理论研究和实证研究具有重要的价值。

　　嵌入性网络关系、动态能力、中小企业创新绩效间的关系如图 3 - 1
所示。

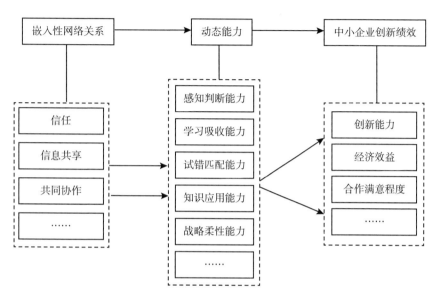

图 3 - 1　嵌入性网络关系、动态能力、中小企业创新绩效机理模型

资料来源：作者整理。

第4章

嵌入性网络关系、动态能力对
创新绩效的研究假设和理论模型

4.1 嵌入性网络关系、动态能力对
创新绩效的研究假设

基于嵌入性网络关系、动态能力对中小企业创新绩效的影响机理，本书提出了相关的研究假设。

4.1.1 嵌入性网络关系影响动态能力的研究假设

目前，已经有国内外学者对嵌入性网络关系和动态能力之间的关系进行了一定的研究。莫厄里等（Mowery et al.，1996）基于嵌入性联结强度对嵌入性网络关系的强度与知识转移的关系进行了验证，发现联结越强，企业就会存在着越高的互动频率，企业就能够学到更多知识、获得更多资源。

英克彭等（Inkpen et al.，1997）研究发现，在产业集群内，企业网络关系的规模越大，就会更容易与其他产业集群内的企业建立直接或间接的连带关系，从而能够扩大自己的联系渠道，获得更丰富的资源和更多的资金，得到更加广泛的潜在客户和潜在供应商，取得更多的知识、技术和

管理经验等，企业适应多变外部环境的动态能力自然就提升了。

威妥玛等（Tsai et al.，1998）指出，关系嵌入性有利于关系网内的成员之间交换和整合各种资源，关系网络越强，成员获取技术和市场信息就会越容易，借助于从别的成员那里合理获取的资源进行恰当地运用，有利于企业推出更多满足市场需求的产品，提高了企业绩效，提升了企业适应环境变化的动态能力。

阿胡贾（Ahuja，2000）研究关系网络时发现，团体内成员存在的关系越紧密，那些含有较高使用价值的资源、知识和能力等就会流动得更快，所以企业彼此之间进行资源共享就会取得更高的效率，一定程度上降低了企业进行创新的成本。

查希尔等（Zaheer et al.，2005）研究发现，企业可以共享资源的来源越多，那么其就能够控制更加丰富的资源，更容易发现促使其成长的机会，对企业面对的外部环境的变化会有很高的敏感度。吴晓波等（2005）通过研究发现，企业如果和合作伙伴之间具有较强的关系，那么企业不仅仅可以接触到合作伙伴的知识、技术，既包括显性的，也包括隐性的，而且合作伙伴还会给企业提供一条便捷的传递信息的渠道，更加易于复杂知识的转移，促使企业提升自己的创新能力。

达纳拉杰（Dhanaraj，2006）以国际合资企业为研究对象，不仅考虑嵌入强度，同时，引入信任价值共享程度两个维度，得出的研究结果与乌西（Uzzi，1997）基本一致，认为嵌入性网络关系促进了母公司和子公司之间显性知识、隐性知识的流动，同时，加强企业间的嵌入性，更有利于获取隐性知识。依据竞争优势理论，隐性知识实质上是企业所拥有的一些异质性资源，内含于企业组织内部，是企业赢得竞争、进行技术创新较为关键的因素（Nonaka and Takeuchi，1995）。但是，隐性知识因为具有自身不易表述、编码等特性，所以黏性很强、不易复制和转移，依赖于频繁的、长期的交互过程。

董保宝（2011）提出，如果关系网络成员之间联系了很长一段时间，那么双方之间会具有很高的信任程度，关系会变得越来越紧密，根据关系网络中其他成员对外部环境做出的市场反应，企业可以快速决策，较短时间内对市场的变化做出回应，这样自然就提升了企业适应外部环境变化的能力。

基于以上认识，本书提出假设 H1。

H1：嵌入性网络关系与中小企业动态能力之间具有正向相关关系。

在嵌入性网络关系内，合作企业更加信赖于这类嵌入性网络关系，这种关系远远超越了一般意义上的契约关系，在关系网络内，企业间借助于日益增强的交流，促使了知识的流动、交换，使企业学习成本降低了，促进了企业的创新（Dyer and Nobeoka，2000）。嵌入性网络关系分为信任、信息共享和共同解决问题这三个维度（Uzzi，1997）。在此基础上，结合中小企业实际情况，本书认为嵌入性网络关系分为信任、信息共享和共同协商这三个维度。

1. 信任和动态能力

乌西（Uzzi，1997）认为表征嵌入性网络关系的重要特征之一是信任，这是企业之间建立起来牢固关系的重要基础，也是企业对合作企业的信任，认为其不会利用自己的弱点以谋取不正当的利益。企业间的信任程度越高，越有利于分享知识，因为企业管理者对合作伙伴信任，就不会担心合作伙伴泄露自己保密技术的重要信息，没必要对合作伙伴刻意保密。基于对合作企业的信任，企业愿意分享自己的知识，信任程度越高，技术交流程度就会越深。古拉蒂（Gulati，1995）认为在企业网络中，信任能够降低风险、维持合作。英克彭（Inkpen，1998）认为在企业长期取得成功的合作中，信任起着极为重要的作用。总的来说，信任的作用体现在以下两个方面：一是企业自愿承担风险，愿意承担把隐性知识和对方共享可能带来的风险；二是企业认为合作企业不会利用自己的弱点、不足获取不当利益。迈耶等（Mayer et al.，1995）对信任的两个维度进行了研究，发现信任程度越高，合作双方就越有可能共享、交换更多的知识，而且所交换的知识都有比较强的质量或者效用。信任更有利于传递隐性知识，因为传递隐性知识依赖于长期交流。只有合作关系长期稳定，才能有效传递隐性知识。而维持长期、稳定合作关系有赖于信任，因此，信任影响着知识的传递，尤其是隐性知识。

基于以上认识，本书提出假设 H1a。

H1a：信任与中小企业动态能力之间具有正向相关关系，即信任程度越高，越能提升动态能力。

2. 信息共享和动态能力

信息共享实质上是在合作中合作双方针对自身优质信息的公开程度，是以交换优质重要信息为特征的。信息的种类很多，涵盖管理信息、财务信息、产品信息、市场信息、生产技术信息等。信息共享实质上是嵌入性网络关系所独有的，对于企业来说，在网络内嵌入程度越高，进行信息共享的深度、广度、及时性和准确性都会随之提高。因此，企业能够获取多少知识很大程度上依赖于网络内信息共享的深度和广度。古拉蒂（Gulati，1999）、阿胡贾（Ahuja，2000）认为在企业借助于嵌入性网络获取知识的过程中，信息共享有着极为重要的作用。在嵌入性网络关系内，信息共享已经不仅仅是展示表面的数据，而是共享战略、理念、企业文化等更为重要、更为核心的信息。企业间不再对自己的知识进行隐藏，这有利于知识获取和潜在学习。

基于以上认识，本书提出假设 H1b。

H1b：信息共享与中小企业动态能力之间具有正向相关关系，即信息共享水平越高，越能提升动态能力。

3. 共同协作和动态能力

共同协作反映的是在嵌入性网络关系内，企业是否共同承担在合作过程中产生的问题。企业在发现、解决问题的这一过程中，互动会更加频繁，更趋于深层次。在共同的规章制度、组织框架下解决问题，企业间会产生共同语言，会互相借鉴学习对方的技术、方法。在共同协作的过程中，既促使了显性知识转移，也促使了隐性知识转移。隐性知识自身独特的属性决定了其很难传播，必须依赖于基于共同框架、共同背景下的反复互动，由此可见，共同协作时企业间形成的规章制度、组织框架乃至整个动态的过程为转移隐性知识创造了独特的外部环境，有效促使隐性知识转移、传递。因为在共同协作的过程中，企业间形成了共同语言，打破了交流障碍，促进了交流的广度、深度、频率，促使知识转移。

基于以上认识，本书提出假设 H1c。

H1c：共同协作与中小企业动态能力之间具有正向相关关系，即共同协作能力越强，越能提升动态能力。

4.1.2　动态能力影响中小企业创新绩效的研究假设

动态能力理论的主要观点是：企业面临的经营环境变动剧烈，传统的应对内部环境或者应对外部环境的政策措施已经无法促使企业持续稳定健康的成长，所以企业要有效整合内外部资源以适应经营环境的变化。

海尔法特（Helfat，1997）以美国的石油企业为例进行研究，分析了石油企业技术研发的动态能力和企业动态调整适应外部经营环境变化之间的关系，发现技术研发的动态能力能够促进企业动态适应能力的提升。威廉姆森（Williamson，1999）提出，企业必须具备较高的洞察环境的能力，只有这样，才能找到和鉴别出有利企业的市场机会，据此进行适度的战略变革和转移，从而使企业保持较高的发展潜力，不断更新和提升适应外部多变环境的能力。

艾森哈特等（Eisenhardt et al.，2000）提出，如果企业想要在较长时间内保持比较明显的竞争优势，企业就应该更迅速更好地适应外部经营环境，起码要超过竞争对手，这种能力借助于企业重构资源的能力。闰多瓦等（Rindova et al.，2001）以雅虎公司为例进行研究，通过观察雅虎的转型过程，发现在动荡不安的环境中，动态能力对企业来说是很重要的，企业要借助于动态能力对资源、组织结构、员工、产品等进行全面广泛的变革和更新，以获取竞争对手不具备的优势。

王国顺等（2005）系统总结分析了企业成长的边界定位，在影响边界定位的所有要素中最关键最重要的是企业的动态能力，动态能力对成长的边界起决定作用。徐震（2007）提出，如果企业面对着复杂动态的环境，任何企业都要关注于外部资源，合理整合外部资源，借助于技术合作、虚拟企业、战略联盟等新形式提高企业的柔性。随着外部经营环境的不断变化，企业的变革能力也在不断地提高，这些都有助于企业提升动态能力，进而有利于企业获取竞争优势。李允尧（2009）提出了自己的观点，认为企业是以动态能力为基础支撑企业的持续成长，当然，在成长方式中，创新活动是最有效有力的。王一（2011）从国际创业的角度研究了创业导向、动态能力、企业成长这三个主要变量之间的关系，发现动态能力正向影响国际企业的成长。李贞（2012）认为在嵌入性网络关系内，企业通过动态能力把原始知识转化成可执行知识，在此基础上完善为创新活动提供服务的知识体系，企业既有知识实现了价值的最大化，由此实现企业的创新目标，提升了创新绩效。缪根红（2014）认为动态能力对企业的创新绩效有着明显的促进作用，企业要培育创新能力，促使创新绩效改善，必须提升动态能力。

基于以上认识，本书提出假设 H2。

H2：动态能力与中小企业创新绩效之间具有正向相关关系。

动态能力是企业内部通过整合、吸收、重置资源，打破当前对无效路径所产生的依赖，逐步形成新的有效的依赖路径和一套高效运营的惯例。中小企业借助于动态能力打破原有的路径依赖，重新配置资源，在调整中提升创新绩效，为中小企业找到更适合内外环境的路径，打造持续竞争优势。动态能力由五个维度组成：感知判断能力、学习吸收能力、试错匹配能力、知识应用能力、战略柔性能力（穆文奇，2017）。因此，动态能力的五个维度共同发挥作用，企业才能使其创新战略路径匹配于内外部环境的演化进程，提升创新绩效，实现持续竞争优势。

1. 感知判断能力和中小企业创新绩效

感知判断能力包括两部分内容：一是感知和理解内外环境所释放出来的信息，二是判断该信息给组织带来的各种机遇、挑战，并且迅速做出反应，制定出合适的决策（穆文奇，2017）。中小企业的发展依赖于外部环境，政策因素、竞争对手行为、顾客偏好、供应商行为、经济因素、文化因素等都会对中小企业产生较大的影响，中小企业要迅速地开发、探索环境中的机遇、挑战，及时、正确地进行创新，塑造中小企业的竞争优势。中小企业如果对于环境有着良好的感知判断，就能更好更快地进行创新，满足市场需求，获得长期竞争优势、超额利益。创新速度的快慢影响中小企业的成败，创新缓慢会令中小企业丧失稍纵即逝的一些机遇，给中小企业带来负面影响。

基于以上认识，本书提出假设 H2a。

H2a：感知判断能力与中小企业创新绩效之间具有正向相关关系。

2. 学习吸收能力和中小企业创新绩效

廖等（Liao et al.，2010）认为组织学习是中小企业获取持续竞争优势的一种战略手段。由于外部环境、科学技术快速变化，学习吸收能力能促使中小企业加强和外部实体间的学习，获取一定的创新资源，是中小企业促使创新绩效提升的关键因素。借助于学习吸收能力，中小企业能更加积极主动适应外部环境变化，加深理解和认识外部环境，提高应变能力。学习吸收能力还能帮助中小企业追踪顾客需求、在感知的基础上抓住市场机遇，通过创新提供满足市场需求的新产品、新服务，促使销售额增加和顾客忠诚度提高，为企业带来可观的创新绩效。准确预见环境变化趋势对中小企业来说越来越重要，这需要企业具有较强的学习吸收能力。如果企业学习吸收能力比较强，会不断地积累外部知识、企业经验，因此同等条件下，能比竞争对手更快获取、利用和创新相关的一些外部资源，从而获取高的创新绩效。森奇等（Senge et al.，2010）认为在快速变化、竞争激烈的商业环境下，学习吸收能力是企业必须具备的一种能力。与其他竞争对手相比，如果企业能够具有强的学习吸收能力，就能积累一些难以模仿、复制、转移的异质性资源，使企业获取竞争优势。阿莱格雷等（Alegre et al.，2008）认为企业较高的学习吸收能力会提高获取和应用知识的效率，能改善员工知识结构促使员工创造力提高，进而提高企业创新绩效。

基于以上认识，本书提出假设 H2b。

H2b：学习吸收能力与中小企业创新绩效之间具有正向相关关系。

3. 试错匹配能力和中小企业创新绩效

当企业调整创新战略时，内部会出现较多的路径方案，路径方案的选择是企业能否成功的关键性步骤。在变化环境中，企业选择的路径应该满足三个条件：一是该路径能否使得中小企业满足客户需求；二是该路径能否使得中小企业的运营绩效水平正反馈；三是该路径能否使中小企业的运营绩效水平具有隔绝性，超过行业平均水平以上。沃尔什等（Walsh et al.，1995）指出企业从初始运营水平过渡到新路径依赖是一个复杂过程，本质上是决策者的知识结构发生了变化。索斯纳等（Sosna et al.，2010）认为如果当前知识满足不了预期绩效水平，该路径方案所依赖的知识系统就应该及时调整，在这个过程中就是试错匹配能力应该扮演的角色。当中小企业发现现有战略路径实现不了预期目标，就会采取新路径方案，通过试验以解决当前问题，如果所选路径方案解决不了问题，根据新问题企业会修订试验行为，开展新试验行为，一直到找到满意的路径方案。对于中小企业来讲，试错匹配能力比较重要。当外部环境发生剧烈变化时，组织结构、管理模式、运营结构、运营规模很难快速适应这种变化，企业就应该在实践中寻找匹配自身优势的创新战略方式，实施效率更高的资源重置方式，提升创新绩效。

基于以上认识，本书提出假设 H2c。

H2c：试错匹配能力与中小企业创新绩效之间具有正向相关关系。

4. 知识应用能力和中小企业创新绩效

现在是一个信息爆炸、知识经济的时代。对于中小企业而言，知识，特别是异质性知识是一类重要的关键的战略资源，是企业进行创新所需要的。科古特等（Kogut et al.，2010）认为知识是企业创新不可或缺的要素，企业核心竞争优势来自企业知道在内外部环境中如何有效地创造、传递、应用知识。现代社会，技术更新时间更短、速度更快，就需要中小企业进行频率更高的技术创新、产品创新、工艺创新。因此，知识应用能力于中小企业创新更为重要。知识应用能力是中小企业不能缺少的一种能力，实际上就是内化新知识和重构知识系统，从而不断创造出新知识，由此促进企业真正意义上的创新。博施（Bosch，1999）发现企业竞争优势源于集成知识应用，不是零散知识应用。李贞（2012）研究发现，只有知识应用能力把原始知识转化成可执行知识，借此不断完善为创新活动提供服务的知识体系，使企业既有知识实现价值最大化，才能实现创新目标，提升创新绩效。因为企业文化和实践经历等方面存在差异，所以企业并不能把所有获取到的知识都直接用于创新，而是需要企业加工、转化和重新构建知识源，才能有利于创新。对此，缪根红（2014）进行了相关论证，认为知识应用能力显著地促进了企业的创新绩效，企业必须借助于知识应用能力培育创新能力和改善创新绩效。借助于知识应用能力中小企业根据创新需要，转化来源不同的知识，重新构建知识体系，以形成新观念和新工艺等，由此促进创新，提升创新绩效。

基于以上认识，本书提出假设 H2d。

H2d：知识应用能力与中小企业创新绩效之间具有正向相关关系。

5. 战略柔性能力和中小企业创新绩效

在动态环境下，中小企业的战略柔性能力决定了其能否准确预测，感知和决策其路径调整、演化行为，这是中小企业能否持续吸收资源、知识，能否合理自由试错匹配的关键。战略柔性能力决定了中小企业是否能够把新的知识结构反映到惯例中，以此形成新的路径。战略的柔性并不矛盾于路径的稳定性，两者是相辅相成的。傅博达（Volberda，1997）指出价值创造的前提是柔性和稳定性相结合。只有在柔性的前提下，创新战略才能打破核心的刚性，形成新的、有效的路径，促使企业提升创新绩效，维持企业持续的竞争优势。对于中小企业来讲，战略柔性能力在很大程度上表现在文化、组织、管理模式、管理方式等方面，在资源、知识的转换中，战略柔性能力能提升其效率，节省大量的人力、物力、时间和财务成本，促使创新绩效提升。借助于战略柔性能力，中小企业虽然在资金、品牌等方面并不占优势，但往往能够迅速抓住市场上转瞬即逝的各种机遇，进行科技创新、服务创新，从而能够拥有比较高的利润率，占据市场上重要的位置。

基于以上认识，本书提出假设 H2e。

H2e：战略柔性能力与中小企业创新绩效之间具有正向相关关系。

4.1.3 动态能力在嵌入性网络关系和中小企业创新绩效间中介效应的研究假设

所谓创新就是把以前没有的一种生产要素新组合纳入生产体系内，创新范畴很广，包括新材料应用、新产品开发、新供给来源获得、新生产方式采用、老产品改造等。因此，创新过程实质上就是知识积累的一个过程（Rothwell，1992）。由此可见，动态能力是中小企业进行创新较为重要的基础之一，与企业各项创新指标密切相关。可以说，动态能力是中小企业进行创新的主要驱动力，获取并且应用新知识能有力提升中小企业的创新绩效。在外界环境瞬息万变的时代，动态能力更有助于中小企业获取持续的竞争优势，尤其在竞争激烈、动态变化的环境下，更加显示出动态能力对中小企业创新的巨大促进作用。很显然，动态能力是企业获取、应用新知识的重要基础，借助于动态能力，中小企业通过不同渠道、不同形式获取到大量的新知识。通常来说，新知识获取的越多，有关技术、产品等的创意就会越多，创新绩效就会随之提升。梅比等（Mabey et al.，1995）认为动态能力是企业维持创新的重要因素，在此基础上，发展为获利的企业。

中小企业借助于动态能力，通过从外界环境中学习、吸收相关知识，然后加以内化使之形成自身优势，以利用市场机会，从而使企业能够获利。由此可见，动态能力依赖于外部环境，而外部环境中核心部分是中小企业和合作伙伴间建立起来的微环境，即嵌入性网络关系。在嵌入性网络关系内，中小企业依据自身战略目标，选择合作伙伴，合理确定合作伙伴数量、关系嵌入程度。借助于嵌入性网络关系，中小企业获取到信息、知识等资源，并且企业甄选、吸收、整合所获取信息、知识等资源的质量决定了其是否有助于提升创新绩效以及提升幅度的大小。许冠南（2008）研究了浙江省228家制造企业，提出了关系嵌入性首先提升了企业的知识获取能力和知识应用能力，借此正向作用于创新绩效。王家宝（2011）认为关系嵌入性是以学习能力作为中介变量，显著影响于创新绩效的。中小企业的人力、物力和财力都有限，要想进行创新活动，提升创新绩效，需要大量的嵌入在外部合作伙伴中的重要的资源，比如知识、信息等。因此中小企业要获取这些知识、信息等，就必须和外部各种类型的合作伙伴建立起来良好的关系，通过和合作伙伴间的这种深入密切的合作关系，促使企业的动态能力提升，并通过动态能力影响创新绩效。

因此，嵌入性网络关系对中小企业的创新绩效产生影响，但是这种影响要借助于动态能力这一中介变量。嵌入性网络关系可以促使企业之间交流资源和信息，共享知识，这种方式有助于中小企业从合作伙伴那里获取所需的资源。利用嵌入性网络关系，中小企业可以和合作伙伴共享相关的信息、资源、知识和能力，可以从研发机构、供应商、竞争对手、客户等相关外部组织那里得到和了解关于产品、市场以及技术发展等方面的若干信息。一方面，中小企业能够增强对市场的敏感度，有利于自己产品的升级和换代；另一方面，中小企业还能在很大程度上减少因为不确定性环境因素带来的各种风险。嵌入性网络关系不会直接对中小企业的创新产生作用，而是借助于动态能力这一中介变量对中小企业创新产生作用。企业的关系网络能够帮助中小企业获得相关的信息和合作伙伴的资源，能够与合作伙伴的交流中捕捉到发展机会，在沟通中学习合作伙伴的新知识、新技术、新的管理方式，根据捕捉到的市场变化开发新产品，对组织进行变革，从而提升创新绩效，促进中小企业的快速成长。

基于以上认识，本书提出假设 H3。

H3：动态能力在嵌入性网络关系与中小企业创新绩效间起中介作用。

1. 动态能力在信任和中小企业创新绩效间的中介效应

在嵌入性网络关系内，因为存在着信任，合作企业双方就会在合作过程中明确感知对方会把自己的利益、要求纳入其行为中，基于以上考虑，企业就会对合作伙伴提出的信息、建议比较有信心，而且相信合作伙伴提出的建议、想法是与自身利益符合的。因此，在合作过程中，双方会真诚的进行交流和切磋（Cummings et al.，1996），在一定框架下双方会实事求是地提供市场信息和技术信息（Zaheer et al.，1998）。卡森等（Carson et al.，2003）认为信任能够促使企业更容易从合作伙伴那里获得新的知识。多尔（Dore，1983）研究发现合作伙伴间的实事求是和真诚，使得中小企业之间合作互动模式更加开放，也愿意提供给对方一些敏感信息，因此，使企业增加了从合作伙伴那里获取新知识、新资源的可能性。

在嵌入性网络关系内，因为存在着信任，因此合作伙伴间能够信守承诺，而且不会误导对方。乌西（Uzzi，1997）、古拉蒂等（Gulati et al.，2007）和其他学者研究发现，借助于信任，企业提高了从合作伙伴那里获取知识的准确性，也就是说，信任是一种有效机制，能有效保证从合作伙伴那里获取知识、信息的可靠性和质量。因此，基于存在这种可靠性，企业就更加依赖、重视嵌入性网络关系获得的知识，由此增加了运用这些新知识、新资源的可能性。

在嵌入性网络关系内，因为存在着信任，彼此信任的双方会相互给对方提供各类帮助，这些帮助远远超过了正式协议的规定。多尔（Dore，1983）认为一旦在合作过程中或者创新过程中产生了困难，借助于信任，企业间会彼此提供支持，针对已经出现的困难提出能够被合作伙伴们接受并且相对合理的解决方案。因此，在企业内推动了新知识的应用，提升了创新绩效。而且，爱尔兰等（Ireland et al.，2002）、科尔恩斯等（Colhns et al.，2006）等认为以信任为基础的合作关系有利于企业获得隐性知识，并且能够促使企业内化应用这些隐性知识。因此，信任能有效提升企业的动态能力，进而正向影响创新绩效。

基于以上认识，本书提出假设 H3a。

H3a：动态能力在信任与中小企业创新绩效间起中介作用。

2. 动态能力在信息共享和中小企业创新绩效间的中介效应

麦克维利等（McEvily et al.，2005）研究发现信息共享是合作伙伴间自主进行信息交换的程度，这种信息交换远远超越了合同和协议所做出的规定，而且这时所交换的信息有益于合作伙伴双方。古拉蒂等（Gulati et al.，2007）同样认为信息共享有助于企业发展，进行衡量时可以从几个方面着手：共享信息的准确程度、细节程度、广泛性、及时性、共享的种类等。在嵌入性网络关系内，因为存在着信息共享，信息交换机制通畅，互通信息的双方彼此共享行业内的最新资讯甚至自己的发展计划。戴尔等（Dyer et al.，1998，2000）认为在嵌入性网络关系内，企业间共享知识的惯例是企业获取竞争优势的重要来源之一。罗斯韦尔（Rothwell，1992）认为创新过程实质上就是一个学习的过程，同时也是一个积累技术诀窍的过程。在嵌入性网络关系内，企业间通过信息共享，积极影响于创新的来源以及过程，正向促进创新活动，提升创新绩效。

对于中小企业来说，内部信息有限，因此创新主要来源于外部，亚当斯等（Adams et al.，1998）认为来源于外部的信息对中小企业尤为重要，有助于创新产生以及解决方案形成。罗斯韦尔（Rothwell，1992）认为创新来源广泛，可以来源于大学、研究机构，可以来源于供应商、行业内部、领先客户，还可以来源于竞争对手。因此，基于创新来源的视角，外部信息源对企业来说尤为重要。在嵌入性网络关系内，如果企业间信息共享的频率和质量较高的话，借助于动态能力，企业就能够从合作伙伴那里获取到更准确、更广泛、更及时的信息，从而抓住市场机会或者技术机会进行创新，提升创新绩效。

萨克罗扎等（Syakhroza et al.，2002）认为信息共享是中小企业实施创新的主要内容、阶段。因此，基于创新过程的视角，信息共享为企业提供了创意和机会获取的可能，而且能带来溢出效应。因为在信息共享的过程中，借助于动态能力，企业能够获取一些有助于创新的隐性知识，无形中就加快、加深中小企业创新的过程。同时，在信息共享的过程中，合作伙伴间自主进行信息交换，这种信息交换远远超越了合同和协议所作出的规定，这时所交换的信息有益于产生新知识，降低技术变化和市场变化产生的创新风险，进而提高创新绩效。

基于以上认识，本书提出假设 H3b。

H3b：动态能力在信息共享与中小企业创新绩效间起中介作用。

3. 动态能力在共同协作和中小企业创新绩效间的中介效应

在嵌入性网络关系内，企业间共同协作的程度可以从多个方面进行衡量，比如海德等（Heide et al.，1992）提出的共同完成任务、麦克维利等（McEvily et al.，2005）提出的相互解决问题、古拉蒂等（Gulati et al.，2007）提出的协同克服困难。对中小企业来说，共同协作有助于新知识的获取和应用。

对多数企业来说，内部存在着人员、工具、任务三种基本要素，因此，不管是显性知识还是隐性知识都是内嵌入这些基本要素中，并且相互作用相互交织构成网络。其中，罗利亚等（Nohria et al.，1997）认为嵌入工具和个人中的知识是简单嵌入知识，嵌入任务和组织的知识是复杂嵌入知识。对于这类嵌入性知识来说，一旦需要转移，必须借助于企业间持续的互动才能完成。因此，在嵌入性网络关系内，合作伙伴间共同协作的时候，需要深入的交流和多次的互动，在这一过程中，不仅仅获得了简单嵌入知识，而且获得了复杂嵌入知识，有助于企业获得和应用新知识，提升创新绩效。

在嵌入性网络关系内，借助于持久互动，合作伙伴间共同协作。汉森（Hansen，1999）认为随着互动的加深和时间的推移，合作伙伴间形成了能被双方理解的共同语言和行为规范，由此促进企业转移和学习隐性知识。借助于共同协作，合作伙伴能够彼此理解对方的情景，在应用新知识时考虑现实情景，防止出现水土不服的现象，使新知识得以合理应用。同时，在运用新知识的过程中，能够及时获得合作伙伴的直接反馈，及时纠正应用偏差，提高新知识应用的准确性。

基于以上认识，本书提出假设 H3c。

H3c：动态能力在共同协作与中小企业创新绩效间起中介作用。

4.1.4　动态环境的调节作用

科文等（Covin et al.，1998）认为，外部环境不仅仅影响企业的经营绩效，而且也会对企业的所有生产经营活动产生非常重要的影响。企业面对的是一个动态复杂的环境，因此其生产经营活动面对着很多不确定因素，顾客的需求偏好处在不断的变化中，行业竞争者的竞争行为也是经常变化，因此，企业为了更加有效地适应变化动荡的环境，不得不随时改变或调整自己的产品策略、价格策略、促销策略、渠道策略等。

鲍姆等（Baum et al.，2003）提出，在环境中存在着很多不稳定因素，不稳定因素越多，会造成企业进行经营决策时依据的信息量不足，无法正确决策或者决策持续性差，这需要企业构建动态能力，应对不确定性环境。因此，外部环境越复杂动态，企业对自身的动态能力就会需求越强。也就是说，如果企业所处环境稳定，技术发展状况和市场需求情况处在平稳发展的状态，那么企业就可以利用自己掌握的信息、资源，依据以往的经验和积累下的知识制定企业的发展战略，从而保持生产经营活动正常开展。刘雪峰（2007）提出，稳定的环境让企业掌握主动权，企业无须去外部环境中寻求大量资源和相关机会，因此，企业就没有非常迫切培育动态能力解决问题；反之，如果企业所处的环境变化非常急剧，表现出动态复杂的特征时，依据过去的经验和现有的资源、知识企业根本无法满足其发展和创新的需要，无法对外部动态复杂的环境做出快速反应，因此，企业就需要构建网络关系，设法利用企业外的资源和信息，努力从外部合作伙伴中获取企业发展和创新所需的资源。与稳定不变的外部环境相比，动态环境下，嵌入性网络关系对于中小企业提升动态能力所起的作用更重要。沙伊等（Chai et al.，2011）通过研究发现，企业所处的环境存在着越高的动态性，企业就越需要对知识、管理方式等进行及时更新；企业所处的环境越稳定，企业就越没有动力寻求新资源和新知识，同时辨明和跟进所处行业的发展趋向就显得不是很重要。在变化剧烈的环境情境下，为了寻找新的发展机会或者获取企业所需的资源，中小企业会高度重视和合作企业的通力合作关系，通过组建虚拟企业或战略联盟等新型网络组织形式。在新型组织形式中，伙伴成员之间通过密切的交往，在很短的时间范围内能够共享和流通彼此的新知识、新技术和新理念，促进中小企业发现新的发展机会、开展新的创新活动、实现新的交易活动等，从而使中小企业能够更好地与动态复杂不确定的外部环境相适应。中小企业通过嵌入性网络关系深入到关系网络中，能够促使自身改进和提升动态能力。

巴林杰等（Barringer et al.，1998）以小企业为样本进行实证研究发现，如果企业长期处于不稳定的环境，企业日常的职能管理就不会对成长绩效产生较大的影响，企业会产生一种惰性，削弱日常职能管理的功效。这时，组织柔性管理和组织学习等非日常职能管理就会发挥其积极的作用，有利于企业的成长。李大元等（2009）通过实证提出自己的观点，只有在动荡变化的环境中，企业的动态能力才能发挥出积极的效果。刘井建（2011）通过实证研究，观察视角控制在企业的经营绩效以及成长绩效，验证了动态环境对企业的动态能力与企业绩效之间的关系具有调节的作用，动态环境给企业带来了威胁，但也带来了发展的机会，企业的动态能力能够帮助企业识别客户不断变化的需求，并且发挥自身优势努力满足客户需求；企业的动态能力还能够帮助企业迅速获取适应环境变化的各种资源、技能和知识，促使企业在动态环境下表现出更卓越的行为。

如果企业面临着稳定不变的环境，企业的动态能力不会对企业创新绩效产生显著的作用，因为稳定环境会导致行业内技术创新的速度比较慢，频率比较低，几乎所有的外界因素和内部因素都可以预测，所以中小企业只需要把自身做好就可以了，通过不断地培育自身的核心能力就可以促使自身竞争优势增强；如果中小企业面临着动荡不稳定的环境，企业的动态能力就会对企业创新绩效产生显著的促进作用，因为中小企业所处环境中存在着很多不确定因素，为了迎合消费者需求，中小企业不得不进行持续的创新，适应外部环境的变化，从而获取短期的竞争优势。

基于以上认识，本书提出假设 H4a 和假设 H4b。

H4a：动态环境对嵌入性网络关系和中小企业动态能力间具有正向调节作用。

H4b：动态环境对中小企业动态能力和中小企业创新绩效间具有正向调节作用。

综上所述，本书系统分析嵌入性网络关系和中小企业动态能力、动态能力和中小企业创新绩效间的关系，在此基础上，本书提出的相关研究假设归纳如表 4 - 1 所示。

表 4 - 1   相关研究假设

研究假设	具体内容
H1	嵌入性网络关系与中小企业动态能力之间具有正向相关关系
H1a	信任与中小企业动态能力之间具有正向相关关系，即信任程度越高，越能提升动态能力
H1b	信息共享与中小企业动态能力之间具有正向相关关系，即信息共享水平越高，越能提升动态能力
H1c	共同协作与中小企业动态能力之间具有正向相关关系，即共同协作能力越强，越能提升动态能力
H2	动态能力与中小企业创新绩效之间具有正向相关关系
H2a	感知判断能力与中小企业创新绩效之间具有正向相关关系
H2b	学习吸收能力与中小企业创新绩效之间具有正向相关关系

续表

研究假设	具体内容
H2c	试错匹配能力与中小企业创新绩效之间具有正向相关关系
H2d	知识应用能力与中小企业创新绩效之间具有正向相关关系
H2e	战略柔性能力与中小企业创新绩效之间具有正向相关关系
H3	动态能力在嵌入性网络关系与中小企业创新绩效间起中介作用
H3a	动态能力在信任与中小企业创新绩效间起中介作用
H3b	动态能力在信息共享与中小企业创新绩效间起中介作用
H3c	动态能力在共同协作与中小企业创新绩效间起中介作用
H4a	动态环境对嵌入性网络关系和中小企业动态能力间具有正向调节作用
H4b	动态环境对中小企业动态能力和中小企业创新绩效间具有正向调节作用

资料来源：笔者整理。

4.2 变量选取和描述

总体而言，本书的变量测度选择了目前国内外研究中一些常用测度，这些变量主要包括中小企业创新绩效（被解释变量）、嵌入性网络关系（解释变量）、动态能力（中介变量）、动态环境（调节变量）和相关的控制变量，借助于这些变量分析动态环境下嵌入性网络关系通过动态能力影响中小企业创新绩效的概念模型。

4.2.1 被解释变量——中小企业创新绩效

创新绩效经常运用在创新管理的研究中，关于其测度问题主要采用多指标和单一指标的做法，但是多指标测度应用比较普遍。因为单一指标仅仅测度创新绩效的某一方面，仅仅有学者哈格多恩（Hagedoorn et al.，2003）采用单一指标测度创新绩效，其认为多指标测度创新绩效时，各指标间有较大的重叠，但是这种单一指标测度法只在高科技企业内得到验证。我国中小企业错综复杂，采用多指标测度法能更全面、合理地反映其创新绩效。因此，刘雪峰（2007）、彭新敏（2009）、黄卢宇（2014）、叶英平（2017）等学者认为，基于我国中小企业的特性，应该采用多指标测度法衡量创新绩效。

在设计测度创新绩效的指标方面，研究目的不同，学者们设计出来的测度体系就存在着一定的差异。有的学者从创新过程、创新产出的视角设计体系测度创新绩效，比如陈劲等（2006）；有的学者从效率、效益的视角设计体系测度创新绩效，比如阿莱格雷等（Alegre et al.，2006）。实际上，不同学者基于中小企业创新绩效具体设计量表时，会包含着很多类似的甚至相同的题项。具体来说，国内外学者们测度创新绩效的量值如表4-2 所示。

表 4-2　　　　　　　　国内外学者们测度创新绩效的量值

学者	指标	题项
单红梅（2002）	技术效益	创新产品的数量
		创新产品所占的比率
		创新产品的市场竞争力
		申请专利的数量
	经济效益	创新产品单位成本
		创新产品销售收入
		创新产品销售收入所占的比率
		创新产品投入经费所占的比率
	社会效益	技术创新对于社会科技进步所起的作用
		创新产品对于促进社会就业所起的作用
		创新产品对于改善环境状况所起的作用
		创新产品对于优化资源配置所起的作用

续表

学者	指标	题项
阿莱格雷等 （Alegre et al., 2006）	产品创新成果	淘汰旧产品促使产品更新换代
		扩展主要产品种类
		促使主营产品技术改进
		提高产品市场份额
		开拓产品市场区域
		增加产品目标客户群体
	产品创新效率	降低新产品开发周期
		增加新产品工作时间
		降低新产品平均成本
		提高新产品成功率
李玲（2011）	合作满意度	对合作成果满意
		合作过程愉快
	技术创新能力	研发速度提升显著
		创新成功率提高显著
		创新技术升级显著
		核心竞争力增强显著
	关系稳定性	和合作伙伴有着较长时间的合作
		有着和合作伙伴持续合作的意愿
叶英平（2017）	企业创新能力	通过产学合作促使研发速度提升
		通过产学合作促使研发成功率提升
		通过产学合作促使技术创新水平提升
	企业经济效益	通过产学合作促使销售收入增加
		通过产学合作促使销售利润增加
		通过产学合作促使市场占有率增加
	合作满意程度	在合作过程中取得的成果让企业满意
		对对方的合作表现满意

资料来源：笔者整理。

本书参考单红梅（2002）、阿莱格雷等（Alegre et al. , 2006）、李玲（2011）、叶英平（2017）等学者的研究成果，选取经济效益、创新能力、合作满意度三个指标，共 9 个题项测量中小企业创新绩效。本书测量中小企业创新绩效的量值如表 4 - 3 所示。

表 4 - 3　　　　　　　　　本书测度中小企业创新绩效的量值

变量	维度	题项
中小企业 创新绩效	B1 经济效益	B11 贵企业的利润是很大程度上来自于新开发的技术或产品
		B12 相比与竞争对手，贵企业拥有的专利权数量更多
		B13 与同行相比，贵企业创新的产品和服务市场反应非常好
	B2 创新能力	B21 贵企业经常想出许多促使产品生产流程改善的方法
		B22 贵企业经常引进能改善作业流程或生产工艺的新技术
		B23 相比与竞争对手，企业更能把握顾客和市场需求
		B24 与竞争对手相比，贵企业新技术或新产品开发速度更快
	B3 合作满意度	B31 贵企业对合作伙伴满意
		B32 在合作伙伴需要帮助时，贵企业会提供支持
		B33 在贵企业需要帮助时，合作伙伴会提供支持

资料来源：笔者整理。

4.2.2　解释变量——嵌入性网络关系

嵌入性网络关系自格兰诺维特（Granovetter，1985）提出后，用以反映企业和合作伙伴间存在的关系如何，是强还是弱。格兰诺维特（Granovetter，1985）通过测量感情力量、互动频率、互惠交换、亲密程度等要素，把嵌入性网络关系分为强联系和弱联系。乌西（Uzzi，1997）从三个维度描述关系嵌入性：信任、共同解决问题、优质信息共享。信任代表了网络关系内一方对另一方的信心，认为对方不会为了获得利益而损害自己，这是嵌入性网络关系的主要特征。在信息不对称的情况下，因为寻找、选择新的有价值的可信赖的合作伙伴需要较高的成本，因此企业倾向于和原来的或现有的伙伴进行合作，信任维护了关系的稳定性。当关系嵌入性程度高时，关系双方会通过协商、相互调适等方式共同解决问题，实现功能协调，减少研发产品的时间，降低生产当中的误差，促进共同的学习和创新，提高嵌入性网络关系的组织效率，同时还能促进彼此间的相互信任，更能强化嵌入性网络关系。与纯粹的市场关系共享的数量、价格等信息不同，嵌入性网络关系能共享更多的包括利润、战略、隐性知识等相关信息，因此，嵌入性网络关系能促进信息共享。格兰诺维特（Granovetter，1985）和乌西（Uzzi，1997）划分嵌入性网络关系的维度成为后来的研究者测量嵌入性网络关系的重要依据。具体来说，国内外学者们测度嵌入性网络关系的量值如表4－4所示。

表4－4　　　　　　　　国内外学者们测度嵌入性网络关系的量值

学者	指标	题项
麦克维利等 （McEvily et al.，2005）	组织间信任	主要的供应商或者客户能和我们进行公平的谈判
		主要的供应商或者客户不会误解我们
		主要的供应商或者客户能信守诺言
	信息共享	主要的供应商或者客户能及时提醒将面临的问题
		主要的供应商或者客户和我们共享未来发展计划
		主要的供应商或者客户和我们共享独有信息
	共同解决问题	主要的供应商或者客户能和我们共同克服困难
		主要的供应商或者客户和我们共同承担责任
		主要的供应商或者客户和我们共同解决问题
本顿等 （Benton et al.，2005）	合作伙伴	和合作企业关系良好，合作顺利开展
		和合作企业在一起工作时能产生良好效果
		和合作企业能实现合作目标
		和合作企业能相互提供支持
	承诺关系	想替换合作企业
		愿意和合作企业持续良好的关系
	信任关系	关心合作企业的各种福利待遇
		和合作企业的行为和决策会相互影响
		和合作企业能够相互信任
		相信合作企业愿意为共同利益的实现而努力
	冲突关系	合作企业不喜欢我的行为
		合作企业要求我做不愿做的事情
		合作企业不关心我的利益
		在关键事情上合作企业不赞同我

续表

学者	指标	题项
张娆 （2014）	关系强度	和合作企业间普遍存在沟通和联系
		和合作企业技术、商务交流频繁
	关系质量	和合作企业能受益于资源互补
		和合作企业间有着较高的信任度
		对合作企业间互动比较满意
	关系稳定性	和合作企业间有着持久稳定的互动关系
		投入许多资源构建、维护合作关系
丁道韧 （2016）	关系强度	和合作企业的交往频率
		网络成员在合作中的交往频率
	关系质量	和合作企业相互信任
		网络成员在合作中能团结协作
		和合作企业能进行科研合作
		和合作企业能处理好双方的利益关系
		对合作企业能力有信心
叶英平（2017）	关系强度	和多家合作高校产学合作
		和某家合作高校深度合作
		和合作高校经常就合作事项进行沟通
		和合作高校经常就合作行动进行协商
		和合作高校就知识技术开展培训
		和合作高校就人员进行交流互动
	关系质量	信任创新网络中的合作高校
		创新网络中的合作高校信任企业
		依赖创新网络中的合作高校
		创新网络中的合作高校依赖企业
		和创新网络中的合作高校建立起稳定关系
		和创新网络中的合作高校建立起持久关系

资料来源：笔者整理。

本书参考麦克维利等（McEvily et al., 2005）、本顿等（Benton et al., 2005）、阿莱格雷等（Alegre et al., 2006）、张娆（2014）、丁道韧（2016）、叶英平（2017）等学者的研究成果，选取信任、信息共享、共同协作三个指标，共11个题项测量嵌入性网络关系。本书测量嵌入性网络关系的量值如表4-5所示。

表4-5　　　　　　　本书测度嵌入性网络关系的量值

变量	维度	题项
嵌入性网络关系	C1 经济效益	C11 贵企业和合作伙伴在商谈时能实事求是
		C12 贵企业和合作伙伴能信守承诺
		C13 合作伙伴没有对贵企业行为产生误导
		C14 合作伙伴不会利用贵企业劣势以获取不当利益
	C2 信息共享	C21 贵企业和合作伙伴信息交换频繁，不仅局限于既定协议
		C22 贵企业和合作伙伴彼此提醒可能出现的问题和变化
		C23 贵企业和合作企业能相互最大可能地提供所需信息
		C24 贵企业和合作伙伴能彼此分享未来发展计划
	C3 共同协作	C31 贵企业和合作伙伴能共同负责以完成任务
		C32 贵企业和合作企业能彼此帮助以解决对方问题
		C33 贵企业和合作企业能共同协作以克服困难

资料来源：笔者整理。

4.2.3　中介变量——动态能力

随着世界范围内经济的快速发展和行业的竞争加剧，企业越来越重视动态能力，即如何在变动快速的外在环境中取得持续的竞争力。蒂斯和皮萨诺（Teece and Pisano，1994）最早提出了动态能力的定义，将环境的动态性纳入企业的内在能力体系，指出动态能力能改变企业内的资源基础，因此企业在市场中的竞争优势应该来源于动态能力。这一观点使竞争优势理论和资源基础理论进一步深化发展起来。蒂斯和皮萨诺（Teece and Pisano，1997）进一步完善了这一定义，认为动态能力是企业构建、重构、整合内外部能力的高阶能力，以此适应变化快速的外部环境，保持竞争能力。尤塔等（Jutta et al.，2009）认为目前国内外很多学者研究了嵌入性网络关系对企业进行技术创新的紧迫性和重要性，但迄今为止，对于促使企业构建和管理嵌入性网络关系的能力是什么，研究尚没形成统一认知。主流的概念目前主要有两大类：一部分学者基于抽象企业管理过程，定义动态能力为企业感知外部机会、威胁的能力，企业构建、调整和重构资源的能力；另一部分学者基于组织战略的实施过程，定义动态能力是企业为完成具体的战略目标而组织活动的一些能力，如产品研发能力、客户关系管理能力、营销能力等。具体来说，国内外学者们测度动态能力的量值如表4-6所示。

表4-6　　　　　　　　　　　**国内外学者们测度动态能力的量值**

学者	指标	题项
李贞（2011）	网络规划能力	能快速找到拥有所需知识或信息的其他组织和个体
		理解知识网络内涵，能规划知识网络的演变和发展
		具有指导企业建设知识网络的行为准则、思路
		能开发、利用进入网络带来的机会
	网络管理能力	有强的和合作企业建立共有规范并且知识分享的能力
		有专人负责和合作企业联系，并且定期沟通交流
		能同时和多个合作企业密切联系、分享知识
		有强的优化关系组合的能力
		能快速和所有合作企业直接沟通
	知识吸收能力	能迅速感知客户需求、行业、市场、技术变化等信息
		能准确评估外部信息和知识的价值，并能快速获取
		重视整理、分类、存档所获取的知识、信息、技术
		有很强的理解、利用引进技术、知识的能力
		能把获取的技术、知识和自身技术、知识进行快速融合
	知识传送能力	能快速使用所获取的知识、技术进行服务、产品的创新
		能把知识、技术清楚条理的用文字或语言表述出来
		能容易、准确地把自身意愿传递给合作企业
		和合作企业的交流方式能轻易被对方接受
		和合作企业的人员相处很融洽，有志同道合之感

续表

学者	指标	题项
王同庆（2012）	网络规划能力	能借助于商业组织、专业技术期刊找到可能的合作企业
		能明确规划网络关系的演变发展
		对构建网络关系的思路、行动标准有清晰的认识
	网络构建能力	会主动和可能的合作企业讨论可行性强的合作方案
		善于发现有关系资源的一些中介者
		专人负责和每个合作企业的相关工作
		希望和某个合作企业的合作能有助于其他合作关系
	关系整合能力	和合作企业定期开会进行沟通交流
		和某企业合作前，会考虑新合作关系会不会影响到和其他合作企业的关系
		经常和合作企业的员工私下进行交流
		合作中出现分歧时，能妥善解决，让双方满意
	资源整合能力	善于分类管理从合作企业那里获取到的信息和知识
		能识别和评估合作企业外溢知识的实际价值
		能把获取到的核心知识迅速融合到公司业务中
		能借助合作企业的知识进行创新
		善于把创新总结为新知识
张惠琴（2016）	机会感知能力	倡导内部研发和鼓励引进新技术
		时刻关注行业内技术变革和发展
		选择有特定技术的企业进行合作以实现创新互补
		能对外界环境变化快速回应
	机会抓住能力	能及时对商业模式进行调整以响应顾客需求
		能构建有效决策程序以及时响应市场的变化
		学习能力很快
		明确界定各部门各岗位对竞争性关键资源的使用边界
	资源重构能力	对重新部署和配置资源留有弹性
		能有效率的整合资源
		能有效能的使用资源

续表

学者	指标	题项
刘天利（2018）	认知能力	有多种渠道获取信息和资源
		和外部环境能持久频繁的交流
		特别关注所在行业新的发展趋势
		对已获取的信息能辨别其有用性
		能较好地甄别出顾客需求信息
		有多样化的内部学习渠道和内容
		有成熟的内部学习制度
		有效认知、利用新知识
	革新能力	能根据环境变化快速整合相关资源
		部门间对环境变化有及时统一的反应
		比竞争对手更快的根据市场变化对战略进行调整
		工作方式和部门设置较为灵活
		在执行任务时部门间能同步和协调
		整合内外部知识的渠道通畅
		具有满足经营需要的知识储备
		鼓励资源整合创新
		资源整合创新和市场需求能相互结合

资料来源：笔者整理。

本书参考李贞（2011）、王同庆（2012）、张惠琴（2016）、刘天利（2018）等学者的研究成果，选取感知判断能力、学习吸收能力、试错匹配能力、知识应用能力、战略柔性能力五个指标，共20个题项测量动态能力。本书测量动态能力的量值如表4-7所示。

表4-7 本书测度动态能力的量值

变量	维度	题项
中小企业动态能力	感知判断能力	D11 贵企业能及时掌握行业竞争者信息并及时做出反应
		D12 贵企业能投入大量的时间、资源以获取市场信息，并且迅速决策从而抓住市场机遇
		D13 贵企业能及时把握行业发展趋势并且迅速做出调整战略的决策
		D14 贵企业能及时了解新技术、新工艺发展的趋势并且迅速进行自主学习
	学习吸收能力	D21 贵企业能通过多个渠道获取所需的外部知识、信息
		D22 贵企业鼓励员工不断自主学习相关的技术、知识
		D23 贵企业内部知识交流渠道比较畅通
		D24 贵企业鼓励员工进行工作技能、工作经验等知识的交流
	试错匹配能力	D31 针对企业经营、管理中存在的问题，贵企业有能力拟定出多种解决方案
		D32 针对来自市场的机遇、挑战，贵企业总能制定出正确的改革方案
		D33 贵企业能定期评估落实发展战略的情况
		D34 贵企业的组织结构、工作流程能匹配于公司发展战略
		D35 贵企业对自身发展状况有清晰良好的认知
	知识应用能力	D41 贵企业能及时贯彻行业发展新理念
		D42 贵企业能有效快速地把新的管理技术应用到企业中
		D43 贵企业能有效快速地把新的生产工艺、方案等应用到企业中
		D44 贵企业员工能很好地将工作经验应用于新项目中
		D45 贵企业的科技创新力度逐年加大、技术转化成果丰硕
	战略柔性能力	D51 贵企业转变战略的速度比竞争对手快
		D52 贵企业各部门和项目部的决策自主权较大
		D53 贵企业能抓住机遇促使自身发展

资料来源：笔者整理。

4.2.4　调节变量——动态环境

对于动态环境的测量，目前存在两类：客观指标的测量法、主观感知的测量法。斯诺等（Snow et al.，1975）认为，客观指标的测量法重视对环境性质进行描述，而主观感知的测量法对环境的测量行为会对后续组织响应产生影响。因此本书选取主观感知的测量法对动态环境进行测量。目前，测度动态环境的量表已经较为成熟，国内外学者们大多采用贾沃斯基等（Jaworski et al.，1993）公布的量表。在该量表内，动态环境分为两部分：环境预测性、环境变化速度。其中，环境预测性包括"消费者偏好是否会经常变化""企业所处行业是否技术变化迅速"等；环境变化速度包括"是否会出现很多新客户""能否预测行业发展趋势""能否预测竞争者行为"。贾沃斯基等（Jaworski et al.，1993）公布的量表随后被李正卫（2003）、帕夫洛等（Pavlou et al.，2006）、刘雪锋（2007）、曹郑玉（2010）、吴楠（2015）、穆文奇（2017）等学者所采用，而且该量表得到了验证，信度和效度良好。因此，在参考上述学者对动态环境的研究基础上，本书测量动态环境的量值如表 4 - 8 所示。

表 4 - 8　　　　　　　　　　本书测度动态环境的量值

变量	维度	题项
动态环境	环境预测性	E11 贵企业面对的消费者，其偏好会经常变化
		E12 贵企业所处行业是否技术变化迅速
		E13 贵企业的竞争者众多
	环境变化速度	E21 贵企业会出现很多新客户
		E22 贵企业能预测行业发展趋势
		E23 贵企业能预测竞争者行为

资料来源：笔者整理。

4.2.5 控制变量

在管理实践中，中小企业创新绩效的实现受到很多因素的影响，本书中将中小企业创新绩效作为被解释变量进行研究，除了要考虑嵌入性网络关系、动态能力两个变量之外，还需要进一步限定其他一些因素对中小企业创新绩效可能产生的一些影响，以减少这些因素对最终的研究结论产生的不良影响，从而进一步确定本书建立的理论模型内各变量间的关系，尤其是对中小企业创新绩效的作用机理。这些因素包括企业规模、企业年龄、企业所属行业、企业所在地区、企业销售额等（Inkpen et al.，2005；吴俊杰等，2013；刘天利，2018）。

1. 企业规模

已有研究表明企业规模和创新绩效间存在着某种联系（Kelley et al.，1991；Arora et al.，2001；杨勇，2007；应洪斌，2011；肖增瑞，2018；刘天利，2018）。企业规模越大，在嵌入性网络关系内越有机会获取较多的资源以促进企业的创新和成长。姜卫韬（2012）基于社会资本的研究视角，发现嵌入网络的规模会通过影响企业社会网络范围从而影响到企业所能获取到的社会资本数量，由此促使企业提升自主创新能力。刘群慧等（2014）认为企业如果规模较大，社会网络较成熟、社会资本较多，因此能够实现企业规模效应。

目前，对企业规模的衡量方式主要有三大类：一是企业员工数量（Deeds et al.，2000；Leiponen et al.，2007；Danneels，2008；彭新敏，2009；陈琦，2010；应洪斌，2011；龙思颖，2016）；二是资产总额（Hoskisson et al.，2011）；三是分段赋值（Li et al.，2014；肖增瑞，2018）。李等（Li et al.，2014）把员工数量划分为五组：少于100人、101～300人、301～1000人、1001～3000人、3000人以上，分别赋值1、2、3、4、5。肖增瑞（2018）把员工数量划分为四组：少于100人、101～499人、500～999人、1000人以上，分别赋值1、2、3、4。由于本书调研

的企业都是属于《中小企业划型标准规定》规定的属于中小企业的范畴，虽然纯粹采用员工数量对企业规模进行衡量并不能从根本上区分中小企业具体的规模，但是，本书还是按照分段赋值法把员工数量划分为"从业人数 < 20 人""20 人 ≤ 从业人数 < 50 人""50 人 ≤ 从业人数 < 100 人""100 人 ≤ 从业人数 < 500 人""500 人 ≤ 从业人数"以上这五组考察被调研企业具体的情况，分别赋值 1、2、3、4、5。

2. 企业年龄

创新领域的研究表明，除了企业规模之外，企业年龄同样是影响创新绩效的重要因素。企业的成立时间越长，通常技术积累就会更多，我国传统制造业以渐进性的创新为主导，因此这种现象尤为明显。辛库拉（Sinkula，1994）研究发现，随着不断增长的企业年龄，企业获取信息、知识的能力会不断增加。班特尔（Bantel，1998）研究发现企业成立年限不同，市场竞争行为就会存在非常显著的差异，从而产生明显不同的内部资源和能力发展水平。随着不断增长的企业年龄，企业和外部会建立起越多的关系，随着时间推移，关系间就会产生越高的信任水平，从而使企业能使这种合作关系长久维持，帮助企业从外部获取更多资源。卡盘苏万（Kapansuwan，2004）认为企业年龄会影响嵌入性网络关系的强弱，与年轻企业相比，企业成立时间越长，和其他企业就会有越强的网络关系。刘雪锋（2007）、吴楠（2015）指出企业经营时间较长，往往能积累更多的资源、知识和能力，提高企业组织间学习的能力，企业通过系统的学习，能够进一步提高企业应变外部环境的能力，使企业维持竞争优势，获取更好的创新绩效表现。

目前，对企业年龄的衡量方式主要有两大类：一是企业成立年限（Deeds et al.，2000；Danneels，2008；龙思颖，2016）；二是分段赋值（Dibrell et al.，2011；Schilke et al.，2014；Li et al.，2014；肖增瑞，2018）。李等（Li et al.，2014）把成立年限划分为五组：少于 5 年、6 ~ 10 年、11 ~ 20 年、20 ~ 25 年、25 年以上，分别赋值 1、2、3、4、5。迪布雷尔等（Dibrell et al.，2011）、肖增瑞（2018）把企业年龄划分为六组：少于 3 年、3 ~ 4 年、5 ~ 8 年、9 ~ 14 年、15 ~ 29 年、30 年以上，分

别赋值1、2、3、4、5、6。因此,本书把企业年龄作为控制变量,具体的测度企业年龄的方法是采用企业成立时间和2018年6月的年数来表示(本书调查问卷的发放时间是2018年7月,因此选取该年份作为基准以计算企业年龄),为便于数据分析,把企业年龄分为五组:"企业年龄<1年""1年≤企业年龄<3年""3年≤企业年龄<5年""5年≤企业年龄<10年""10年≤企业年龄",分别赋值1、2、3、4、5。

3. 企业所属行业

除了企业规模、企业年龄之外,已有研究还发现,企业所属行业会对创新绩效产生影响(Eisenhardt et al.,1996;Laursen et al.,2006;Acquaah,2012)。阿马里诺等(Iammarino et al.,2006)认为在特定时间内,有些部门处在产品生命周期特定的阶段或有些部门的产品本身有着较短的生命周期,因此容易被锁定进行创新活动,相比于其他部门,这些部门表现出的创新性就很强。邹爱其(2005)、应洪斌(2011)为了进一步说明嵌入性网络关系通过动态能力对企业创新绩效产生的影响,把产业类型作为控制变量。目前,对企业所属行业的衡量方式主要有两大类:一是行业分类代码(Wilden et al.,2015;龙思颖,2016);二是二分法(Li et al.,2008;吴楠,2015;肖增瑞,2018)。李等(Li et al.,2014)、吴楠(2015)、肖增瑞(2018)赋值给高新技术行业为1,赋值其他行业为0。

本书采用李等(Li et al.,2014)、吴楠(2015)、肖增瑞(2018)等学者的观点,把企业所属行业设置为虚拟变量,赋值给高新技术行业为1,赋值其他行业为0。同时,在具体操作中,已有文献比较成熟的划分行业的类别有生产制造、贸易、服务、金融、房地产、高新技术、其他等,因为本书并不研究全部行业,因此,本书也采用这种划分行业的方法,把企业所属行业划分为生产制造、贸易、服务、金融、房地产、高新技术、其他等。

综上所述,在参考上述学者对控制变量的研究基础上,本书测量控制变量如表4-9所示。

表 4 - 9   本书测度控制变量

变量	维度	题项
控制变量	企业规模 A2	贵企业员工数量为多少？（　　） (1) A2 < 20 人；(2) 20 人 ≤ A2 < 50 人；(3) 50 人 ≤ A2 < 100 人；(4) 100 人 ≤ A2 < 500 人；(5) A2 ≥ 500 人
	企业年龄 A3	截至 2018 年 12 月，贵公司成立多少年？（　　） (1) A3 < 1 年；(2) 1 年 ≤ A3 < 3 年；(3) 3 年 ≤ A3 < 5 年；(4) 5 年 ≤ A3 < 10 年；(5) A3 ≥ 10 年
	企业所在行业 A4	贵公司所在行业：（　　）。 (1) 生产制造；(2) 贸易；(3) 服务；(4) 金融；(5) 房地产；(6) 高新技术；(7) 其他
	企业所在地区 A5	贵公司所在地区：（　　）。 (1) 济南市；(2) 青岛市；(3) 烟台市；(4) 威海市；(5) 淄博市；(6) 临沂市；(7) 滨州市；(8) 济宁市；(9) 菏泽市；(10) 聊城市；(11) 泰安市；(12) 日照市
	企业最近一年的销售额 A6	贵企业最近一年的销售额是多少？（　　） (1) A6 < 50 万元；(2) 50 万元 ≤ A6 < 100 万元；(3) 100 万元 ≤ A6 < 500 万元；(4) 500 万元 ≤ A6 < 1000 万元；(5) A6 ≥ 1000 万元

资料来源：笔者整理。

4.3　理 论 模 型

在中小企业创新中，嵌入性网络关系起着积极的作用，促使中小企业的创新绩效提高，在此基础上，中小企业获得了竞争优势，随之带来的是中小企业整体绩效的提高。实际上，嵌入性网络关系、中小企业的创新绩效间有着比较复杂的关系，如果不考虑动态能力的中介效应，将很难获得深入、全面的结论。由此可见，为了更严谨、科学地解释嵌入性网络关系对中小企业创新绩效的影响，还必须考虑嵌入性网络关系的具体内容和动态能力的中介作用。

　　本书在梳理国内外文献时发现，有些学者开始探讨嵌入性网络关系、中小企业创新绩效间的关系，也取得了一定的成果，初步认定嵌入性网络关系、中小企业创新绩效间存在着一定的联系，部分研究结论显示嵌入性网络关系会对中小企业创新绩效产生影响，至于这种影响是如何产生的，大部分学者没有进行解释。针对这个问题，本书构建出嵌入性网络关系借助于动态能力的中介效应对中小企业创新绩效产生影响作用的理论模型，也就是"嵌入性网络关系→动态能力→中小企业创新绩效"的路径模型。从模型中可以看出，嵌入性网络关系是借助于动态能力的中介效应引发的中小企业创新绩效，并不是产生直接影响。本书构建的路径模型，规避了在传统研究中因为直接分析嵌入性网络关系影响中小企业绩效导致研究结论不确定的缺陷，深化了"结构→行为→绩效"的研究范式，使中小企业创新管理的研究框架更为完善，能够更加科学合理地解释嵌入性网络关系和中小企业创新绩效之间的关系。因此，本书从逻辑上提出，嵌入性网络关系先影响动态能力，再借助于动态能力的中介效应对中小企业的创新绩效产生影响。

　　在 20 世纪 30 年代，梅森教授首先提出了 SCP 范式，即市场结构—市场行为—市场绩效（Structure – Conduct – Performance），随后 SCP 范式发展成正统的产业组织理论，该范式强调以实证为主的研究手段，采用市场的结构决定企业的行为、企业的行为决定企业绩效的分析过程。随后，SCP 范式这一理论被广泛运用到管理学和经济学领域（苏东水，2000）。本书采用这种现代产业经济学的 SCP 范式，运用 SCP 范式分析嵌入性网络关系对中小企业创新绩效的影响机理，嵌入性网络关系是通过什么样的路径对中小企业的创新绩效产生作用的。本书认为在嵌入性网络关系影响中小企业创新绩效的过程中，应该更多地考虑动态能力这一中介过程产生的重要作用，即嵌入性网络关系首先对中小企业动态能力产生影响，借助于动态能力影响中小企业创新绩效。因此，本书选取嵌入性网络关系作为解释变量、动态能力作为中介变量、中小企业创新绩效指标作为被解释变量，形成了"嵌入性网络关系→动态能力→中小企业创新绩效"的路径模型。这一研究范式突破了传统研究中由嵌入性网络关系直接到创新绩效的缺陷，完善了中小企业治理领域内的理论研究和实证研究。

第5章

嵌入性网络关系、动态能力对
创新绩效的实证检验

5.1 问 卷 设 计

在本书中，研究的中小企业的企业行为，很难从公开资料中找到反映中小企业实际情况的公开有效数据，因此，本书采用问卷调查法搜集数据，目的是为了了解中小企业嵌入性网络关系、动态能力、创新绩效等方面的真实情况，以提供实证支持。目前，问卷调查法被广泛运用在管理领域的定量分析中。问卷调查法成本比较低，但能够获取大量的数据，而且数据质量较好，所以问卷调查法被认为是一种非常有效的搜集数据的方法。要保证调查能够有较高的有效性和准确性，必须设计出恰当的问卷。本书问卷设计主要按照下面几步进行。

第一步，文献研究。对国内外的文献进行大量的整理研究，结合本书的研究目的和构建起的理论模型框架，借鉴当前国内外学者们进行相似研究设计的成熟量表，对本书用到的变量进行一系列的操作化处理，根据山东省中小企业创新绩效的现实情况，从中选择出合理可行的测量变量的方法，据此设计出相吻合的题目，形成适合本书研究以及山东本地特色的量表初稿。本书选定的变量涉及动态环境、嵌入性网络关系、中小企业的动态能力和中小企业创新绩效等，涉及的研究对象是山东地区的中小企业，因此在设计问卷时要重点关注山东地区的文化环境和中小企业独有的特色。本书借鉴的成熟量表有些来源于欧美国家，都是用英语表述的题项，因此，在本书中量表的确定采用回译法，即先将国外用的比较普遍的成熟量表进行翻译，对语言进行斟酌形成中文量表；然后请英文老师或者精通英文的研究生对中文量表进行回译，如此反复，通过多次语义对比，多次反复推敲，尽可能让中文量表和英文量表表达的意思趋于一致；同时翻阅国内当前研究类似问题所用的量表，形成本书所用的量表。

第二步，征求专家意见。针对已经形成的初稿，向该领域内的专家征求意见，该领域的专家会根据自己的经验和知识，针对问卷中的题项和描述存在的问题，提出自己的建议和意见。将相关意见进行汇总，结合本书研究的需要，修改和补充调查问卷，适应山东地区的文化习俗，使问卷通俗易懂、清晰准确，形成本书调查问卷的第二稿。

第三步，预调查。问卷第二稿确定后，为保证问卷能够有效地反映本书要研究的问题，在进行正式调查之前，首先在小范围内选择了部分中小企业进行了预调查。2018 年 3 月份，在济南市中小企业内发放了 35 份问卷，一周后回收了 29 份，对问卷中数据搜集整理后初步对整理后的数据进行了统计分析，对问卷的效度、信度进行检验。依据预调查的相关情况，进一步完善了调查问卷，形成了本书的最终问卷（请参见附录）。

5.2　数　据　收　集

数据真实有效才能够保证本书的研究结论准确、可靠、有说服力。为了保证搜集上来的数据真实、有效，需要对数据搜集过程进行严格控制。

5.2.1　样　本　选　取

本书研究的是基于山东地区动态环境下嵌入性网络关系、动态能力对中小企业创新绩效的影响，因此选择以山东地区的中小企业作为研究对象。在发放对象上，集中于中小企业的创始人、管理者和核心技术人员，因为这些人能够较为全面、较为客观地了解中小企业，对问卷中的问题能够准确作答，有利于提供本书研究所需的相关信息。

从区域分布来看，本书选择了山东省济南市、淄博市、青岛市、临沂市、滨州市、菏泽市、聊城市、泰安市、烟台市、威海市、济宁市等地级市，能够把山东省不同地域的中小企业情况囊括进来。

从行业分布来看，本书调查的中小企业涵盖了高新技术、生产制造、服务、房地产、金融等行业。

5.2.2　数据搜集过程

本书需要的数据主要借助于问卷调查这种方式获取的，问卷发放和回收主要集中在 2018 年 7 月到 2018 年 8 月。

在正式调查中，问卷发放主要采用直接发放的方式。齐鲁工业大学的学生有很大一部分来源于山东地区。借助暑假调研的机会，在学生回家期间，由其对当地的中小企业进行问卷调查。一共选择了 50 名分布在山东不同地区的学生，发给每人 6 份问卷，由学生到当地根据家人或朋友的关系对中小企业的创始人或管理者进行问卷填写。本次一共发出问卷 300 份，暑假结束后成功回收 264 份，回收率为 88%。然后，本项目组采取抽样的形式进行电话回访，对问卷的真实填写情况进行调查，防止调查问卷作假。对问卷进行筛选后，最后得到有效问卷 218 份，有效的回收率为 72.67%。因为调查人员认真负责，再加上每个调查人员负责的问卷数量有限，所以问卷的有效回收率比较高。

5.3　数　据　特　征

5.3.1　样　本　特　征

1. 企业规模

样本中小企业的员工数量分布情况如图 5 – 1 所示。在样本中小企业中，500 人以上的仅有 6 家，占全部样本中小企业的 2.75%；100 ~ 499 人的有 58 家，占全部样本中小企业的 26.61%；50 ~ 99 家，占全部样本中小企业的 25.69%；20 ~ 49 人的有 66 家，占全部样本中小企业的 30.28%；不足 20 人的有 32 家，占全部样本中小企业的 14.68%。

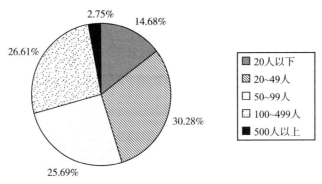

图 5 - 1　中小企业员工数量的分布

资料来源：笔者整理。

2. 企业年龄

样本中小企业的成立时间长短分布情况如图 5 - 2 所示。在样本中小企业中，成立 10 年以上的中小企业有 58 家，占全部样本中小企业的 26.61%；成立 5 ~ 10 年的中小企业有 100 家，占全部样本中小企业的 45.87%；成立 3 ~ 5 年的中小企业有 30 家，占全部样本中小企业的 13.76%；成立 1 ~ 3 年的中小企业有 26 家，占全部样本中小企业的 11.93%；成立 1 年以下的中小企业有 4 家，占全部样本中小企业的 1.83%。①

---

① 边界数值归到高位组内。

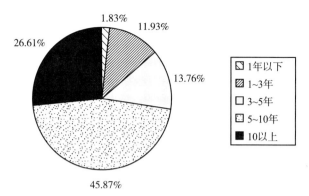

图 5 - 2　中小企业成立时间长短的分布

注：边界数值归到高位组内。
资料来源：笔者整理。

3. 企业所在行业

样本的行业分布情况如图 5 - 3 所示。在所有的样本中小企业中，生产制造行业的样本企业最多，有 76 家，占全部样本的 34.86%；服务行业的样本企业有 48 家，占全部样本的 22.02%；高新技术中小企业样本有 38 家，占全部样本的 17.43%；贸易类的中小企业样本有 30 家，占全部样本的 13.76%；房地产中小企业有 20 家，占全部样本的 9.17%。

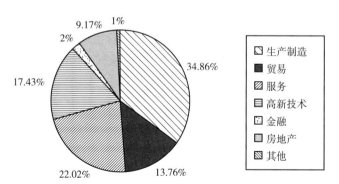

图 5 - 3　中小企业行业分布

资料来源：笔者整理。

4. 企业所在地区

样本的地域分布情况如图 5 - 4 所示。样本分布在山东省的 12 个地级市，即济南市、青岛市、烟台市、威海市、淄博市、临沂市、滨州市、济宁市、菏泽市、聊城市、泰安市、日照市。其中，济南市的样本数最多，是 50 家，占到样本总量的 23%；其次是青岛市的样本，是 44 家，占到样本总量的 20%；最少的是滨州的样本企业，仅有 2 家，约占 0.9%。

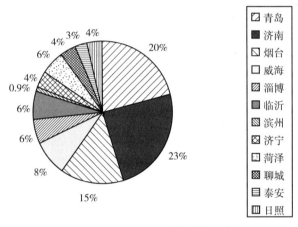

图 5 - 4　中小企业所在地市分布

资料来源：笔者整理。

5. 企业最近一年的销售额

样本中小企业最近一年的销售额分布情况如图 5 - 5 所示。在样本中小企业中，销售额 1000 万元以上的仅有 14 家，占全部样本中小企业的 6.42%；500 万 ~ 1000 万元的有 46 家，占全部样本中小企业的 21.10%；100 万 ~ 500 万元的有 70 家，占全部样本中小企业的 32.11%；50 万 ~ 100 万元的有 52 家，占全部样本中小企业的 23.85%；50 万元以下的有 36 家，占全部样本中小企业的 16.51%。①

———————————

① 边界数值归到高位组内。

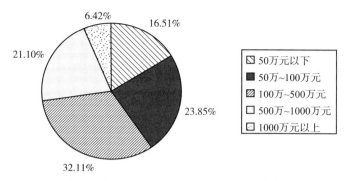

图 5 - 5　中小企业最近一年销售额的分布

注：边界数值归到高位组内。
资料来源：笔者整理。

5.3.2　测量条款特征

有效问卷收集上来之后，对数据进行整理形成数据库。为了全面了解整个样本的分布状态，需要对各类测量条款进行必要的描述统计分析。克莱恩（Kline，1998）、王宁（2015）等学者认为，如果测量条款的偏度绝对值比 3 小，峰度绝对值比 10 小的话，样本数据就能基本认定服从正态分布。因此，本书需要对样本的测量条款进行分析。

1. 中小企业创新绩效测量条款

为了初步掌握中小企业创新绩效数据的基本特征，本书对中小企业创新绩效数据进行初步分析，了解各个测量条款的均值、中位数、方差、标准差等简单的特征。本书选择用 SPSS 21.0 对搜集到的数据进行分析统计，相关中小企业创新绩效测量条款分析统计结果如表 5 - 1 所示。

表 5 - 1　　　　　　中小企业创新绩效测量条款分析统计

项目	最小值	最大值	平均值		标准差	偏度		峰度	
			统计	标准误		统计	标准误	统计	标准误
B11	2	5	3.60	0.059	0.876	- 0.028	0.165	- 0.700	0.328
B12	2	5	3.74	0.050	0.731	0.095	0.165	- 0.548	0.328

续表

项目	最小值	最大值	平均值		标准差	偏度		峰度	
			统计	标准误		统计	标准误	统计	标准误
B13	2	5	3.87	0.048	0.713	-0.115	0.165	-0.363	0.328
B21	2	5	3.87	0.057	0.835	-0.129	0.165	-0.832	0.328
B22	2	5	3.94	0.050	0.735	-0.040	0.165	-0.793	0.328
B23	2	5	3.89	0.049	0.727	-0.200	0.165	-0.283	0.328
B24	2	5	3.70	0.048	0.711	0.114	0.165	-0.455	0.328
B31	1	5	3.85	0.052	0.774	-0.092	0.165	-0.304	0.328
B32	2	5	3.80	0.047	0.687	0.105	0.165	-0.569	0.328
B33	2	5	3.80	0.046	0.676	0.088	0.165	-0.496	0.328

资料来源：笔者整理。

中小企业创新绩效测量条款的偏度绝对值比 3 小，峰度绝对值比 10 小，各指标都满足标准，可以判断出中小企业创新绩效测量条款的相关评价值满足正态分布。

2. 嵌入性网络关系测量条款

为了初步掌握嵌入性网络关系数据的基本特征，本书对嵌入性网络关系数据进行初步分析，了解各个测量条款的均值、中位数、方差、标准差等简单的特征。本书选择用 SPSS 21.0 对搜集到的数据进行分析统计，相关嵌入性网络关系测量条款分析统计结果如表 5-2 所示。

表 5-2　　　　　　　嵌入性网络关系测量条款分析统计

项目	最小值	最大值	平均值		标准差	偏度		峰度	
			统计	标准误		统计	标准误	统计	标准误
C11	2	5	3.67	0.052	0.768	-0.232	0.165	-0.234	0.328
C12	1	5	3.45	0.049	0.718	0.216	0.165	0.241	0.328
C13	2	5	3.71	0.048	0.716	0.120	0.165	-0.481	0.328

续表

项目	最小值	最大值	平均值		标准差	偏度		峰度	
			统计	标准误		统计	标准误	统计	标准误
C14	2	5	3.65	0.044	0.656	0.017	0.165	−0.234	0.328
C21	2	5	3.65	0.043	0.628	−0.251	0.165	0.004	0.328
C22	2	5	3.66	0.044	0.654	−0.015	0.165	−0.206	0.328
C23	2	5	3.56	0.047	0.691	0.063	0.165	−0.238	0.328
C24	2	5	3.55	0.045	0.658	0.123	0.165	−0.241	0.328
C31	2	5	3.72	0.054	0.793	−0.006	0.165	−0.575	0.328
C32	2	5	3.76	0.056	0.832	−0.100	0.165	−0.656	0.328
C33	2	5	3.77	0.053	0.783	−0.318	0.165	−0.195	0.328

资料来源：笔者整理。

嵌入性网络关系测量条款的偏度绝对值比 3 小，峰度绝对值比 10 小，各指标都满足标准，可以判断出嵌入性网络关系测量条款的相关评价值满足正态分布。

3. 动态能力测量条款

为了初步掌握动态能力数据的基本特征，本书对动态能力数据进行初步分析，了解各个测量条款的均值、中位数、方差、标准差等简单的特征。本书选择用 SPSS 21.0 对搜集到的数据进行分析统计，相关动态能力测量条款分析统计结果如表 5 – 3 所示。

表 5 – 3　　　　　　　　　　动态能力测量条款分析统计

项目	最小值	最大值	平均值		标准差	偏度		峰度	
			统计	标准误		统计	标准误	统计	标准误
D11	2	5	3.79	0.043	0.638	−0.109	0.165	−0.041	0.328
D12	2	5	3.82	0.044	0.644	0.079	0.165	−0.434	0.328
D13	2	5	3.83	0.050	0.731	−0.304	0.165	−0.028	0.328

续表

项目	最小值	最大值	平均值		标准差	偏度		峰度	
			统计	标准误		统计	标准误	统计	标准误
D14	2	5	3.84	0.048	0.703	0.155	0.165	-0.803	0.328
D21	2	5	3.57	0.050	0.742	0.258	0.165	-0.408	0.328
D22	2	5	3.69	0.045	0.668	0.175	0.165	-0.437	0.328
D23	2	5	3.64	0.050	0.744	-0.058	0.165	-0.306	0.328
D24	2	5	3.65	0.046	0.684	0.137	0.165	-0.360	0.328
D31	2	5	3.58	0.051	0.759	-0.219	0.165	-0.254	0.328
D32	1	5	3.68	0.055	0.812	-0.348	0.165	-0.017	0.328
D33	2	5	3.68	0.048	0.716	-0.058	0.165	-0.257	0.328
D34	2	5	3.72	0.051	0.757	-0.310	0.165	-0.109	0.328
D35	2	5	3.78	0.050	0.736	-0.188	0.165	-0.209	0.328
D41	2	5	3.75	0.045	0.662	-0.056	0.165	-0.176	0.328
D42	2	5	3.85	0.047	0.692	-0.295	0.165	0.131	0.328
D43	2	5	3.79	0.052	0.761	-0.076	0.165	-0.494	0.328
D44	2	5	3.84	0.047	0.695	-0.114	0.165	-0.244	0.328
D45	2	5	3.84	0.049	0.721	-0.130	0.165	-0.321	0.328
D51	1	5	3.65	0.053	0.784	0.066	0.165	-0.226	0.328
D52	1	5	3.62	0.061	0.894	-0.110	0.165	-0.550	0.328
D53	1	5	3.64	0.059	0.876	-0.137	0.165	-0.467	0.328

资料来源：笔者整理。

中小企业动态能力测量条款的偏度绝对值比 3 小，峰度绝对值比 10 小，各指标都满足标准，可以判断出中小企业动态能力测量条款的相关评价值满足正态分布。

4. 动态环境测量条款

为了初步掌握动态环境数据的基本特征，本书对动态环境数据进行初步分析，了解各个测量条款的均值、中位数、方差、标准差等简单的特征。本书选择用 SPSS 21.0 对搜集到的数据进行分析统计，相关动态环境测量条款分析统计结果如表 5 - 4 所示。

表 5 - 4　　　　　　　　动态环境测量条款分析统计

项目	最小值	最大值	平均值		标准差	偏度		峰度	
			统计	标准误		统计	标准误	统计	标准误
E11	1	5	3.29	0.059	0.866	- 0.125	0.165	- 0.331	0.328
E12	1	5	3.20	0.060	0.893	0.140	0.165	- 0.347	0.328
E13	1	5	3.31	0.058	0.849	- 0.088	0.165	- 0.374	0.328
E21	1	5	3.28	0.052	0.769	- 0.230	0.165	- 0.119	0.328
E22	2	5	3.39	0.048	0.705	- 0.001	0.165	- 0.248	0.328
E23	2	5	3.28	0.045	0.672	0.062	0.165	- 0.177	0.328

资料来源：笔者整理。

动态环境测量条款的偏度绝对值比 3 小，峰度绝对值比 10 小，各指标都满足标准，可以判断出动态环境测量条款的相关评价值满足正态分布。

5.4　信度和效度分析

在社会科学领域内，通过问卷法获取的数据在进行实证研究时，为了保证收集到的数据能准确地反映真实状况，需要量表同时具有信度和效度。量表信度是量表的测量题项所得到结果的稳定性、可靠性，反映出不同的被试者回答问卷题项时的一致性程度，不是反映变量和量表自身属性。如果量表可靠性越高，那么量表信度就会越好。量表效度是量表的测量题项测量变量的准确程度，反映出量表的测量题项所测量出的结果和被测量变量间的接近程度，反映出量表的测量题项覆盖所测变量的范围。如果量表代表性越高，那么量表效度越好。信度是量表效度的前提条件，为了保证研究的严谨性，量表需同时满足信度和效度两方面要求。如果量表信度和效度没有达到可接受水平，通过问卷调查得到的数据资料不可靠，就不能进行后续研究。本书在设计量表过程中严格按照科学的研究步骤进行，经过文献研究、量表的专家评议、面对面访谈等步骤，基本符合设计量表的过程要求，所以量表在研究结构、数据等方面已经具备较高的内容效度。为了进一步提升量表的可信度，本书对回收的量表进行信度、效度分析。

本书的信度、效度分析使用 SPSS 21.0 软件进行处理，分析问卷信度时，是在 SPSS 21.0 的"分析—度量—可靠性分析"下操作的，采用衡量内部一致性的克隆巴赫系数（Cronbach's α 系数）检验问卷的信度；分析问卷效度时，是在 SPSS 21.0 的"分析—降维—因子分析"下操作的，采用因子载荷（测量条款对变量贡献程度）检验问卷的效度。

5.4.1 中小企业创新绩效的信度和效度分析

1. 中小企业创新绩效的信度分析

中小企业创新绩效的信度分析结果如表 5-5 所示。

表 5-5　　　　　　　　中小企业创新绩效信度分析

维度	题项	各维度 α 系数	整体 α 系数
经济效益 B1	B11 贵企业的利润是很大程度上来自于新开发的技术或产品	0.726	0.772
	B12 相比与竞争对手，贵企业拥有的专利权数量更多		
	B13 与同行相比，贵企业创新的产品和服务市场反应非常好		
创新能力 B2	B21 贵企业经常想出许多促使产品生产流程改善的方法	0.754	
	B22 贵企业经常引进能改善作业流程或生产工艺的新技术		
	B23 相比与竞争对手，企业更能把握顾客和市场需求		
	B24 与竞争对手相比，贵企业新技术或新产品开发速度更快		
合作满意度 B3	B31 贵企业对合作伙伴满意	0.799	
	B32 在合作伙伴需要帮助时，贵企业会提供支持		
	B33 在贵企业需要帮助时，合作伙伴会提供支持		

资料来源：笔者整理。

对中小企业创新绩效的量表进行信度分析，得到三个维度的克隆巴赫系数（Cronbach's α 系数），如表 5 - 5 所示。结果显示，中小企业创新绩效的三个维度的克隆巴赫系数（Cronbach's α 系数）均高于 0.7，一般研究中，克隆巴赫系数（Cronbach's α 系数）如果高于 0.7，表明量表具有很高的可信度。而且中小企业创新绩效整体量表的克隆巴赫系数（Cronbach's α 系数）为 0.772。因此可以得出以下判断，中小企业创新绩效量表有着较高的内部一致性，信度较好。

2. 中小企业创新绩效的效度分析

中小企业创新绩效的探索性因子分析结果如表 5 - 6 所示。

表 5 - 6　　　　　　　　中小企业创新绩效探索性因子分析

变量	维度	测量条款	因子 1	因子 2	因子 3
中小企业 创新绩效 B	经济效益 B1	B11			0.820
		B12			0.764
		B13			0.756
	创新能力 B2	B21	0.772		
		B22	0.751		
		B23	0.682		
		B24	0.792		
	合作满意度 B3	B31		0.644	
		B32		0.957	
		B33		0.955	
累积解释变异量（%）			66.282		
KMO			0.665		
Bartlett 球形度检验的卡方值			1153.274		
Bartlett 球形度检验的显著性			0.000		

资料来源：笔者整理。

由表 5 - 6 所示，中小企业创新绩效的测量条款一共有 10 项，其 KMO

为 0.665，Bartlett 球形度检验的卡方值为 1153.274，Bartlett 球形度检验的显著性为 0.000，因此，中小企业创新绩效的测量条款适合因子分析，最终抽取了三个因子，累积解释变异量是 66.282%。在累积解释变异量超过 50% 的条件下，各测量条款的因子载荷高，说明问卷有着较好的结构效度，一般研究中，各测量条款的因子载荷系数高于 0.6，就表示问卷有着较好的结构效度。中小企业创新绩效的 10 项测量条款的因子载荷系数均高于 0.6，其中 B32、B33 的因子载荷系数均高于 0.9，10 项测量条款的累积解释变异量是 66.282%，因此，问卷中中小企业创新绩效的测量条款有着较好的结构效度，达到实证检验的要求，能够进行后续数据的处理。

5.4.2　嵌入性网络关系的信度和效度分析

1. 嵌入性网络关系的信度分析

嵌入性网络关系的信度分析结果如表 5-7 所示。

表 5-7　　　　　　　　　　嵌入性网络关系信度分析

维度	题项	各维度 α 系数	整体 α 系数
信任 C1	C11 贵企业和合作伙伴在商谈时能实事求是	0.767	0.823
	C12 贵企业和合作伙伴能信守承诺		
	C13 合作伙伴没有对贵企业行为产生误导		
	C14 合作伙伴不会利用贵企业劣势以获取不当利益		
信息共享 C2	C21 贵企业和合作伙伴信息交换频繁，不仅局限于既定协议	0.775	
	C22 贵企业和合作伙伴彼此提醒可能出现的问题和变化		
	C23 贵企业和合作企业能相互最大可能地提供所需信息		
	C24 贵企业和合作伙伴能彼此分享未来发展计划		
共同协作 C3	C31 贵企业和合作伙伴能共同负责以完成任务	0.726	
	C32 贵企业和合作企业能彼此帮助以解决对方问题		
	C33 贵企业和合作企业能共同协作以克服困难		

资料来源：笔者整理。

　　对嵌入性网络关系的量表进行信度分析，得到三个维度的克隆巴赫系数（Cronbach's α 系数），如表 5 - 7 所示。结果显示，嵌入性网络关系的三个维度的克隆巴赫系数（Cronbach's α 系数）均高于 0.7，一般研究中，克隆巴赫系数（Cronbach's α 系数）如果高于 0.7，表明量表具有很高的可信度。而且嵌入性网络关系整体量表的克隆巴赫系数（Cronbach's α 系数）为 0.823。因此可以得出以下判断，嵌入性网络关系量表有着较高的内部一致性，信度较好。

2. 嵌入性网络关系的效度分析

　　嵌入性网络关系的探索性因子分析结果如表 5 - 8 所示。

表 5 - 8　　　　　　　　　　嵌入性网络关系探索性因子分析

变量	维度	测量条款	因子 1	因子 2	因子 3
嵌入性网络关系 C	信任 C1	C11	0.713		
		C12	0.696		
		C13	0.712		
		C14	0.744		
	信息共享 C2	C21		0.758	
		C22		0.768	
		C23		0.696	
		C24		0.616	
	共同协作 C3	C31			0.784
		C32			0.769
		C33			0.727
累积解释变异量（%）			61.310		
KMO			0.821		
Bartlett 球形度检验的卡方值			654.361		
Bartlett 球形度检验的显著性			0.000		

资料来源：笔者整理。

由表 5 – 8 所示，嵌入性网络关系的测量条款一共有 11 项，其 KMO 为 0.821，Bartlett 球形度检验的卡方值为 654.361，Bartlett 球形度检验的显著性为 0.000，因此，嵌入性网络关系的测量条款适合因子分析，最终抽取了三个因子，累积解释变异量是 61.310%。在累积解释变异量超过 50% 的条件下，各测量条款的因子载荷高，说明问卷有着较好的结构效度，一般研究中，各测量条款的因子载荷系数高于 0.6，就表示问卷有着较好的结构效度。嵌入性网络关系的 11 项测量条款的因子载荷系数均高于 0.6，11 项测量条款的累积解释变异量是 61.310%，因此，问卷中嵌入性网络关系的测量条款有着较好的结构效度，达到实证检验的要求，能够进行后续数据的处理。

5.4.3 动态能力的信度和效度分析

1. 动态能力的信度分析

动态能力的信度分析结果如表 5 – 9 所示。

表 5 – 9　　　　　　　　　动态能力信度分析

维度	题项	各维度 α 系数	整体 α 系数
感知判断能力 D1	D11 贵企业能及时掌握行业竞争者信息并及时做出反应	0.725	0.905
	D12 贵企业能投入大量的时间、资源以获取市场信息，并且迅速决策从而抓住市场机遇		
	D13 贵企业能及时把握行业发展趋势并且迅速做出调整战略的决策		
	D14 贵企业能及时了解新技术、新工艺发展的趋势并且迅速进行自主学习		
学习吸收能力 D2	D21 贵企业能通过多个渠道获取所需的外部知识、信息	0.719	
	D22 贵企业鼓励员工不断自主学习相关的技术、知识		
	D23 贵企业内部知识交流渠道比较畅通		
	D24 贵企业鼓励员工进行工作技能、工作经验等知识的交流		

续表

维度	题项	各维度 α 系数	整体 α 系数
试错匹配 能力 D3	D31 针对企业经营、管理中存在的问题，贵企业有能力拟定出多种解决方案	0.828	
	D32 针对来自市场的机遇、挑战，贵企业总能制定出正确的改革方案		
	D33 贵企业能定期评估落实发展战略的情况		
	D34 贵企业的组织结构、工作流程能匹配与公司发展战略		
	D35 贵企业对自身发展状况有清晰良好的认知		
知识应用 能力 D4	D41 贵企业能及时贯彻行业发展新理念	0.823	
	D42 贵企业能有效快速地把新的管理技术应用到企业中		
	D43 贵企业能有效快速地把新的生产工艺、方案等应用到企业中		
	D44 贵企业员工能很好地将工作经验应用于新项目中		
	D45 贵企业的科技创新力度逐年加大、技术转化成果丰硕		
战略柔性 能力 D5	D51 贵企业转变战略的速度比竞争对手快	0.884	
	D52 贵企业各部门和项目部的决策自主权较大		
	D53 贵企业能抓住机遇促使自身发展		

资料来源：笔者整理。

对动态能力的量表进行信度分析，得到五个维度的克隆巴赫系数（Cronbach's α 系数），如表 5-9 所示。结果显示，动态能力的五个维度的克隆巴赫系数（Cronbach's α 系数）均高于 0.7，一般研究中，克隆巴赫系数（Cronbach's α 系数）如果高于 0.7，表明量表具有很高的可信度。而且动态能力整体量表的克隆巴赫系数（Cronbach's α 系数）为 0.905。因此可以得出以下判断，动态能力量表有着较高的内部一致性，信度较好。

2. 动态能力的效度分析

动态能力的探索性因子分析结果如表 5 – 10 所示。

表 5 – 10　　　　　　　　　　动态能力探索性因子分析

变量	维度	测量条款	因子 1	因子 2	因子 3	因子 4
动态能力 D	感知判断能力 D1	D11			0.685	
		D12			0.629	
		D13			0.676	
		D14			0.613	
	学习吸收能力 D2	D21				0.644
		D22				0.617
		D23				0.650
		D24				0.616
	试错匹配能力 D3	D31	0.620			
		D32	0.626			
		D33	0.622			
		D34	0.641			
		D35	0.698			
	知识应用能力 D4	D41	0.620			
		D42	0.626			
		D43	0.661			
		D44	0.652			
		D45	0.700			
	战略柔性能力 D5	D51		0.667		
		D52		0.616		
		D53		0.623		
累积解释变异量（%）			58.023			
KMO			0.877			
Bartlett 球形度检验的卡方值			2297.323			
Bartlett 球形度检验的显著性			0.000			

资料来源：笔者整理。

由表 5 - 10 所示，动态能力的测量条款一共有 21 项，其 KMO 为 0.877，Bartlett 球形度检验的卡方值为 2297.323，Bartlett 球形度检验的显著性为 0.000，因此，动态能力的测量条款适合因子分析，最终抽取了四个因子，累积解释变异量是 58.023%。在累积解释变异量超过 50% 的条件下，各测量条款的因子载荷高，说明问卷有着较好的结构效度，一般研究中，各测量条款的因子载荷系数高于 0.6，就表示问卷有着较好的结构效度。动态能力的 21 项测量条款的因子载荷系数均高于 0.6，21 项测量条款的累积解释变异量是 58.023%，因此，问卷中动态能力的测量条款有着较好的结构效度，达到实证检验的要求，能够进行后续数据的处理。

5.4.4 动态环境的信度和效度分析

1. 动态环境的信度分析

动态环境的信度分析结果如表 5 – 11 所示。

表 5 – 11　　　　　　　　　动态环境信度分析

维度	题项	各维度 α 系数	整体 α 系数
环境预测性 E1	E11 贵企业面对的消费者，其偏好会经常变化	0.856	0.776
	E12 贵企业所处行业是否技术变化迅速		
	E13 贵企业的竞争者众多		
环境变化速度 E2	E21 贵企业会出现很多新客户	0.767	
	E22 贵企业能预测行业发展趋势		
	E23 贵企业能预测竞争者行为		

资料来源：笔者整理。

对动态环境的量表进行信度分析，得到两个维度的克隆巴赫系数（Cronbach's α 系数），如表 5 – 11 所示。结果显示，动态环境的两个维度的克隆巴赫系数（Cronbach's α 系数）均高于 0.7，一般研究中，克隆巴赫系数（Cronbach's α 系数）如果高于 0.7，表明量表具有很高的可信度。

而且动态环境整体量表的克隆巴赫系数（Cronbach's α 系数）为 0.776。因此可以得出以下判断，动态环境量表有着较高的内部一致性，信度较好。

2. 动态环境的效度分析

动态环境的探索性因子分析结果如表 5 – 12 所示。

表 5 – 12 　　　　　　　　　　动态环境探索性因子分析

变量	维度	测量条款	因子 1	因子 2
动态环境 E	环境预测性 E1	E11	0.953	
		E12	0.728	
		E13	0.957	
	环境变化速度 E2	E21		0.788
		E22		0.764
		E23		0.773
累积解释变异量（%）			70.117	
KMO			0.621	
Bartlett 球形度检验的卡方值			782.297	
Bartlett 球形度检验的显著性			0.000	

资料来源：笔者整理。

由表 5 – 12 所示，动态环境的测量条款一共有 6 项，其 KMO 为 0.621，Bartlett 球形度检验的卡方值为 782.297，Bartlett 球形度检验的显著性为 0.000，因此，动态环境的测量条款适合因子分析，最终抽取了两个因子，累积解释变异量是 70.117%。在累积解释变异量超过 50% 的条件下，各测量条款的因子载荷高，说明问卷有着较好的结构效度，一般研究中，各测量条款的因子载荷系数高于 0.6，就表示问卷有着较好的结构效度。动态环境的 6 项测量条款的因子载荷系数均高于 0.6，其中 E11、E13 的因子载荷系数均高于 0.9，6 项测量条款的累积解释变异量是 70.117%，因此，问卷中动态环境的测量条款有着较好的结构效度，达到实证检验的要求，能够进行后续数据的处理。

5.5 假 设 检 验

5.5.1 变量描述性分析

中小企业创新绩效的三个结构因子（经济效益、创新能力、合作满意度），嵌入性网络关系的三个结构因子（信任、信息共享、共同协作），动态能力的五个结构因子（感知判断能力、学习吸收能力、试错匹配能力、知识应用能力、战略柔性能力），动态环境的两个结构因子（环境预测性、环境变化速度）都是潜变量，本书对其采用均值法赋值后，描述统计分析的结果如表 5 - 13 所示。

表 5 – 13　　　　　　　中小企业创新绩效测量条款分析统计

变量名	题项数	最小值	最大值	平均值	标准差	偏度	峰度	样本数
经济效益 B1	3	2.333	5.000	3.735	0.625	- 0.087	- 0.285	218
创新能力 B2	4	2.500	5.000	3.850	0.572	- 0.278	- 0.673	218
合作满意度 B3	3	1.667	5.000	3.817	0.603	- 0.073	- 0.241	218
信任 C1	4	1.750	4.750	3.620	0.549	- 0.115	0.146	218
信息共享 C2	4	2.250	4.750	3.606	0.468	- 0.187	0.079	218
共同协作 C3	3	2.000	5.000	3.746	0.645	- 0.245	- 0.635	218
感知判断能力 D1	4	2.500	5.000	3.821	0.504	- 0.153	- .0329	218
学习吸收能力 D2	4	2.250	5.000	3.639	0.523	0.092	- 0.006	218
试错匹配能力 D3	5	1.800	4.800	3.689	0.582	- 0.504	0.235	218
知识应用能力 D4	5	2.000	5.000	3.816	0.541	- 0.386	0.041	218
战略柔性能力 D5	3	1.333	5.000	3.636	0.768	- 0.092	- 0.340	218
环境预测性 E1	3	1.333	5.000	3.266	0.766	0.025	- 0.484	218
环境变化速度 E2	3	1.667	5.000	3.318	0.555	- 0.199	0.343	218

资料来源：笔者整理。

由表5-13可知，中小企业创新绩效的三个结构因子、嵌入性网络关系的三个结构因子、动态能力的五个结构因子、动态环境的两个结构因子的平均值都比两倍的标准差大，所以各潜变量的分布没有出现很大的波动。

5.5.2　变量相关分析

在对假设实证检验之前，通常情况下需要分析变量间的相关性，以便了解变量间相关性的强弱。对变量进行相关分析时，主要测度相关系数的两个方面：大小和显著性水平。借助于变量间相关系数显著性水平，能够判断出变量间相关关系是否存在；借助于变量间相关系数大小，能够判断出变量间是否有共线性问题。本书对中小企业创新绩效的三个结构因子、嵌入性网络关系的三个结构因子、动态能力的五个结构因子、动态环境的两个结构因子进行了相关分析。中小企业创新绩效的三个结构因子、嵌入性网络关系的三个结构因子、动态能力的五个结构因子、动态环境的两个结构因子这些潜变量主要是定距变量，因此，本书选取用Pearson方法对变量间的关系进行分析、初步判断，相关分析得到的结果如表5-14所示。

表5-14　相关系数

项目	B1	B2	B3	C1	C2	C3	D1	D2	D3	D4	D5	E1	E2
B1	1												
B2	0.226**	1											
B3	0.395**	0.209**	1										
C1	0.622**	0.598**	0.588**	1									
C2	0.609**	0.471**	0.424**	0.430**	1								
C3	0.399**	0.765**	0.371**	0.530**	0.356**	1							
D1	0.487**	0.466**	0.415**	0.545**	0.561**	0.449**	1						
D2	0.503**	0.509**	0.565**	0.632**	0.535**	0.546**	0.376**	1					
D3	0.587**	0.645**	0.470**	0.674**	0.581**	0.674**	0.333**	0.466**	1				
D4	0.554**	0.745**	0.443**	0.674**	0.579**	0.738**	0.453**	0.518**	0.667**	1			
D5	0.585**	0.454**	0.365**	0.644**	0.466**	0.421**	0.430**	0.418**	0.466**	0.392**	1		
E1	0.006	0.021	0.107	0.158*	-0.042	0.076	0.127	0.206**	0.016	0.000	0.030	1	
E2	0.257**	0.114	0.174*	0.196*	0.266**	0.131	0.122	0.152*	0.252**	0.212**	0.155*	0.007	1

注：*表示在0.05置信水平上显著的相关；**表示在0.01置信水平上显著的相关。
资料来源：笔者整理。

由表 5 - 14 可知，中小企业创新绩效的三个结构因子、嵌入性网络关系的三个结构因子、动态能力的五个结构因子这 11 个变量均两两相关，显著性水平均小于 0.01，表明这 11 个变量间均存在相关性、因果关系。动态环境的两个结构因子并没有和中小企业创新绩效的三个结构因子、嵌入性网络关系的三个结构因子、动态能力的五个结构因子这 11 个变量存在两两相关的关系，仅仅与有的变量存在相关关系。动态环境的环境预测性结构因子仅仅与嵌入性网络关系的信任结构因子、动态能力的学习吸收能力结构因子存在相关关系；动态环境的环境变化速度仅仅与中小企业创新绩效的经济效益、合作满意度这两个结构因子，嵌入性网络关系的信任、共同协作这两个结构因子，动态能力的学习吸收能力、试错匹配能力、知识应用能力、战略柔性能力这四个结构因子存在相关关系。

借助于变量间相关系数大小，能够判断出变量间是否有共线性问题。吴明隆（2003）认为，假如两个变量间相关系数高于 0.75，那么这两个变量间就出现了共线性现象。由表 5 - 14 可知，仅仅有一组变量，即 C3（共同协作）和 B2（创新能力）间的相关系数高于 0.75，为 0.765，说明共同协作和创新能力这组变量间有着共线性问题，不能同时放入一个研究模型内进行线性的回归分析。表 5 - 14 显示，中小企业创新绩效、嵌入性网络关系、动态能力的其他结构因子间的相关系数都没有高于 0.75，说明不存在共线性问题。因此，问卷所获取的数据能够达到继续分析的要求，可以对数据进行多元回归分析。

表 5 - 14 显示，中小企业创新绩效的三个结构因子、嵌入性网络关系的三个结构因子、动态能力的五个结构因子这 11 个变量显著性水平均小于 0.01，显著正向相关，由此可以初步判断中小企业创新绩效和动态能力、动态能力和嵌入性网络关系、中小企业创新绩效和嵌入性网络关系间均具有显著的正向关系，当然，因为受到样本量大小、极端值、抽样误差等的影响，变量间相关系数的大小、显著性等会存在不确定性，但基本符合本书的预期，因此，适合深入分析，进行多元统计分析。

5.5.3 控制变量影响分析

本书选取的控制变量主要包括企业规模、企业年龄、企业所属行业、企业销售额等，这些控制变量有可能影响到中小企业创新绩效、动态能力、动态环境这些变量间的关系。本书在测度控制变量是否显著影响中小企业创新绩效、动态能力、动态环境这些变量时，采用方差分析（analysis of variance，ANOVA）。在进行单因素方差分析时，如果 F 值不显著，那么控制变量没有显著影响中小企业创新绩效、动态能力、动态环境这些变量，在后续假设检验中就可以不考虑该控制变量的影响；如果 F 值显著，那么控制变量有可能显著影响中小企业创新绩效、动态能力、动态环境这些变量，在后续假设检验中就应该考虑该控制变量的影响。如果 F 值显著，还需要进行方差齐性检验，只有方差具有齐性，单因素方差分析才有意义。马国庆（2003）、王宁（2015）认为对于控制变量而言，如果方差具有齐性，采用 LSD 法进行事后的比较分析；如果方差不具有齐性，采用 Tamhane 法进行事后的比较分析。

1. 企业规模的影响

在问卷中，企业规模用员工数量进行度量，划分为 20 人以下、20～49 人、50～99 人、100～499 人及 500 人以上这五组。考察被调研企业具体的情况，分别赋值 1、2、3、4、5。根据企业规模把样本分为五组，然后借助于单因素方差法分析企业规模对中小企业创新绩效、动态能力、动态环境这些变量的影响是不是有着显著的差异，分析结果如表 5 – 15 所示。由表 5 – 15 可见，企业规模对中小企业创新绩效、动态能力、动态环境这些变量的影响，F 值显著，P 值分别为 0.038、0.011、0.018，均小于 0.05，由此可见，企业规模对中小企业创新绩效、动态能力、动态环境这些变量有着显著的影响。

表 5 - 15　　　　　　　　　企业规模的单因素方差分析

变量	平方和	自由度	均方	F 检验	Sig.	是否显著
中小企业创新绩效	1. 848	4	0. 462	2. 591	0. 038	是
动态能力	2. 402	4	0. 600	3. 339	0. 011	是
动态环境	2. 636	4	0. 659	3. 034	0. 018	是

注：显著性水平选择为 0. 05。
资料来源：笔者整理。

如果 F 值显著，还需要进行方差齐性检验，只有方差具有齐性，单因素方差分析才有意义，企业规模的方差齐性检验结果如表 5 - 16 所示。由表 5 - 16 可见，P 值分别为 0. 432、0. 445、0. 066，均大于 0. 05，说明方差具有齐性，单因素方差分析的结果是有意义的。

表 5 - 16　　　　　　　　　企业规模的方差齐性分析

变量	Levene 统计	自由度 1	自由度 2	Sig.	是否显著
中小企业创新绩效	0. 956	4	213	0. 432	是
动态能力	0. 935	4	213	0. 445	是
动态环境	1. 715	4	213	0. 066	是

注：进行方差齐性验证时显著性水平选择为 0. 05。
资料来源：笔者整理。

马国庆（2003）、王宁（2015）认为对于控制变量而言，如果方差具有齐性，采用 LSD 法进行事后的比较分析。本书采用 LSD 法对企业规模对中小企业创新绩效、动态能力、动态环境这些变量的影响进行事后的比较分析，结果如表 5 - 17 所示，员工数量为 20 人以下的中小企业和员工数量为 100 ~ 499 人的中小企业进行合作、员工数量为 20 ~ 49 人的中小企业和员工数量为 100 ~ 499 人的中小企业进行合作、员工数量为 50 ~ 99 人的中小企业和员工数量为 100 ~ 499 人的中小企业进行合作，对创新绩效有显著的影响，能够有利于创新绩效提升。员工数量为 20 人以下的中小企业和员工数量为 100 ~ 499 人的中小企业进行合作、员工数量为 20 ~ 49

人的中小企业和员工数量为 100～499 人的中小企业进行合作、员工数量为 50～99 人的中小企业和员工数量为 100～499 人的中小企业进行合作，对动态能力有显著的影响，能够有利于提升动态能力。员工数量为 20 人及以下的中小企业和员工数量为 100～499 人、500 人以上的中小企业进行合作、员工数量为 20～49 人的中小企业和员工数量为 500 人以上的中小企业进行合作，对动态环境有显著的影响。

表 5 – 17　　　　　　　　基于企业规模差异的多重比较分析

变量	企业规模（I）	企业规模（J）	平均差	Sig.	是否显著
中小企业创新绩效	20 人以下	20～49 人	−0.038	0.673	否
		50～99 人	−0.019	0.841	否
		100～499 人	−0.224	0.017	是
		500 人以上	0.065	0.731	否
	20～49 人	20 人以下	0.038	0.673	否
		50～99 人	0.020	0.798	否
		100～499 人	−0.186	0.015	是
		500 人以上	0.103	0.568	否
	50～99 人	20 人以下	0.019	0.841	否
		20～49 人	−0.020	0.798	否
		100～499 人	−0.205	0.010	是
		500 人以上	0.083	0.646	否
	100～499 人	20 人以下	0.224	0.017	是
		20～49 人	0.186	0.015	是
		50～99 人	0.205	0.010	是
		500 人以上	0.289	0.113	否
	500 人以上	20 人以下	−0.065	0.731	否
		20～49 人	−0.103	0.568	否
		50～99 人	−0.083	0.646	否
		100～499 人	−0.289	0.113	否

变量	企业规模（I）	企业规模（J）	平均差	Sig.	是否显著
动态能力	20 人以下	20 ~ 49 人	− 0. 064	0. 483	否
		50 ~ 99 人	0. 018	0. 844	否
		100 ~ 499 人	− 0. 248	0. 008	是
		500 人以上	− 0. 078	0. 680	否
	20 ~ 49 人	20 人以下	0. 064	0. 483	否
		50 ~ 99 人	0. 083	0. 285	否
		100 ~ 499 人	− 0. 184	0. 017	是
		500 人以上	− 0. 014	0. 940	否
	50 ~ 99 人	20 人以下	− 0. 018	0. 844	否
		20 ~ 49 人	− 0. 083	0. 285	否
		100 ~ 499 人	− 0. 267	0. 001	是
		500 人以上	− 0. 096	0. 597	否
	100 ~ 499 人	20 人以下	0. 248	0. 008	是
		20 ~ 49 人	0. 184	0. 017	是
		50 ~ 99 人	0. 267	0. 001	是
		500 人以上	0. 170	0. 350	否
	500 人以上	20 人以下	0. 078	0. 680	否
		20 ~ 49 人	0. 014	0. 940	否
		50 ~ 99 人	0. 096	0. 597	否
		100 ~ 499 人	− 0. 170	0. 350	否

续表

变量	企业规模（I）	企业规模（J）	平均差	Sig.	是否显著
动态环境	20 人以下	20 ~ 49 人	− 0.128	0.204	否
		50 ~ 99 人	− 0.183	0.078	否
		100 ~ 499 人	− 0.291	0.005	是
		500 人以上	− 0.524	0.012	是
	20 ~ 49 人	20 人以下	0.128	0.204	否
		50 ~ 99 人	− 0.055	0.515	否
		100 ~ 499 人	− 0.163	0.054	否
		500 人以上	− 0.397	0.047	是
	50 ~ 99 人	20 人以下	0.183	0.078	否
		20 ~ 49 人	0.055	0.515	否
		100 ~ 499 人	− 0.108	0.219	否
		500 人以上	− 0.341	0.090	否
	100 ~ 499 人	20 人以下	0.291	0.005	是
		20 ~ 49 人	0.163	0.054	否
		50 ~ 99 人	0.108	0.219	否
		500 人以上	− 0.234	0.244	否
	500 人以上	20 人以下	0.524	0.012	是
		20 ~ 49 人	0.397	0.047	是
		50 ~ 99 人	0.341	0.090	否
		100 ~ 499 人	0.234	0.244	否

注：显著性水平选择为 0.05。
资料来源：笔者整理。

2. 企业年龄的影响

在问卷中，为便于数据分析，把企业年龄分为五组：1 年以下、1 ~ 3 年、3 ~ 5 年、5 ~ 10 年、10 年以上[①]。考察被调研企业具体的情况，分别

————————

① 边界数值归到高位组内。

赋值 1、2、3、4、5。根据企业年龄把样本分为五组，然后借助于单因素方差法分析企业年龄对中小企业创新绩效、动态能力、动态环境这些变量的影响是不是有着显著的差异，分析结果如表 5－18 所示，企业年龄对中小企业创新绩效、动态能力、动态环境这些变量的影响，F 值不显著，P 值分别为 0.331、0.659、0.384，均大于 0.05，由此可见，企业年龄对中小企业创新绩效、动态能力、动态环境这些变量没有显著的影响。因此，后续的假设检验就不予考虑此控制变量的影响。

表 5－18　　　　　　　　　　企业年龄的单因素方差分析

变量	平方和	自由度	均方	F 检验	Sig.	是否显著
中小企业创新绩效	0.847	4	0.212	1.156	0.331	否
动态能力	0.458	4	0.114	0.606	0.659	否
动态环境	0.943	4	0.236	1.047	0.384	否

注：显著性水平选择为 0.05。
资料来源：笔者整理。

3. 企业所属行业的影响

本书把企业所属行业划分为生产制造、贸易、服务、金融、房地产、高新技术、其他等。但是，为便于数据分析，把企业所属行业分为两组：高新技术企业和非高新技术企业。考察被调研企业具体的情况，分别赋值 1、0。根据企业所属行业把样本分为两组，然后借助于单因素方差法分析企业所属行业对中小企业创新绩效、动态能力、动态环境这些变量的影响是不是有着显著的差异，分析结果如表 5－19 所示，企业所属行业对中小企业创新绩效、动态能力、动态环境这些变量的影响，F 值不显著，P 值分别为 0.525、0.539、0.844，均大于 0.05，由此可见，企业所属行业对中小企业创新绩效、动态能力、动态环境这些变量没有显著的影响。因此，后续的假设检验就不予考虑此控制变量的影响。

表 5 – 19　　　　　　　　　　企业所属行业的单因素方差分析

变量	平方和	自由度	均方	F 检验	Sig.	是否显著
中小企业创新绩效	0.075	1	0.075	0.406	0.525	否
动态能力	0.071	1	0.071	0.379	0.539	否
动态环境	0.009	1	0.009	0.039	0.844	否

注：显著性水平选择为 0.05。
资料来源：笔者整理。

4. 企业销售额的影响

在问卷中，为便于数据分析，把企业销售额分为五组：50 万元以下、50 万 ~ 100 万元、100 万 ~ 500 万元、500 万 ~ 1000 万元、1000 万元以上[①]。考察被调研企业具体的情况，分别赋值 1、2、3、4、5。根据企业销售额把样本分为五组，然后借助于单因素方差法分析企业销售额对中小企业创新绩效、动态能力、动态环境这些变量的影响是不是有着显著的差异，分析结果如表 5 – 20 所示，企业销售额对中小企业创新绩效、动态能力、动态环境这些变量的影响，F 值不显著，P 值分别为 0.336、0.205、0.054，均大于 0.05，由此可见，企业销售额对中小企业创新绩效、动态能力、动态环境这些变量没有显著的影响。因此，后续的假设检验就不予考虑此控制变量的影响。

表 5 – 20　　　　　　　　　　企业销售额的单因素方差分析

变量	平方和	自由度	均方	F 检验	Sig.	是否显著
中小企业创新绩效	0.839	4	0.210	1.145	0.336	否
动态能力	1.110	4	0.278	1.493	0.205	否
动态环境	2.374	4	0.643	2.946	0.054	否

注：显著性水平选择为 0.05。
资料来源：笔者整理。

---

① 边界数值归到高位组内。

5.5.4 研究假设检验

为了探寻动态环境下嵌入性网络关系对中小企业创新绩效的影响，需要通过对研究假设的检验，从而确定出各变量间的关系。由于涉及自变量或解释变量（嵌入性网络关系，具体包括信任、信息共享、共同协作三个维度）影响因变量或被解释变量（中小企业创新绩效）的主效应验证、中介变量（动态能力，具体包括感知判断能力、学习吸收能力、试错匹配能力、知识应用能力、战略柔性能力五个维度）的中介效应验证、调节变量（动态环境）的调节效应验证，因此，本书采用多元回归的分析法，构建涵盖自变量或解释变量（嵌入性网络关系）、因变量或被解释变量（中小企业创新绩效）、中介变量（动态能力）、调节变量（动态环境）、控制变量（企业规模）的多元回归方程，采用统计分析软件 SPSS 21.0，验证上一章提出的研究假设。

1. 嵌入性网络关系影响动态能力的假设检验

本书认为嵌入性网络关系由三个维度组成：信任、信息共享、共同协作；动态能力由五个维度组成：感知判断能力、学习吸收能力、试错匹配能力、知识应用能力、战略柔性能力。嵌入性网络关系是不是影响动态能力，需要验证输入变量嵌入性网络关系和输出变量动态能力的影响。在引入控制变量和输出变量动态能力的基础之上，加上输入变量嵌入性网络关系组成模型，把输入变量嵌入性网络关系放在回归方程第二层，由此可以分析输入变量嵌入性网络关系对输出变量动态能力的影响。嵌入性网络关系影响动态能力的回归分析结果如表 5 – 21 所示。

表 5 – 21　　　　嵌入性网络关系影响动态能力的回归分析

模型	模型 1.1	模型 1.2	模型 1.3	模型 1.4	模型 1.5
	C→D	C1→D	C2→D	C3→D	C1 – 3→D
企业规模	0.016	0.695	0.040	3.337 **	0.013
嵌入性网络关系	0.983 **				

续表

模型	模型 1.1	模型 1.2	模型 1.3	模型 1.4	模型 1.5
	C→D	C1→D	C2→D	C3→D	C1-3→D
信任		0.842 **			0.480 **
信息共享			0.717 **		0.381 **
共同协作				0.764 **	0.377 **
R^2	0.972	0.716	0.525	0.608	0.972
调整 R^2	0.972	0.713	0.520	0.605	0.972
F 值	3710.224 **	270.421 **	118.751 **	167.057 **	1877.762 **

注：* 表示在 0.05 置信水平上显著的相关；** 表示在 0.01 置信水平上显著的相关。
资料来源：笔者整理。

在表 5-21 中，模型 1.1 用于验证假设 H1，嵌入性网络关系对动态能力的影响，从模型 1.1 可见，嵌入性网络关系对动态能力的回归系数是 0.983（显著性水平 P 值小于 0.01），而且 F 值显著，即嵌入性网络关系对动态能力有着正向的影响，嵌入性网络关系越强，越能提升动态能力，假设 H1：嵌入性网络关系与中小企业动态能力之间具有正向相关关系，通过验证。

在表 5-21 中，模型 1.2 用于验证假设 H1a，嵌入性网络关系的信任维度对动态能力的影响，从模型 1.2 可见，嵌入性网络关系的信任维度对动态能力的回归系数是 0.842（显著性水平 P 值小于 0.01），而且 F 值显著，即嵌入性网络关系的信任维度对动态能力有着正向的影响，嵌入性网络关系中的信任程度越高，越能提升动态能力，假设 H1a：信任与中小企业动态能力之间具有正向相关关系，即信任程度越高，越能提升动态能力，通过验证。

在表 5-21 中，模型 1.3 用于验证假设 H1b，嵌入性网络关系的信息共享维度对动态能力的影响，从模型 1.3 可见，嵌入性网络关系的信息共享维度对动态能力的回归系数是 0.717（显著性水平 P 值小于 0.01），而且 F 值显著，即嵌入性网络关系的信息共享维度对动态能力有着正向的影响，嵌入性网络关系中的信息共享水平越高，越能提升动态能力，假设 H1b：信息共享与中小企业动态能力之间具有正向相关关系，即信息共享水平越高，越能提升动态能力，通过验证。

在表 5 - 21 中，模型 1.4 用于验证假设 H1c，嵌入性网络关系的共同协作维度对动态能力的影响，从模型 1.4 可见，嵌入性网络关系的共同协作维度对动态能力的回归系数是 0.764（显著性水平 P 值小于 0.01），而且 F 值显著，即嵌入性网络关系的共同协作维度对动态能力有着正向的影响，嵌入性网络关系中的共同协作能力越强，越能提升动态能力，假设 H1c：共同协作与中小企业动态能力之间具有正向相关关系，即共同协作能力越强，越能提升动态能力，通过验证。

在表 5 - 21 中，模型 1.5 用于验证嵌入性网络关系的信任、信息共享、共同协作三个维度对动态能力的影响，从模型 1.5 可见，嵌入性网络关系的信任、信息共享、共同协作维度对动态能力的回归系数是 0.480、0.381、0.377（显著性水平 P 值小于 0.01），而且 F 值显著，即嵌入性网络关系的信任、信息共享、共同协作维度都对动态能力有着正向的影响，嵌入性网络关系中的信任程度越高、信息共享水平越高、共同协作能力越强，越能提升动态能力，假设 H1、H1a、H1b、H1c，进一步通过了验证。

2. 动态能力影响中小企业创新绩效的假设检验

本书认为动态能力由五个维度组成：感知判断能力、学习吸收能力、试错匹配能力、知识应用能力、战略柔性能力。动态能力是不是影响中小企业创新绩效，需要验证输入变量动态能力和输出变量中小企业创新绩效的影响。在引入控制变量和输出变量中小企业创新绩效的基础之上，加上输入变量动态能力组成模型，把输入变量动态能力放在回归方程第二层，由此可以分析输入变量动态能力对输出变量中小企业创新绩效的影响。动态能力影响中小企业创新绩效的回归分析结果如表 5 - 22 所示。

表 5 – 22   动态能力影响中小企业创新绩效的回归分析

模型	模型 2.1	模型 2.2	模型 2.3	模型 2.4	模型 2.5	模型 2.6	模型 2.7
	D→B	D1→B	D2→B	D3→B	D4→B	D5→B	D1 – 5→B
企业规模	– 0.014	0.024	0.055	0.053	0.184 **	– 0.047	0.002
动态能力	0.978 **						
感知判断能力		0.633 **					0.213 **
学习吸收能力			0.724 **				0.267 **
试错匹配能力				0.794 **			0.309 **
知识应用能力					0.837 **		0.315 **
战略柔性能力						0.665 **	0.181 **
R^2	0.953	0.406	0.536	0.642	0.718	0.427	0.957
调整 R^2	0.952	0.401	0.532	0.638	0.715	0.422	0.955
F 值	2164.179 **	73.513 **	124.295 **	192.507 **	273.440 **	80.205 **	777.334 **

注：* 表示在 0.05 置信水平上显著的相关；** 表示在 0.01 置信水平上显著的相关。
资料来源：笔者整理。

在表 5 – 22 中，模型 2.1 用于验证假设 H2，动态能力对中小企业创新绩效的影响，从模型 2.1 可见，动态能力对中小企业创新绩效的回归系数是 0.978（显著性水平 P 值小于 0.01），而且 F 值显著，即动态能力对中小企业创新绩效有着正向的影响，动态能力越强，越能提升中小企业创新绩效，假设 H2：动态能力与中小企业创新绩效之间具有正向相关关系，通过验证。

在表 5 – 22 中，模型 2.2 用于验证假设 H2a，动态能力的感知判断能力维度对中小企业创新绩效的影响，从模型 2.2 可见，动态能力的感知判断能力维度对中小企业创新绩效的回归系数是 0.633（显著性水平 P 值小于 0.01），而且 F 值显著，即动态能力的感知判断能力维度对中小企业创新绩效有着正向的影响，动态能力中的感知判断能力越强，越能提升中小企业创新绩效，假设 H2a：感知判断能力与中小企业创新绩效之间具有正向相关关系，通过验证。

在表 5 – 22 中，模型 2.3 用于验证假设 H2b，动态能力的学习吸收能力维度对中小企业创新绩效的影响，从模型 2.3 可见，动态能力的学习吸收能力维度对中小企业创新绩效的回归系数是 0.724（显著性水平 P 值小于 0.01），而且 F 值显著，即动态能力的学习吸收能力维度对中小企业创新绩效有着正向的影响，动态能力中的学习吸收能力越强，越能提升中小企业创新绩效，假设 H2b：学习吸收能力与中小企业创新绩效之间具有正向相关关系，通过验证。

在表 5 – 22 中，模型 2.4 用于验证假设 H2c，动态能力的试错匹配能力维度对中小企业创新绩效的影响，从模型 2.4 可见，动态能力的试错匹配能力维度对中小企业创新绩效的回归系数是 0.794（显著性水平 P 值小于 0.01），而且 F 值显著，即动态能力的试错匹配能力维度对中小企业创新绩效有着正向的影响，动态能力中的试错匹配能力越强，越能提升中小企业创新绩效，假设 H2c：试错匹配能力与中小企业创新绩效之间具有正向相关关系，通过验证。

在表 5 – 22 中，模型 2.5 用于验证假设 H2d，动态能力的知识应用能力维度对中小企业创新绩效的影响，从模型 2.5 可见，动态能力的知识应用能力维度对中小企业创新绩效的回归系数是 0.837（显著性水平 P 值小于 0.01），而且 F 值显著，即动态能力的知识应用能力维度对中小企业创新绩效有着正向的影响，动态能力中的知识应用能力越强，越能提升中小企业创新绩效，假设 H2d：知识应用能力与中小企业创新绩效之间具有正向相关关系，通过验证。

在表 5 – 22 中，模型 2.6 用于验证假设 H2e，动态能力的战略柔性能力维度对中小企业创新绩效的影响，从模型 2.6 可见，动态能力的战略柔性能力维度对中小企业创新绩效的回归系数是 0.665（显著性水平 P 值小于 0.01），而且 F 值显著，即动态能力的战略柔性能力维度对中小企业创新绩效有着正向的影响，动态能力中的战略柔性能力越强，越能提升中小企业创新绩效，假设 H2e：战略柔性能力与中小企业创新绩效之间具有正向相关关系，通过验证。

在表 5 – 22 中，模型 2.7 用于验证动态能力的感知判断能力、学习吸收能力、试错匹配能力、知识应用能力、战略柔性能力五个维度对中小企业创新绩效的影响，从模型 2.7 可见，动态能力的感知判断能力、学习吸收能力、试错匹配能力、知识应用能力、战略柔性能力五个维度对中小企业创新绩效的回归系数是 0.213、0.267、0.309、0.315、0.181（显著性水平 P 值小于 0.01），而且 F 值显著，即动态能力的感知判断能力、学习吸收能力、试错匹配能力、知识应用能力、战略柔性能力五个维度都对中小企业创新绩效有着正向的影响，动态能力的感知判断能力、学习吸收能力、试错匹配能力、知识应用能力、战略柔性能力越强，越能提升中小企业创新绩效，假设 H2、H2a、H2b、H2c、H2d、H2e 进一步通过了验证。

3. 动态能力在嵌入性网络关系和中小企业创新绩效间中介效应的假设检验

中介效应研究的是自变量（解释变量）影响因变量（被解释变量）的方式，温忠麟等（2004，2005）认为如果自变量（解释变量）X 影响因变量（被解释变量）Y 时，是自变量（解释变量）X 通过影响变量 M 进而来影响因变量（被解释变量）Y，那么变量 M 就是中介变量，如图 5-6 所示。

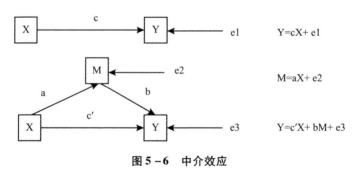

图 5-6　中介效应

资料来源：温忠麟，侯杰泰，张雷. 调节效应与中介效应的比较和应用 [J]. 心理学报，2005（2）：268-274.

根据关系模型，可以构建出回归方程，如下式所示。

$$Y = cX + e1$$
$$M = aX + e2$$
$$Y = c'X + bM + e3$$

　　具体来说，将检验动态能力在自变量或解释变量，即嵌入性网络关系，具体包括信任、信息共享、共同协作三个维度和存在因变量或被解释变量，即中小企业创新绩效，这两者间有中介作用。首先，需要验证主效应嵌入性网络关系和中小企业创新绩效间的关系，验证回归系数是不是显著，如果不显著，说明嵌入性网络关系和中小企业创新绩效没有关系，因此分析就此中断；如果显著而且不为零，就进入到下一步分析中，验证嵌入性网络关系和动态能力的关系。在验证嵌入性网络关系和动态能力的关系时，需要验证回归系数是不是显著，如果不显著，说明嵌入性网络关系和动态能力没有关系，因此分析就此中断；如果显著而且不为零，就进入到下一步分析中，同时验证嵌入性网络关系、动态能力和中小企业创新绩效的关系。在验证嵌入性网络关系、动态能力和中小企业创新绩效的关系时，需要分别验证回归系数是不是显著，如果嵌入性网络关系的回归系数显著同时大于或等于第一步的回归系数，而且动态能力的回归系数不显著，那么说明中介作用不存在；如果嵌入性网络关系的回归系数不显著同时小于第一步的回归系数，而且动态能力的回归系数显著同时不等于零，那么说明存在着完全的中介作用；如果嵌入性网络关系、动态能力的回归系数都显著同时不等于零，而且嵌入性网络关系的回归系数小于第一步的回归系数，那么说明存在着部分的中介作用（Pardo et al.，2013；刘天利，2018）。

　　模型 3.1.1、模型 3.2.1、模型 3.3.1、模型 3.4.1、模型 3.5.1 验证主效应嵌入性网络关系，具体包括信任、信息共享、共同协作三个维度，和中小企业创新绩效间的关系，相关回归结果如表 5 - 23 所示。

表 5 - 23　　　　嵌入性网络关系影响中小企业创新绩效的回归分析

模型	模型 3.1.1	模型 3.2.1	模型 3.3.1	模型 3.4.1	模型 3.5.1
	C→B	C1→B	C2→B	C3→B	C1 - 3→B
企业规模	0.002	0.009	0.026	0.126	- 0.004
嵌入性网络关系	0.961**				
信任		0.838**			0.503**

续表

模型	模型 3.1.1	模型 3.2.1	模型 3.3.1	模型 3.4.1	模型 3.5.1
	C→B	C1→B	C2→B	C3→B	C1 – 3→B
信息共享			0.692 **		0.358 **
共同协作				0.737 **	0.346 **
R^2	0.924	0.704	0.486	0.563	0.926
调整 R^2	0.923	0.701	0.481	0.558	0.925
F 值	1299.206 **	255.965 **	101.604 **	138.233 **	669.161 **

注：* 表示在 0.05 置信水平上显著的相关；** 表示在 0.01 置信水平上显著的相关。
资料来源：笔者整理。

由表 5 –23 可知，模型 3.1.1、模型 3.2.1、模型 3.3.1、模型 3.4.1、模型 3.5.1 的整体效果均十分显著（F 分别为 1299.206、255.965、101.604、138.233、669.161，且显著性水平 P 值小于 0.01），说明模型解释力度比较好。模型 3.1.1 测度嵌入性网络关系对中小企业创新绩效的影响，回归分析结果为 β = 0.961，且显著性水平 P 值小于 0.01，说明嵌入性网络关系显著正向影响中小企业创新绩效。模型 3.2.1 测度嵌入性网络关系的信任维度对中小企业创新绩效的影响，回归分析结果为 β = 0.838，且显著性水平 P 值小于 0.01，说明嵌入性网络关系的信任维度显著正向影响中小企业创新绩效。模型 3.3.1 测度嵌入性网络关系的信息共享维度对中小企业创新绩效的影响，回归分析结果为 β = 0.692，且显著性水平 P 值小于 0.01，说明嵌入性网络关系的信息共享维度显著正向影响中小企业创新绩效。模型 3.4.1 测度嵌入性网络关系的共同协作维度对中小企业创新绩效的影响，回归分析结果为 β = 0.737，且显著性水平 P 值小于 0.01，说明嵌入性网络关系的共同协作维度显著正向影响中小企业创新绩效。模型 3.5.1 测度嵌入性网络关系的信任、信息共享、共同协作三个维度对中小企业创新绩效的影响，回归分析结果 β 分别为 0.503、0.358、0.346，且显著性水平 P 值小于 0.01，说明嵌入性网络关系的信任、信息共享、共同协作三个维度均显著正向影响中小企业创新绩效。主效应嵌入性网络关系和中小企业创新绩效间的关系，回归系数显著而且不为零，为进一步分析动态能力的中介效应奠定了基础。

由表 5－21 显示，嵌入性网络关系和动态能力的回归系数显著而且不为零，嵌入性网络关系的信任、信息共享、共同协作三个维度均显著正向影响动态能力。因此，进入第三步，同时验证嵌入性网络关系、动态能力和中小企业创新绩效的关系，相关回归分析结果如表 5－24 所示。

表 5－24　　　　嵌入性网络关系通过动态能力影响中小
企业创新绩效的回归分析

模型	模型 3.1.2	模型 3.2.2	模型 3.3.2	模型 3.4.2	模型 3.5.2
	C→D→B	C1→D→B	C2→D→B	C3→D→B	C1－3→D→B
企业规模	－ 0.014	－ 0.015	－ 0.013	－ 0.017	－ 0.016
嵌入性网络关系	－ 0.449				
信任		0.050			0.025
信息共享			－ 0.018		－ 0.020
共同协作				－ 0.026	－ 0.029
动态能力	1.017 **	0.936 **	0.991 **	0.999 **	0.994 **
R^2	0.953	0.953	0.953	0.953	0.954
调整 R^2	0.952	0.953	0.952	0.952	0.952
F 值	1437.496 **	1459.216 **	1441.245 **	1444.835 **	869.783 **

注：* 表示在 0.05 置信水平上显著的相关；** 表示在 0.01 置信水平上显著的相关。
资料来源：笔者整理。

由表 5－24 可知，模型 3.1.2、模型 3.2.2、模型 3.3.2、模型 3.4.2、模型 3.5.2 的整体效果均十分显著（F 分别为 1437.496、1459.216、1441.245、1444.835、869.783，且显著性水平 P 值小于 0.01），说明模型解释力度比较好。

模型 3.1.2 测度嵌入性网络关系、动态能力对中小企业创新绩效的影响，与模型 3.1.1 进行对比可以发现，在加入动态能力之前，模型 3.1.1 的回归分析结果显示嵌入性网络关系的回归系数 β＝0.961，且显著性水平 P 值小于 0.01，说明嵌入性网络关系显著正向影响中小企业创新绩效；

但是加入动态能力之后，模型 3.1.2 的回归分析结果显示嵌入性网络关系的回归系数 $\beta = -0.449$，且显著性水平 P 值大于 0.05，说明嵌入性网络关系对中小企业创新绩效的影响变得不显著，但是动态能力仍然显著正向影响中小企业创新绩效，回归系数 $\beta = 1.017$，且显著性水平 P 值小于 0.01，由此可见动态能力在嵌入性网络关系和中小企业创新绩效间有着中介效应，而且是完全中介效应。因此假设 H3：动态能力在嵌入性网络关系与中小企业创新绩效间起中介作用，通过验证。

模型 3.2.2 测度嵌入性网络关系的信任维度、动态能力对中小企业创新绩效的影响，与模型 3.2.1 进行对比可以发现，在加入动态能力之前，模型 3.2.1 的回归分析结果显示嵌入性网络关系的信任维度的回归系数 $\beta = 0.838$，且显著性水平 P 值小于 0.01，说明嵌入性网络关系的信任维度显著正向影响中小企业创新绩效；但是加入动态能力之后，模型 3.2.2 的回归分析结果显示嵌入性网络关系的信任维度的回归系数 $\beta = 0.050$，且显著性水平 P 值大于 0.05，说明嵌入性网络关系的信任维度对中小企业创新绩效的影响变得不显著，但是动态能力仍然显著正向影响中小企业创新绩效，回归系数 $\beta = 0.936$，且显著性水平 P 值小于 0.01，由此可见动态能力在嵌入性网络关系的信任维度和中小企业创新绩效间有着中介效应，而且是完全中介效应。因此假设 H3a：动态能力在信任与中小企业创新绩效间起中介作用，通过验证。

模型 3.3.2 测度嵌入性网络关系的信息共享维度、动态能力对中小企业创新绩效的影响，与模型 3.3.1 进行对比可以发现，在加入动态能力之前，模型 3.3.1 的回归分析结果显示嵌入性网络关系的信息共享维度的回归系数 $\beta = 0.692$，且显著性水平 P 值小于 0.01，说明嵌入性网络关系的信息共享维度显著正向影响中小企业创新绩效；但是加入动态能力之后，模型 3.3.2 的回归分析结果显示嵌入性网络关系的信息共享维度的回归系数 $\beta = -0.018$，且显著性水平 P 值大于 0.05，说明嵌入性网络关系的信息共享维度对中小企业创新绩效的影响变得不显著，但是动态能力仍然显著正向影响中小企业创新绩效，回归系数 $\beta = 0.991$，且显著性水平 P 值小于 0.01，由此可见动态能力在嵌入性网络关系的信息共享维度和中小企业创新绩效间有着中介效应，而且是完全中介效应。因此假设 H3b：动态能力在信息共享与中小企业创新绩效间起中介作用，通过验证。

模型 3.4.2 测度嵌入性网络关系的共同协作维度、动态能力对中小企业创新绩效的影响，与模型 3.4.1 进行对比可以发现，在加入动态能力之前，模型 3.4.1 的回归分析结果显示嵌入性网络关系的共同协作维度的回归系数 β = 0.737，且显著性水平 P 值小于 0.01，说明嵌入性网络关系的共同协作维度显著正向影响中小企业创新绩效；但是加入动态能力之后，模型 3.4.2 的回归分析结果显示嵌入性网络关系的共同协作维度的回归系数 β = −0.026，且显著性水平 P 值大于 0.05，说明嵌入性网络关系的共同协作维度对中小企业创新绩效的影响变得不显著，但是动态能力仍然显著正向影响中小企业创新绩效，回归系数 β = 0.999，且显著性水平 P 值小于 0.01，由此可见动态能力在嵌入性网络关系的共同协作维度和中小企业创新绩效间有着中介效应，而且是完全中介效应。因此假设 H3c：动态能力在共同协作与中小企业创新绩效间起中介作用，通过验证。

模型 3.5.2 测度嵌入性网络关系的信任、信息共享、共同协作三个维度通过动态能力对中小企业创新绩效的影响，与模型 3.5.1 进行对比可以发现，在加入动态能力之前，模型 3.5.1 的回归分析结果显示嵌入性网络关系的信任、信息共享、共同协作三个维度的回归系数 β 分别为 0.503、0.358、0.346，且显著性水平 P 值小于 0.01，说明嵌入性网络关系的信任、信息共享、共同协作三个维度均显著正向影响中小企业创新绩效；但是加入动态能力之后，模型 3.5.2 的回归分析结果显示嵌入性网络关系的信任、信息共享、共同协作三个维度的回归系数 β 分别为 0.025、−0.020、−0.029，且显著性水平 P 值大于 0.05，说明嵌入性网络关系的信任、信息共享、共同协作三个维度对中小企业创新绩效的影响变得不显著，但是动态能力仍然显著正向影响中小企业创新绩效，回归系数 β = 0.994，且显著性水平 P 值小于 0.01，由此可见动态能力在嵌入性网络关系的信任、信息共享、共同协作三个维度和中小企业创新绩效间有着中介效应，而且是完全中介效应。因此假设 H3、H3a、H3b、H3c，进一步通过验证。

4. 动态环境调节作用的假设检验

调节效应研究的是自变量（解释变量）影响因变量（被解释变量）的强弱会受到变量 M_0 的影响，那么 M_0 就是调节变量，对两个变量间的关系起着调节的作用，使其关系变强或者变弱，关系模型如图 5 – 7 所示。

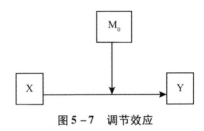

图 5 – 7　调节效应

资料来源：温忠麟，侯杰泰，张雷. 调节效应与中介效应的比较和应用［J］. 心理学报，2005（2）：268 – 274.

根据关系模型，可以构建出回归方程，如下式所示：

$$Y = aX + bM_0 + cXM_0 + e$$

其中，XM_0 是自变量 X 和调节变量 M_0 的交互项。

具体来说，将检验动态环境是否在自变量或解释变量，即嵌入性网络关系，和中介变量，即动态能力，这两者间有调节效应；是否在中介变量，即动态能力，和因变量或被解释变量，即中小企业创新绩效，这两者间有调节效应。调节效应的检验主要就是计算系数 c 值及其显著性的判断。根据主效应和调节效应系数值的正负，验证调节变量对自变量或解释变量和中介变量、中介变量和因变量或被解释变量间关系产生的影响。具体检验标准有 4 条：一是调节效应为正值、主效应为正值时，调节变量在自变量和因变量的关系中起着正向增强的作用；二是调节效应为正值、主效应为负值时，调节变量在自变量和因变量的关系中起着负向削弱的作用；三是调节效应为负值、主效应为正值时，调节变量在自变量和因变量的关系中起着正向削弱的作用；四是调节效应为负值、主效应为负值时，调节变量在自变量和因变量的关系中起着负向增强的作用。

在进行调节效应的验证之前，依据马什等（Marsh et al. , 2004）、温忠麟等（2012）、龙思颖（2016）、肖增瑞（2018）等的观点，对调节变量、对应的自变量依照变量条款标准化因子的负荷值大小顺序，按照大配大、小配小策略相乘，构建出交叉项各条款。同时，为了防止多重共线性问题的出现，各条款在相乘前都要进行中心化处理。最后，通过创造出来的交互项验证动态环境在嵌入性网络关系和动态能力、动态能力和中小企业创新绩效间的调节作用，相关回归结果如表 5-25 所示。

表 5-25　　　　　　　　　　动态环境调节效应的回归分析

模型	模型 4.1.1	模型 4.1.2	模型 4.2.1	模型 4.2.2
	C、E→D	C、E、CE→D	D、E→B	D、E、DE→B
企业规模	0.016	0.016	-0.013	0.002
嵌入性网络关系	0.984 **	0.974 **		
动态能力			0.979 **	1.034 **
中小企业创新绩效				
动态环境	-0.002	-0.013	-0.004	0.042 *
嵌入性网络关系 × 动态环境		0.016		
动态能力 × 动态环境				-0.101 **
R^2	0.972	0.972	0.953	0.956
调整 R^2	0.971	0.971	0.952	0.955
F 值	2462.166 **	1838.168 **	1436.606 **	1153.165 **

注：* 表示在 0.05 置信水平上显著的相关；** 表示在 0.01 置信水平上显著的相关。
资料来源：笔者整理。

由表 5-25 可知，模型 4.1.1、模型 4.1.2、模型 4.2.1、模型 4.2.2 的整体效果均十分显著（F 分别为 2462.166、1838.168、1436.606、1153.165，且显著性水平 P 值小于 0.01），说明模型解释力度比较好。

模型 4.1.1 测度嵌入性网络关系、动态环境对动态能力的影响，模型 4.1.2 测度动态环境在嵌入性网络关系对动态能力的影响过程有没有调节效应。由模型 4.1.1 的回归分析结果显示动态环境对动态能力的回归系数 $\beta = -0.002$，且显著性水平 P 值大于 0.05；由模型 4.1.2 的回归分析结果显示嵌入性网络关系和动态环境的交叉项的回归系数 β = 0.016，且显著性水平 P 值大于 0.05。主效应不显著，调节效应也不显著，由此可见动态环境在嵌入性网络关系和动态能力间没有调节效应，因此假设 H4a：动态环境对嵌入性网络关系和中小企业动态能力间具有正向调节作用，没有通过验证。

模型 4.2.1 测度动态能力、动态环境对中小企业创新绩效的影响，模型 4.2.2 测度动态环境在动态能力对中小企业创新绩效的影响过程有没有调节效应。由模型 4.2.1 的回归分析结果显示动态环境对中小企业创新绩效的回归系数 β = -0.004，且显著性水平 P 值大于 0.05；由模型 4.2.2 的回归分析结果显示动态能力和动态环境的交叉项的回归系数 β = -0.101，且显著性水平 P 值小于 0.01。虽然调节效应显著，但主效应不显著，由此可见动态环境在动态能力和中小企业创新绩效间没有调节效应，因此假设 H4b：动态环境对中小企业动态能力和中小企业创新绩效间具有正向调节作用，没有通过验证。

5. 假设检验结果

综上所述，本书系统分析并且验证了嵌入性网络关系和中小企业动态能力、动态能力和中小企业创新绩效间的关系，相关研究假设验证情况归纳如表 5 - 26 所示。

表 5 - 26　　　　　　　相关研究假设验证结果

研究假设	具体内容	验证结果
H1	嵌入性网络关系与中小企业动态能力之间具有正向相关关系	√
H1a	信任与中小企业动态能力之间具有正向相关关系，即信任程度越高，越能提升动态能力	√
H1b	信息共享与中小企业动态能力之间具有正向相关关系，即信息共享水平越高，越能提升动态能力	√
H1c	共同协作与中小企业动态能力之间具有正向相关关系，即共同协作能力越强，越能提升动态能力	√

续表

研究假设	具体内容	验证结果
H2	动态能力与中小企业创新绩效之间具有正向相关关系	√
H2a	感知判断能力与中小企业创新绩效之间具有正向相关关系	√
H2b	学习吸收能力与中小企业创新绩效之间具有正向相关关系	√
H2c	试错匹配能力与中小企业创新绩效之间具有正向相关关系	√
H2d	知识应用能力与中小企业创新绩效之间具有正向相关关系	√
H2e	战略柔性能力与中小企业创新绩效之间具有正向相关关系	√
H3	动态能力在嵌入性网络关系与中小企业创新绩效间起中介作用	√
H3a	动态能力在信任与中小企业创新绩效间起中介作用	√
H3b	动态能力在信息共享与中小企业创新绩效间起中介作用	√
H3c	动态能力在共同协作与中小企业创新绩效间起中介作用	√
H4a	动态环境对嵌入性网络关系和中小企业动态能力间具有正向调节作用	×
H4b	动态环境对中小企业动态能力和中小企业创新绩效间具有正向调节作用	×

资料来源：笔者整理。

第6章///

讨论和政策建议

6.1 实证结果讨论

本书以218个有效的样本点作为研究对象，以中小企业创新绩效为被解释变量，以动态能力为中介变量，以嵌入性网络关系为解释变量，以动态环境为调节变量，验证动态环境下嵌入性网络关系通过动态能力影响中小企业创新绩效的路径，验证结果如下。

6.1.1 嵌入性网络关系与中小企业动态能力之间具有正向相关关系

假设H1，嵌入性网络关系与中小企业动态能力之间具有正向相关关系。嵌入性网络关系的强度越强，企业就会存在着越高的互动频率，企业就能够学到更多知识、获得更多资源，动态能力提升。在产业集群内，嵌入性网络关系的规模越大，企业就能更加便利地和集群内的其他企业建立起来直接的联系或者间接的连带关系，企业自身的联系渠道扩大了，就能获得更丰富的人力、物力、财力资源，企业的潜在客户和潜在供应商更加广泛了，知识、技术和管理经验等也增多了，毋庸置疑，企业的动态能力就会提升，更能适应复杂多变的外部环境。嵌入性网络关系有利于关系网内的成员之间交换和整合各种资源，如果所在网络成员间关系紧密，企业就能更容易地通过合理途径获取相关技术和市场信息等。企业借助于这些资源，会推出更多满足市场需求的产品，提升了企业适应环境变化的动态能力，打造出核心竞争优势，从而促使企业绩效提升。网络关系越紧密，企业和合作伙伴彼此间就会有着更多的资源来源，能够控制和使用的资源就会更加丰富。企业不仅仅可以接触到合作伙伴的知识、技术，既包括显性的知识、技术，也包括隐性的知识、技术，而且合作伙伴还能给予企业一条便捷的传递信息的渠道，既易于复杂知识的转移，也能更容易发现促使其成长的机会，对企业面对的外部环境的变化会有很高的敏感度，促使企业提升自己的动态能力。这一结论支持了达纳拉杰（Dhanaraj，2006）、董保宝（2011）、薛敏（2018）等学者的观点。

本书依据相关学者的观点，结合中小企业实际情况，把嵌入性网络关系分为信任、信息共享和共同协作这三个维度。

1. 信任与中小企业动态能力之间具有正向相关关系

假设 H1a，信任与中小企业动态能力之间具有正向相关关系，即信任程度越高，越能提升动态能力。信任是表征嵌入性网络关系的重要特征之一，因为企业对合作企业存在信任，所以就会认为对方是不会利用自己的劣势去谋取不正当的利益。在关系网络内，彼此间信任程度越高，就不会担心合作伙伴会泄露自己保密技术的重要信息，在合作中就不会刻意保密，所以就有利于企业间分享知识等。在企业网络中，信任能够降低风险、维持合作，在企业长期取得成功的合作中，信任起着极为重要的作用。信任程度越高，企业愿意分享自己的知识，技术交流程度也就会越深。总的来说，在嵌入性网络关系内，信任的作用主要体现在以下两个方面：一是企业认为合作企业不会利用自己的弱点、不足获取不当利益；二是企业自愿承担风险，愿意承担把隐性知识和对方共享可能带来的风险。在嵌入性网络关系下，合作双方间有着较高的信任度，就越有利于共享、交换更多的高质量或高效用的知识。事实上，信任更有利于传递隐性知识，在信任的前提下才能维持长期、稳定的合作关系，只有合作关系长期稳定，才能有效传递隐性知识，因为传递隐性知识依赖于长期交流。因此，信任影响着知识的传递，尤其是隐性知识，有利于动态能力的提升。

2. 信息共享与中小企业动态能力之间具有正向相关关系

假设 H1b，信息共享与中小企业动态能力之间具有正向相关关系，即信息共享水平越高，越能提升动态能力。信息共享实质上是在合作中双方针对自身优质信息的公开程度，是以交换优质重要信息为特征的，是嵌入性网络关系所独有的。对于企业而言，信息的种类很多，涵盖管理信息、生产技术信息、产品信息、财务信息、市场信息等。就企业而言，在关系网络内嵌入的程度越高，其进行信息共享的广度、深度、准确性和及时性都会随之提高。因此，企业能够获取知识的多与少，在很大程度上是依赖于在关系网络内进行信息共享时的深度和广度。在企业借助于嵌入性网络获取知识的过程中，信息共享有着极为重要的作用。事实上，在合作伙伴间的信息共享已经不仅仅是展示表面的数据，更多应该是共享战略、理念等更为核心、更为重要的信息。在嵌入性网络关系内，企业间不再隐藏自己所拥有的知识，从而促使知识获取和潜在学习。因此，信息共享，有利于动态能力的提升。

3. 共同协作与中小企业动态能力之间具有正向相关关系

假设 H1c，共同协作与中小企业动态能力之间具有正向相关关系，即共同协作能力越强，越能提升动态能力。嵌入性网络关系强调企业间的共同协作，反映的是企业是否能共同承担和解决在合作过程中产生的问题。在网络关系内，如果有问题需要发现、解决时，企业间会出现更加频繁、更趋于深层次的互动。在关系网络内的企业面对着共同的规章制度和组织框架，在解决问题时就会产生共同语言，彼此借鉴、学习对方的技术、方法、理念等。事实上，隐性知识自身独特的属性决定了其是很难进行传播的。但是企业间共同协作，既促使了显性知识转移，也促使了隐性知识转移。因为在共同协作的过程中，企业间产生了共同语言，企业间的交流障碍被彻底打破了。企业间形成的被普遍认可的规章制度、组织框架乃至整个动态的过程，促进了交流的广度、深度、频率，基于共同框架、共同背景下的反复互动，为转移隐性知识创造了独特的外部环境，有效促使隐性知识转移、传递。共同协作，促使知识转移，有利于动态能力的提升。

6.1.2 动态能力与中小企业创新绩效之间具有正向相关关系

假设 H2，动态能力与中小企业创新绩效之间具有正向相关关系。在复杂多变的环境下，动态能力对中小企业而言尤为重要。目前来说，企业面临的经营环境变动十分剧烈，以往的不管是应对内部环境还是应对外部环境的政策措施都已经无法促使企业持续稳定健康的成长，因此，企业尤其是中小企业要有效整合内外部资源以适应经营环境的变化，这就需要企业具备较高的动态能力。动态能力是企业内部通过整合、吸收、重置资源，打破当前对无效路径所产生的依赖，逐步形成新的有效的依赖路径和一套高效运营的惯例。借助于动态能力，中小企业原有的路径依赖被打破了，资源进行了重新配置，中小企业据此找到更适合内外环境的路径，由此打造出持续的竞争优势，从而在调整中提升了创新绩效。只有具备较高的动态能力，企业才能找到、鉴别出有利企业的市场机会，进行适度的战略变革和转移，更迅速更好地适应外部经营环境，从而使企业保持较高的发展潜力，不断更新和提升适应外部多变环境的能力，超过竞争对手，在较长时间内保持比较明显的竞争优势。在关系网络内，通过动态能力，企业把原始知识转化成可执行知识，构建起为创新活动提供服务的知识体系，借助于这种方式使企业既有知识实现了价值的最大化，企业的创新目标实现了，创新绩效提升了。动态能力对企业的创新绩效有着明显的促进作用，企业要培育创新能力，促使创新绩效改善，必须提升动态能力。这一结论支持了廖等（Liao et al.，2010）、李允尧（2009）、缪根红（2014）、穆文奇（2017）等学者的观点。

本书借鉴穆文奇（2017）等学者的观点，认为动态能力由五个维度组成：感知判断能力、学习吸收能力、试错匹配能力、知识应用能力、战略柔性能力。因此，动态能力的五个维度共同发挥作用，企业才能使其创新战略路径匹配于内外部环境的演化进程，提升创新绩效，实现持续竞争优势。

1. 感知判断能力与中小企业创新绩效之间具有正向相关关系

假设 H2a，感知判断能力与中小企业创新绩效之间具有正向相关关系。上文分析中，认为感知判断能力包括两部分内容：一是感知和理解内外环境所释放出来的信息，二是判断该信息给组织带来的各种机遇、挑战，并且迅速做出反应，制定出合适的决策。中小企业面对复杂多变的环境，要迅速地开发、探索环境中的机遇、挑战，进行及时、正确地创新，以此塑造出中小企业的竞争优势。不可否认，中小企业的发展依赖于外部环境，政策因素、竞争对手行为、顾客偏好、供应商行为、经济因素、文化因素等都会对中小企业产生较大的影响。中小企业如果对于环境有着良好的感知判断，就能更好更快地进行创新，满足市场需求，获得长期竞争优势、超额利益。创新速度的快慢影响中小企业的成败，创新缓慢会令中小企业丧失稍纵即逝的一些机遇，给中小企业带来负面影响。因此，感知判断能力正向影响中小企业创新绩效。

2. 学习吸收能力与中小企业创新绩效之间具有正向相关关系

能否准确地预见环境变化趋势，对中小企业来说尤为重要，这实际上需要企业具有较强的学习吸收能力。假设 H2b，学习吸收能力与中小企业创新绩效之间具有正向相关关系。因为外部环境是快速变化的，中小企业需要不断学习吸收外界知识，借助于学习吸收能力，中小企业能加强和外部实体间的学习，获取一定的创新资源，从而促使中小企业创新绩效提升。学习吸收能力是中小企业获取持续竞争优势的一种战略手段，为了更积极主动地适应外部环境变化，中小企业需要加深理解和认识外部环境，提高应变能力，而这依赖于中小企业的学习吸收能力。在快速变化、竞争激烈的商业环境下，学习吸收能力是企业必须具备的一种能力，帮助中小企业追踪顾客需求、在感知的基础上抓住市场机遇，通过创新提供满足市场需求的新产品、新服务，促使销售额增加和顾客忠诚度提高，为企业带来可观的创新绩效。假如中小企业具备了较强的学习吸收能力，就会不断地积累外部知识、企业经验。在同等条件下，该企业就能比竞争对手更快获取、利用和创新相关的一些外部资源，能积累一些难以模仿、复制、转移的异质性资源，从而获取高的创新绩效。与其他竞争对手相比，如果企业能够具有强的学习吸收能力，就使企业获取竞争优势。因此，学习吸收能力正向影响中小企业创新绩效。

3. 试错匹配能力与中小企业创新绩效之间具有正向相关关系

假设 H2c，试错匹配能力与中小企业创新绩效之间具有正向相关关系。动态环境下，中小企业在选择路径时应该考虑三个要素：首先中小企业要考虑该路径是不是满足了客户需求；其次中小企业要考虑该路径是不是使运营绩效水平正反馈；最后中小企业要考虑该路径是不是使运营绩效水平具有隔绝性，超过行业平均水平以上。如果当前知识满足不了预期绩效水平，那么就应该及时调整该路径方案所依赖的知识系统，这就是试错匹配能力扮演的角色。面对外界复杂多变的环境，组织结构、管理模式、运营结构、运营规模很难快速适应这种变化，企业需要及时调整创新战略，在调整过程中，必然会有多种路径方案可供选择，因此，路径方案的选择是企业能否成功的关键性步骤。一旦中小企业发现当前的战略路径与内外部环境不相适应了，无法实现预期目标，必然会选择以解决当前问题的新路径方案。如果中小企业发现所选的路径方案仍然解决不了当前问题，企业就会根据实际情况不断开展新试验行为，用以修订试验行为，一直到找到满意的路径方案为止。企业就是在实践中不断地寻找匹配自身优势的创新战略方式，实施效率更高的资源重置方式，从而提升创新绩效。因此，对于中小企业来讲，试错匹配能力比较重要，正向影响中小企业创新绩效。

4. 知识应用能力与中小企业创新绩效之间具有正向相关关系

假设 H2d，知识应用能力与中小企业创新绩效之间具有正向相关关系。知识是企业创新不可或缺的要素，企业只有在内外部环境中有效地创造、传递、应用知识，才能塑造出核心竞争优势。就目前的科技环境来看，技术更新时间更短、速度更快，这给企业尤其是中小企业带来了新的挑战，需要中小企业进行频率更高的技术创新、工艺创新、产品创新等。知识，特别是异质性知识，是企业尤其是中小企业进行创新所需要的一类重要的关键的战略资源。但是，仅仅有知识是远远不够的，因为企业文化、实践经历等方面存在差异，所以中小企业并不能把所有获取到的知识都直接用于创新活动，而是需要企业进行加工、转化，重新构建出知识源，才能有利于企业的创新活动，因此，企业还需要具备较强的知识应用能力。把原始知识转化成可执行知识，借此不断完善为创新活动提供服务的知识体系，使企业既有知识实现价值最大化，才能实现创新目标，提升创新绩效，这是知识应用能力的任务。因此，知识应用能力于中小企业创新更为重要，显著地促进了企业的创新绩效。借助于知识应用能力，中小企业转化来源不同的知识，重新构建知识体系，培育创新能力，以形成新观念和新工艺等，由此促进创新，改善和提升创新绩效。

5. 战略柔性能力与中小企业创新绩效之间具有正向相关关系

假设 H2e，战略柔性能力与中小企业创新绩效之间具有正向相关关系。对于中小企业来讲，战略柔性能力主要表现在企业文化、组织、管理模式、管理方式等方面，在资源、知识的转换过程中，战略柔性能力有助于提升转化的效率，使企业节省大量的人力、物力、时间和财务成本，在很大程度上促使创新绩效提升。在动态环境下，战略柔性能力决定了中小企业能否准确预测、感知和决策其路径调整、演化行为，决定了中小企业能否持续吸收资源、知识，决定了中小企业是否能够把新的知识结构反映到惯例中以此形成新的路径。与大企业相比，虽然中小企业在资金、品牌等方面并不占优势，但是借助于战略柔性能力，中小企业往往能够迅速抓住市场上转瞬即逝的各种机遇，进行技术创新、服务创新、产品创新、设备创新等，从而能够拥有比较高的利润率，在市场上占据重要的位置。因此，战略柔性能力正向影响中小企业创新绩效。

6.1.3 动态能力在嵌入性网络关系与中小企业创新绩效间起中介作用

假设 H3，动态能力在嵌入性网络关系与中小企业创新绩效间起中介作用。中小企业要在激烈的竞争环境中生存和发展，必须进行创新，动态能力是其主要的驱动力。中小企业借助于动态能力，源源不断地从外界环境中学习、吸收自身所需的相关知识，加以内化后形成自身优势，从而大幅度提升创新绩效。中小企业所处的外界环境是瞬息万变的，因此，动态能力的作用不容忽视，中小企业动态能力越强，越有助于中小企业获取持续的竞争优势。竞争越激烈、环境越动态变化，动态能力对中小企业创新的促进作用就越显著。动态能力依赖于外部环境，外部环境中最核心的部分就是中小企业与合作伙伴构成的微环境，也就是嵌入性网络关系。在微环境下，中小企业首先要明确自身的战略目标，然后据此选择合作伙伴，科学合理地确定其合作伙伴的数量以及关系嵌入的程度。借助于嵌入性网络关系，中小企业获取到信息、知识等资源，并且企业甄选、吸收、整合所获取信息、知识等资源的质量决定了其是否有助于提升创新绩效以及提升幅度的大小。在嵌入性网络关系下，中小企业能够获取到自身所需要的各类信息、知识等资源，同时，中小企业甄选、吸收、整合所获取信息、知识等资源的质量水平尤为关键，决定了其能否有效提升创新绩效以及提升幅度的大小。因此，嵌入性网络关系对中小企业的创新绩效产生影响是无可厚非的，但是这种影响要借助于动态能力的中介效应。在嵌入性网络关系内，中小企业可以和合作伙伴彼此之间交流资源和信息，共享知识和能力，中小企业能够更加便利地从合作伙伴那里获取所需的资源，可以从研发机构、供应商、竞争对手、客户等相关外部组织那里得到和了解关于产品、市场以及技术发展等方面的若干信息。借助于这些信息，中小企业能够增强对市场的敏感度，有利于自己产品的升级和换代，同时，中小企业还能在很大程度上减少因为不确定性环境因素带来的各种风险。所以，嵌入性网络关系不会直接对中小企业的创新绩效产生作用，而是借助于动态能力这一中介变量对中小企业创新绩效产生作用。这一结论支持了许冠南（2008）、王家宝（2011）等学者的观点。

1. 动态能力在信任和中小企业创新绩效间起中介作用

假设 H3a，动态能力在信任与中小企业创新绩效间起中介作用。嵌入性网络关系内，有着很多合作伙伴，因为彼此信任，合作伙伴间能够信守承诺，而且能够明确感知对方会把自己的利益、要求纳入其行为中。因此，企业就会对合作伙伴提出的信息、建议比较有信心，而且相信合作伙伴提出的建议、想法是与自身利益符合的，是不会误导自己的。由此可见，信任是一种有效机制，能有效从合作伙伴那里获取知识、信息，而且能保证可靠性和质量。在合作过程中，双方会真诚的进行交流和切磋，在一定框架下双方会实事求是地提供市场信息和技术信息。一旦在合作过程中或者创新过程中产生了困难，基于信任，合作伙伴间会互相提供恰当的支持，在面对已出现的困难时，合作伙伴们会提出能够被大家接受的相对合理的解决方案。中小企业要不断应用新知识，提高动态能力，进而提升创新绩效。因此，信任能有效提升企业的动态能力，进而正向影响创新绩效，动态能力在信任与中小企业创新绩效间起中介作用。

2. 动态能力在信息共享和中小企业创新绩效间起中介作用

假设 H3b，动态能力在信息共享与中小企业创新绩效间起中介作用。信息共享是合作伙伴间自主进行信息交换的程度，这种信息交换远远超越了合同和协议所做出的规定，而且信息共享有助于企业发展，这时所交换的信息有益于合作伙伴双方。在嵌入性网络关系内，中小企业和合作伙伴间有着通畅的信息交换机制，借此进行信息共享。企业间通过互通信息，能够共享行业内的最新资讯以及各自的发展计划。创新过程实质上就是一个学习的过程，更是一个积累技术诀窍的过程。对于中小企业来说，其拥有的内部信息是有限的，因此创新所需要的信息更多的要来源于外部，可以来源于供应商、行业内部、领先客户，可以来源于大学、研究机构，还可以来源于竞争对手。信息共享，能够积极影响于中小企业创新的来源以及过程，对创新活动起着正向促进的作用，由此提升创新绩效。外部信息源对企业创新来说尤为重要，因此，在嵌入性网络关系内，假如企业间有着高频率、高质量的信息共享，企业就能够借助于动态能力从合作伙伴那里获取到更准确、更广泛、更及时的信息，由此抓住市场机会或者技术机会进行创新，提升创新绩效。所以，动态能力在信息共享与中小企业创新绩效间起中介作用。

3. 动态能力在共同协作和中小企业创新绩效间起中介作用

假设 H3c，动态能力在共同协作与中小企业创新绩效间起中介作用。在嵌入性网络关系内，中小企业间共同协作，有助于新知识的获取和应用。企业内部存在着人员、工具、任务三种基本要素，因此，不管是显性知识还是隐性知识都是内嵌入这些基本要素中，并且相互作用、相互交织构成网络。其中，嵌入工具和个人中的知识是简单嵌入知识，但是如果知识嵌入任务和组织中就是复杂嵌入知识。一旦复杂嵌入知识需要转移，就需要借助于这些企业间持续的互动才能实现。这种持续互动就是共同协作，因此，在嵌入性网络关系内，共同协作不仅仅使企业获得了简单嵌入知识，而且获得了复杂嵌入知识，有助于企业获得、应用新知识，以提升创新绩效。随着互动的加深和时间的推移，合作伙伴间形成了能被双方理解和认可的共同语言和行为规范，就会促进企业持续不断地转移和学习隐性知识。同时，在运用新知识的过程中，企业能够及时获得合作伙伴的直接反馈，及时纠正应用偏差，提高新知识应用的准确性。因此，动态能力在共同协作与中小企业创新绩效间起中介作用。

6.1.4　动态环境的调节作用

假设 H4a，动态环境对嵌入性网络关系和中小企业动态能力间具有正向调节作用；假设 H4b，动态环境对中小企业动态能力和中小企业创新绩效间具有正向调节作用，这两条假设验证都没有通过。动态环境对嵌入性网络关系和动态能力间、动态能力和中小企业创新绩效间不具有正向调节作用。

企业面对的是一个动态复杂的环境，顾客的需求偏好处在不断的变化中，行业竞争者的竞争行为也处在不断的变化中，这就导致企业的生产经营活动面对着很多不确定因素。因此，为了更加有效地应对和适应变化动荡的环境，企业只能被迫改变或调整自己的产品策略、促销策略、价格策略、渠道策略等。如果企业面临的不稳定因素越多，企业进行经营决策时所依据的信息量就会严重不足，导致企业无法正确决策或者决策持续性较差，这需要企业应对不确定性环境。因此，外部环境越复杂动态，企业对自身的能力就会需求越强。

假如企业处在稳定的环境下，技术发展状况、市场需求情况都是平稳发展的，那么企业就可以依据以往的经验和积累下的知识，利用自己掌握的信息、资源，制定出保证生产经营活动正常开展的企业发展战略。在稳定的环境下，企业自身掌握着主动权，无须到外部环境中寻求大量资源以及相关发展机会等，因此，企业就没有紧迫感去培育动态能力以解决应对多变环境产生的问题。反之，在剧烈变化的环境下，企业仅仅依据过去的经验以及现有的资源、知识，是根本没办法满足企业发展和创新的需要，没有能力对外部动态复杂的环境做出快速及时的反应，因此，企业就需要构建网络关系。在网络关系内，企业要充分利用外部的资源和信息，尽力从合作伙伴那里搜集到促使企业创新所需的各类资源。相比于稳定环境，嵌入性网络关系在动态环境下对中小企业提升动态能力所起的作用更重要。

稳定环境下，因为行业内技术创新的速度比较慢，频率比较低，而且可以预测出几乎所有的外界因素和内部因素，因此，中小企业只需要把自身做好就可以了，企业的动态能力不会对企业创新绩效产生显著的作用。动荡不稳定的环境下，存在着很多不确定因素，中小企业为了迎合消费者需求，不得不进行适应外部环境变化的创新，以获取短期的竞争优势，因此，动态能力就会对企业创新绩效产生显著的促进作用。

动态环境对嵌入性网络关系和中小企业动态能力间具有正向调节作用、动态环境对中小企业动态能力和中小企业创新绩效间具有正向调节作用，这两条假设验证都没有通过。动态环境对嵌入性网络关系和动态能力间、动态能力和中小企业创新绩效间不具有正向调节作用。主要原因在于本书通过调查问卷得到的动态环境数据进行分析时，发现中小企业面对的环境相对比较稳定，中小企业面对的消费者比较稳定，其偏好不会经常变，所处行业技术变化不迅速，不会出现很多新客户，基本能预测竞争者行为，因此所处环境相对比较单一，不复杂，因此，假设 H4a 动态环境对嵌入性网络关系和中小企业动态能力间具有正向调节作用和假设 H4b 动态环境对中小企业动态能力和中小企业创新绩效间具有正向调节作用，这两条假设验证都没有通过。

6.2 理 论 贡 献

本书以中小企业嵌入性网络关系为出发点，以中小企业创新绩效的提升为导向，深入研究了嵌入性网络关系、动态能力及中小企业创新绩效间的关系，为中小企业研究作出了理论贡献。

1. 通过理论构建，拓展和丰富了创新研究、中小企业研究等相关理论视角

嵌入性网络理论认为，任何组织不能脱离外部环境存在，必然内嵌到社会网络中，行为会受到各类社会关系的影响。同时，企业内的资源决定着企业的生命，依据资源基础理论的观点，资源对企业的生存、发展起着重要作用，这说明中小企业的创新发展受限于创新资源，嵌入性网络关系被认为是中小企业重要的资源，嵌入性网络是中小企业获取资源的主要渠道。因此，中小企业要提升创新绩效，必须积极主动地和网络内的其他企业进行联系互动，获取进行创新所需要的各类关键性资源。本书把嵌入性网络关系理论、资源理论、动态能力理论、创新理论等系统性地联系起来，构建出多理论视角下的动态环境下嵌入性网络关系通过动态能力影响中小企业创新绩效的综合分析理论模型，进一步深化拓展了中小企业创新理论的范围。

2. 通过实证检验，深化和推动了嵌入性网络关系作用中小企业创新绩效的机制研究

网络嵌入是目前研究企业网络的重要工具，已有的研究在网络关系和企业绩效间关系方面也取得丰硕成果。但是，大部分的研究都是研究嵌入性网络关系对企业绩效的直接影响，对于嵌入性网络关系到底是如何影响作用中小企业创新绩效的机制关注不足。基于知识角度的动态能力理论认为，组织学习等中小企业活动是中小企业形成和提升动态能力的主导机制，因此组织学习等活动必然对中小企业的动态能力产生或多或少的影响。嵌入性网络关系，能够帮助网络内的中小企业互通有无，共享知识和资源，促进了组织学习等活动，有助于中小企业提升自身的动态能力。动态能力是中小企业进行创新、获取持久竞争优势的重要来源，尤其是对于资源、信息不足的中小企业。因此，本书从动态能力理论的视角切入，研究中小企业的创新绩效，打开了嵌入性网络关系影响中小企业创新绩效机制的黑箱，建立了嵌入性网络关系通过动态能力影响作用中小企业创新绩效的理论模型，即"嵌入性网络关系→动态能力→中小企业创新绩效"的路径模型。嵌入性网络关系通过动态能力影响作用于中小企业创新绩效，实际上嵌入性网络关系并不是直接影响中小企业的创新绩效，而是借助于动态能力的中介效应，科学合理地解释中小企业创新绩效形成机理，突破了传统研究中嵌入性网络关系直接到创新绩效的缺陷。本书实证检验了嵌入性网络关系通过动态能力影响作用于中小企业创新绩效，对于嵌入性网络关系作用中小企业创新绩效的机制研究进行了有意义的补充，完善了中小企业管理的理论研究、实证研究。

6.3 政 策 建 议

创新是中小企业保持长久竞争优势的源泉，企业必须提升自身创新绩效，才能在严峻复杂的环境中生存下来。本书以中小企业嵌入性网络关系为出发点，以中小企业创新绩效的提升为导向，深入研究了嵌入性网络关系、动态能力及中小企业创新绩效间的关系，为中小企业提升创新绩效提供了实践指导。本书研究成果对中小企业创新绩效的提升具有以下几点政策建议。

6.3.1 政府层面

1. 完善管理体制，增强执法确定性

政府要完善管理体制，增强执法确定性，保证有法可依，有法必依。

政府要对所有企业一视同仁，公平对待，在企业交易活动过程中保护作为弱势群体中小企业合法的权益，全面清理、修正现行的不利于中小企业健康发展的各项政策条款。完善《中小企业促进法》以及"非公 36 条"等的配套政策措施，制定和落实相关的配套政策措施，促进中小企业的健康发展。政府关于中小企业的宏观管理部门是中小企业司，因此中小企业司要组织力量制定《中小企业促进法》以及《国务院鼓励支持非公有制经济发展的若干意见》（即"非公 36 条"）等的配套政策措施，制定短期计划、中期计划和远期计划以明确完成的内容和具体的时间表等。有些问题，比如融资问题，没办法依靠配套措施来解决，但又对中小企业的发展影响比较大，中小企业司要在充分调研的基础上，寻求制定新法律和新政策。因为各地经济环境、社会环境、人文环境等存在差异，因此，各省市也应该依据当地实际情况制定出适合地域内中小企业发展的具有独特性的法律法规。

2. 促使产业政策开放化

在我国，政府管制行业一定程度上还存在，这种政治壁垒造成这些行业有着很高的进入门槛。因此，这些政府管制行业内几乎不存在着激烈的竞争，行业内因为存在着丰厚的利润造成企业没有动力当然也没有必要进行快速发展。虽然中小企业发展迅速，但是政治壁垒的存在造成他们无法顺畅地进入到行业内。实际上，如果中小企业能融入这些受管制的行业内，无论是对中小企业自身发展还是对行业发展都是百利无一害的。因此，有关部门应该调整当前的行业政策，促使产业政策开放化，一视同仁地对待所有企业，降低甚至取消进入政府管制行业的门槛，允许和欢迎中小企业进入到行业内，促使鲶鱼效应产生，有利于中小企业发展，也有利于行业发展。

3. 推行混合所有制

在产权特征方面，中小企业和国有企业存在很大差异，政府应促使混合所有制的推行，帮助中小企业形成多种形态的持股主体，中小企业不应仅仅局限于个人持股，而要重现多样化，促使中小企业的股权结构合理化。政府要鼓励国有企业去持有中小企业的股权，中小企业去持有国有企业的股权，做到混合持股。通过混合所有制，股权多样化、社会化，呈现出国有持股、分散的个人持股、外资持股、专业投资基金持股、机构投资者持股等多元化股权结构，中小企业会受到来自多方面的监督，促使经营管理更透明化，治理结构更加完善。

4. 完善社会服务体系

政府要健全为中小企业提供支持的社会服务体系，比如管理咨询、创业、培训、信息化服务等。政府可以建立一个网络信息平台，从各个方面为中小企业提供相关信息。该网络信息平台要覆盖政策信息、科技成果转化信息、融资信息、服务信息、人才信息、培训信息等若干方面，同时要保证信息的绝对权威性。利用这些信息，可以为中小企业提供若干服务。一是信息咨询服务。针对中小企业的信息需求有针对性地搜集各种信息，比如政策信息、技术信息、市场信息、人才信息等，对其进行加工分析后提供给中小企业，有助于其进行科学决策。二是培训服务。为中小企业提供法律法规、发展战略、财会知识、市场营销等方面的培训，改善中小企业的经营管理，提高中小企业的素质。三是诊断指导服务。参照国外的中小企业诊断制度，组织相关专家，帮助中小企业进行诊断，找出其生产经营中存在的一些问题，并且提出相关改进意见。四是交流活动服务。通过组织交流展示会、贸易洽谈会、考察团等形式，帮助中小企业开拓市场、开阔眼界。

5. 给予中小企业金融支持

目前，我国中小企业融资困难，融资方式单一，没有直接的融资渠道，主要依赖于民间借贷和商业银行贷款；同时，贷款期限较短而且数目较小，主要用来缓解临时性流动资金压力，几乎不用于项目开发、扩大再生产等。在短期内，中小企业受到政策法规等因素的影响，不可能进行直接融资，只能采用间接融资解决中小企业燃眉之急。银行贷款筹资速度快、贷款弹性大、贷款成本低、不必公开经营状况，因此成为中小企业常用的一种融资方式。但是银行贷款需要中小企业提供第三方担保或者财产抵押质押等，而中小企业自有资金少，能用于抵押的资产也少，获得的贷款无法满足企业发展的资金需求，所以中小企业只能借助于第三方力量，在银行和中小企业间牵线搭桥，引导资金流向中小企业。基于此，政府要给予中小企业金融支持。

（1）大力发展商业性担保机构。中小企业担保在我国有着巨大的市场容量，政府要积极发展商业性担保机构。虽然商业性担保机构存在很大的风险，但可以采用多种风险分散机制对自身担保风险进行规避，比如反担保条款、再担保、参加贷款保险、经营多元化等。政府要从工商、财税等方面提供各种优惠政策，鼓励、扶持民间为中小企业服务的担保机构。

（2）鼓励建立中小企业的互助担保组织。因为中小企业资产规模有限、资信等级不明确，导致中小企业很难依靠自身力量申请到银行贷款。但是如果中小企业联合起来，共同出资组建起互助担保机构，用互助担保机构的信用、资产为成员企业担保，就更容易获取银行贷款。因此，互助担保能有效降低中小企业贷款利率，减低贷款风险，增加贷款数量，延长贷款期限。

（3）加快发展中小金融机构。从长远来看，发展中小金融机构是必然趋势。在贷款方面，大企业和中小企业有着很大差别，比如贷款成本、贷款频率、贷款额度、贷款期限等方面。在利润和风险控制上，银行追求的是低风险高利润，但是中小企业贷款成本高、贷款额度小、贷款频率低，造成高风险性、规模不经济性，因此大银行不愿意贷款给资金规模小的中小企业，更愿意为大企业提供融资服务。基于此，必须大力发展中小金融机构。国家要放开市场准入限制，促进国有、非国有中小金融机构在竞争中发展，让其接近中小企业，建立起稳定长久的合作关系。允许中小金融机构根据贷款对象、贷款种类，自由确定适宜的贷款利率，使中小金融机构、中小企业间确定一个收益、风险的比较选择空间。促进中小金融机构的创新，鼓励其增加服务品种，在给中小企业提供融资的同时，提供更多的金融服务，促进其健康发展。

6. 引导和扶持中小企业嵌入产学研的合作网络

运用政府的财政手段，引导企业嵌入产学研的合作网络，开展创新活动，积极探索充分发挥中小企业作为创新主体的作用的组织管理方式，鼓励企业、高校、科研机构联合起来承担一些科研项目，比如政府支持鼓励的科技基础平台建设计划、科技支撑计划、政策引导类计划。政府要鼓励中小企业根据地区特点、自身实力嵌入产学研合作网络内开展一系列的创新活动。政府要根据调研情况和自己掌握的信息，帮助在创新过程中出现困难的那些中小企业借助于产学研合作网络找到解决方案，组织或引导研究经验丰富的科研机构、高校等加入产学研的合作网络内，帮助中小企业解决一些单靠自身解决不了的创新问题。基于产学研的合作网络，中小企业进行了各种创新活动，政府要给予相应的税收优惠，尽量降低中小企业的创新成本，鼓励中小企业提升持续创新能力，财政支持中小企业引进新技术、新设备、新成果，比如投资抵减、赋税减免、加速折旧等。基于产学研合作网络，政府要完善创新环境，建立起宽松的管制氛围，减少产学研合作网络的行政干预，取消不合适的审批流程，探索市场化运作、开放式管理的管理模式，促使中小企业创新。

6.3.2　企业层面

新环境要求中小企业要有全球视野，结合全球发展前沿紧跟发展大趋势，发挥创新的外在和内在驱动力，选择合适的方式优化嵌入性网络关系，强化动态能力，由此提升创新绩效。

1. 优化嵌入性网络关系

中小企业虽然资源匮乏、规模较小，但是创新意识、成长性较强，因此发展潜力很大。本书研究发现，嵌入性网络关系对动态能力有显著的促进作用，而且通过动态能力的中介效应显著正向影响创新绩效。因此，中小企业要积极构建、培育网络关系。基于嵌入性网络关系的维度划分，信任、信息沟通、共同协作对动态能力都具有促进的作用。因此，中小企业间要加强互动和交流，提高彼此间的信任程度，加快传递和分享有价值的信息、隐性知识、商业机会，成员间开展更深入更广泛的合作，以此促进中小企业培育动态能力、提升创新绩效。如何构建、维护中小企业和网络成员间的强关系，具体从以下几点考虑。

（1）培育和合作伙伴间的信任机制。随着企业参与网络程度的逐渐加深，关系网络中的这些企业由最初偶尔松散的、一次性交易关系，渐进发展成紧密的、长期的互利合作关系。在建立这种合作关系的过程中，信任机制说明网络内合作伙伴已经彼此认可、相互依靠，共同完成目标。中小企业要转变观念，以开放的心态和网络内的企业进行对接与合作，投入相关资源，建立起信任机制，加强合作深度，更广泛、更深入地利用对方的资源，获取和应用新知识，实现共同发展的目标，达到多赢。因此，中小企业要培育和合作伙伴间的信任机制，本书的研究结论也已证明信任对动态能力、创新绩效有着积极促进的作用。

（2）完善和合作伙伴间的信息共享机制。信息共享已经成为中小企业获取新知识、提升竞争优势的重要来源。在嵌入性网络关系内，合作伙伴间互相共享信息，促进信息、知识的传播，随着信息、知识共享深度、广度的增加和及时性、准确性的提升，意味着中小企业能够获取更及时、更广泛、更准确地涵盖了市场机会、技术机会的各种信息，在信息流中中小企业就能够抓住机会，集中更多资源，进行创新。中小企业要重视来自供应商的信息，通过其反馈的意见，了解促使成本进一步节省的信息、了解主要竞争者的采购信息等，用以指导企业自身的创新活动。中小企业还要重视来自终端客户的信息，通过其反馈的意见，提取价值高的内容，用以指导企业的产品设计、成本模型设计等创新活动，由此提高客户满意度，提升市场竞争力。因此，中小企业要完善和合作伙伴间的信息共享机制，促进信息、知识更通畅、快速的传播，使其有更多机会和资源进行创新。本书的研究结论也已证明信息共享对动态能力、创新绩效有着积极促进的作用。

（3）完善和合作伙伴间的共同协作机制。企业和上游供应商、下游客户企业以及其他组织间的共同协作机制，有助于提高中小企业的获取和应用新知识，这对企业提升创新绩效具有重要意义。但在实证研究进行问卷调查山东省中小企业时，本书发现彼此间共同协作水平比较低，仍然停留在处理合同、合约问题等非关键技术性问题层面，几乎不涉及产品研发、主要技术突破问题等的共同合作。构建共同协作机制，通常建立在中小企业和合作伙伴间开展多次合作克服困难之上的，因此，需要中小企业和其他成员间能形成协作的默契和文化。企业尤其是中小企业在实际经营中，不可避免地会遇到各式各样的问题，而有些特殊的问题单靠一个企业是无法解决的，因此，必须加强与其他成员间的合作才能使问题得到尽快解决。在共同协作的过程中，网络内中小企业要尽力培育各方能理解的共同语言、行为规范，彼此提供技术支持，促进探索型的学习，深入了解产品开发能力、业务流程、管理能力等，促进成员间隐性知识的传播，直接获得客户、供应商等对企业自身生产经营、创新过程等的直接反馈，及时纠正错误并对自身遗漏进行补充，进而提升创新绩效。本书的研究结论也已证明共同协作对动态能力、创新绩效有着积极促进的作用。

（4）处在不同创新阶段的中小企业，在嵌入性网络关系内的活动重点也存在着差异。处在技术创新高级阶段的中小企业更关注于知识，而处在技术创新低级阶段的中小企业更关注于交流和合作。如果中小企业还处在模仿复制阶段，那么就应该和创新能力比较强的大中小型企业、高校、科研机构等进行高频率的技术交流和合作，以弥补中小企业自身较弱的创新能力，在技术扩散的过程中促进自身知识存量的增加。如果中小企业还处在创造模仿阶段，那么就应该关注于和关系网络内其他主体的关系，提升关系质量，广泛积累各类社会资源，以顺利开展自身创新活动。如果中小企业已经处在自主创新阶段，因为中小企业自身和关系网络内的其他主体已经保持着深入和广泛的学习和交流，因此嵌入性网络关系的强度、质量、持久性就会对技术创新产生重要的影响，那么这些中小企业就应该借助于广泛学习促使技术知识增加，自主设计和开发满足市场需求的新产品，维持自己在行业内的技术领先地位。

2. 强化动态能力

本书研究结论显示，动态能力在嵌入性网络关系和中小企业创新绩效间起中介作用。据此，中小企业除了优化嵌入性网络关系外，还应该注重培育、强化自身的动态能力。

（1）加强感知判断能力的培育。从实证结果来看，感知判断能力对创新绩效有着正向影响的作用，同时感知判断能力在嵌入性网络关系影响创新绩效的机制中起着中介作用。感知判断能力体现了中小企业在市场环境下识别和认知蕴含的机会、威胁的水平，是中小企业提升创新绩效的重要前提。所以，中小企业应加强扫描外部环境，注重搜集、处理、甄别行业的数据和信息，从而提升中小企业识别外界机会的感知能力。外部环境变化剧烈，会给中小企业带来很大的经营风险，中小企业如何应对就显得尤为重要。对于外部环境的变化，中小企业不应该仅仅局限于被动应急去应对，而是在面对不断出现的市场机遇时主动出击，战略层面上要建立起感知和洞察环境变化的机制，盘活企业运营模式。对外部环境的洞察和感知，不应该仅仅局限于管理者的判断和感知，更多的应该来自和市场、顾客直接接触的项目人员、营销人员等。因此，中小企业要建立起监测市场信息的长效机制，由此可以自下而上获取较多的市场信息，从中抽取威胁、机遇等相关信息，以便于管理者进行决策，把握住时机对路径方案进行适度调整，规避风险。

（2）加强学习吸收能力的培育。从实证结果来看，学习吸收能力对创新绩效有着正向影响的作用，同时学习吸收能力在嵌入性网络关系影响创新绩效的机制中起着中介作用。知识经济时代，中小企业面对的是复杂多变的动态环境，要寻求发展就需要中小企业具有更强的创新能力。对中小企业而言，创新需要新知识。从相关理论上来看，学习吸收能力影响到外部资源配置、组织管理创新、对新知识和原有知识进行整合和利用，从而影响中小企业的创新绩效。学习吸收能力是中小企业获取、消化、吸收新知识、新技术的重要方式。不论企业在嵌入性网络关系中处于哪种地位，学习吸收能力强的中小企业能够高效率地获取外部知识，而且借此创造价值。因此，中小企业要加强内外部的学习，打造学习型组织，提升企业学习吸收能力，以此掌握更多新颖的、有价值的知识。首先，企业要继续加强和外部合作伙伴间的关系，充分利用自身嵌入的关系网络，有助于企业获取更多数量的外部知识。同时，中小企业要重视自身内部对新知识的创造，关注其他组织和本组织知识存在的共性，借助于知识性质相似性创造出嵌入性网络关系内各方普遍认可的合作基础，使双方共享信息，同时在共享过程中能够创造出新知识。此外，中小企业在嵌入性网络关系内，建立起知识共享机制，规范管理知识共享，促进合作双方进行通畅的信息交流，同时提升彼此的知识获取能力。总之，中小企业要重视外部知识的获取，对其进行吸收，并产生对企业有用的新知识，提升创新绩效。

（3）审慎加强试错匹配能力的培育。从实证结果来看，试错匹配能力对创新绩效有着正向影响的作用，同时试错匹配能力在嵌入性网络关系影响创新绩效的机制中起着中介作用。面对高速变化的动态环境，中小企业内部会涌现出很多战略路径方案，有来自管理部门的相关意见，有来自企业内既得利益集团的相关意见，有来自企业家的战略性意见，还有来自普通员工的共同期许。因此，试错匹配就成为中小企业选择战略的关键性过程，但是试错匹配过程实际上是平衡最优和迅速这两个相互矛盾的目标。在中小企业内，如何有效配置资源和知识，恰如其分的调整路径，成为中小企业高效运用动态能力以维持竞争优势的重要前提。目前，有些中小企业存在预算超支、非理性投资的问题，有些中小企业选择产业链一体化过度、盲目多元化等不利战略，这些都是中小企业试错匹配能力不成熟的表现，导致出现不可控风险，企业面临巨大危机。因此，中小企业要强化内控意识，完善内控体系，整体管控项目风险，在投资决策过程中科学决策，提高风险估计水平，审慎开展多元化战略，确保中小企业健康稳定的发展。中小企业要提升风险研判能力，科学准确定位管理工作的重点和方向，做好风险预案，根据动态环境调整管理策略，促使应变能力提升。中小企业要建立风险管理考核制度，把风险管理纳入企业绩效考核的指标体系中，建立起风险评估制度。

（4）加强知识应用能力的培育。知识应用能力是中小企业快速获取、有效应用和协调知识，以配合企业的生产运营能力，帮助企业快速采取措施以灵活应对动态环境。从实证结果来看，知识应用能力对创新绩效有着正向影响的作用，同时知识应用能力在嵌入性网络关系影响创新绩效的机制中起着中介作用。中小企业在成长过程中，通过知识应用能力，对获取到的外部知识进行转化，在理解的基础上进行再利用、创造，从而为中小企业创造出新知识、新价值，实现组织目标。为了提升中小企业的知识应用能力，首先要整合自身内部结构，为企业内各部门、成员确定出明确的目标，运用目标管理方法，调动员工运用自身知识为企业做贡献的积极性，增加中小企业知识储备，建立能够整合、转化、再利用知识的知识系统，促进企业提升自身的知识利用能力。其次，中小企业还应在组织内部培育出获取、应用新知识的企业文化，促进企业学习，在企业内部协调各种沟通渠道间的关系；同时，中小企业还应注重维护外部网络关系，建立起和合作伙伴的学习网络，根据外部环境变化调整组织内部结构，以此适应变化的内外部环境，提升企业的知识利用能力。知识应用能力是检验中小企业知识管理水平的一个重要指标，是企业获取、利用新知识、完善知识体系的过程。当前，中小企业创新活动，包括新技术的研发、新产品的开发、工艺的改进等，都需要新知识。

（5）加强战略柔性能力的培育。从实证结果来看，战略柔性能力对创新绩效有着正向影响的作用，同时战略柔性能力在嵌入性网络关系影响创新绩效的机制中起着中介作用。中小企业进入门槛比较低，大部分是劳动密集型的企业，主要采用低成本的无差异战略，但是我国逐步结束了人口红利时代，这就需要中小企业寻求新的增长点，聚焦于业务结构优化、管理精细化、业务高端化。中小企业要以改革管理观念为先导，时刻以客户需求、市场发展趋势为出发点，细化流程管理，注意细节管理，完善管理制度和内控体系，促使中小企业管理升级。同时，中小企业在坚守优势主业的基础上，通过创新等方式巩固优势主业的竞争优势，把富余的资源投入到和主业互补性强或关联度高的其他业务中，促使业务结构升级。

3. 注重嵌入性网络关系和动态能力的匹配

虽然本书实证结果没有发现动态环境在嵌入性网络关系和动态能力、动态能力和中小企业创新绩效间起调节作用。但是行业不同，使技术、产品、顾客需求等存在差异，造成企业面临的动态环境会存在很大的差异。没有任何一个企业可以脱离环境独立存在，中小企业应该和外部环境互动交换，形成开放性的系统，因此，中小企业需要密切关注其所处外部环境的变化情况，对嵌入性网络关系进行动态调整，充分发挥企业外部动态环境的积极作用，规避其不利影响。中小企业因为资源受限，不可能具备进行创新所需的全部知识，因此需要从外部环境里的各种知识源那里展开搜寻知识的活动，提升技术创新的可能性。在从外部搜寻知识的过程中，外部环境会对中小企业产生影响。如果所处环境相对稳定，中小企业要更加注重培养和维护合作双方关系，提高合作频次，深化合作程度，提升中小企业创新绩效。随着环境动态性的不断增强，中小企业要更加注重网络结构的调整，增大网络规模，增加关系成员的异质性，不断引入合作伙伴，不仅仅注重和同行企业进行合作和沟通，还要注重和政府、科研机构、高校、行业协会等的互动和联系，把外部多样化的知识和自身知识基础进行结合，获取互补性能力和资源，迎合外部环境的需要，促使中小企业创新绩效的提升。因此，中小企业要时刻注意外部环境的需要，实现嵌入性网络关系和动态能力相匹配，通过创新获取竞争优势。

4. 提升其他保障企业创新绩效提升的措施

（1）加大创新投入的力度。在创新活动中，创新投入非常关键，是保证中小企业各类创新活动能够正常运行、提升创新能力的物质保障和必备条件，在很大程度上约束着企业内创新活动的正常进行。中小企业应该建立起资金投入制度，确保创新投入资金能够在创新收入中占有一定的比例，确保创新投入资金供给的数量和速度，按照投入增长速度比业务规模增长速度高的方针，不断提升创新投入在销售收入里的占比，确保主营业务是主要的发展方向，同时辅以开展其他业务，拓展企业规模，增加创新投入的储备。与创新产出的影响相比，创新投入往往表现出滞后性，因此，中小企业一定要重视持续进行创新投入，放远战略眼光，关注于长远发展，制定出合理的长期的创新投入计划，确保创新投入资金的专款专用，保质保量进行创新投入，使企业内的创新活动顺利开展。

（2）完善人才培养的体系。中小企业要进行创新，离不开创新人才，所以要加快创新人才的引进，提升人才引进的力度，促使企业员工和科研机构、高校人员间的交流，提升企业员工对行业前沿技术的了解程度。中小企业要搭建舞台促使创新人才施展才华，打破以往的人事条框，提供宽松愉悦环境，及时配备设备和资金等，保证创新人才能"人尽其能、人尽其才"。中小企业要高度重视对人才的培养，定期对员工进行一些短期或者长期的培训，组织其学习现代管理知识、市场经济知识、科学技术知识、社会学、心理学等相关知识和当前最前沿的技术，也可以鼓励员工通过各种教育平台自发学习，培养员工的创新意识，增强员工的创新能力水平，提高员工的综合素质，促使员工健康成长。

（3）优化组织结构。中小企业要建立起明确的从上到下的层级管理体系，按照战略导向、社会导向、市场导向、研发导向等原则设置组织结构，明确管理体系的各个节点，明确各个节点的权责，明确出清晰的部门职责，明确分工，完善出汇报流程，避免职责重叠或空缺，有效推进中小企业的正常运行，避免弱化或缺失某些关键职能，体现出专业分工、精简高效、权责对等、执行和监督分离、流程管理导向或者客户服务导向的原则。

（4）提高中小企业的营销能力。中小企业要进行创新，需要具备强大的市场销售能力和市场调查能力。中小企业要根据自身特色、创新成果特点确定出自己的销售策略，对销售网络进行合理布局，提高中小企业的售后服务质量，尽力积极宣传、推广自己的创新产品、创新服务。同时，中小企业要依据市场信息、行业发展动态调整自己的销售策略，努力提高创新产品或创新服务的市场占有率，为中小企业以及参与企业创新的嵌入性网络关系内的其他主体带来丰厚的利润，实现中小企业的创新创意快速转化为创新产品、创新服务并且推向市场。作为与顾客直接接触的营销部门和销售部门，还要积极收集消费者需求信息和市场信息，为中小企业进行创新提供导向。

（5）规范财务制度。目前，大部分中小企业过多关注于短期利益，而忽视了长期发展规划。中小企业要健康发展，必须制定出具有自身特色的财务制度，这是中小企业提高融资能力的前提条件。因此，中小企业要完善、健全财务规章制度，加强管理中小企业的财务会计，保证企业会计信息合法真实。要增强中小企业对内控制度的认识，企业内的财务制度要设计到经营管理活动的各个环节，从盈亏到奖惩，必须保证有一套可操作的完整的规章制度。中小企业要提高财务人员的综合素质，坚持持证上岗，做到定期核查，发现问题及时纠正，使财务管理的规章制度真正落到实处。规范好财务工作的秩序，使资金筹集和管理、成本费用管理、资产管理、利润分配管理、工资薪酬管理等工作有规章制度可以遵循，强化审计监督的作用。

（6）构建和谐的企业文化。企业文化是看不见摸不着的、深藏在企业的表面之下，无形中影响员工和企业精神面貌的。企业文化一旦形成，就会潜移默化地影响着企业内每一位员工的行为，引导着大家朝向企业所倡导的价值定位、文化方向发展。因此，企业要想通过嵌入性网络关系提升创新绩效，需要构建和谐的企业文化。中小企业要加强控制力度，让高层管理人员成为建设企业文化的表率和领军人物，企业高层管理人员要不断学习，以身作则，提高自身修养和素质，以崭新的面貌激励和影响员工。中小企业要在员工内部统一思想价值观念和行为方式，通过岗前培训、定期学习、定制手册等灵活多变的方法潜移默化地影响员工价值观念，使员工能够从心底里认同企业文化，形成一种无形的力量。中小企业要巩固和加强企业文化建设，在工作中强调团队协作精神，提升员工文化素质修养，对员工加强人文关怀，使沟通渠道保持畅通，树立标杆，弘扬先进，奖励和宣传对创新做出贡献的员工。构建和谐的企业文化不是一朝一夕就能完成的，需要中小企业不间断的长期的努力才能实现。

第7章

主要研究结论和展望

7.1 研 究 结 论

本书研究的是基于山东地区动态环境下嵌入性网络关系、动态能力对中小企业创新绩效的影响，所以本书选择以山东地区的中小企业作为研究对象。在问卷发放对象上，考虑到一般员工对本企业了解的不透彻不全面，因此本书选择那些对本企业了解较为全面、较为客观的创始人、管理者和核心技术人员，他们能够准确作答问卷中的问题，提供本书进行研究时所需要的一些相关信息。本书发放的问卷涵盖了山东省内不同的行业、不同的区域。从行业分布来看，本书调查的中小企业涵盖了很多行业，比如高新技术、生产制造、服务、房地产、金融等。从区域分布来看，本书调查的中小企业涵盖了山东省不同的地域，比如济南市、淄博市、青岛市、临沂市、滨州市、菏泽市、聊城市、泰安市、烟台市、威海市、济宁市等地级市。本书主要借助于问卷调查这种方式获取需要的数据，主要集中在2018年7月到2018年8月进行问卷的发放和回收。正式调查时，主要采用直接发放问卷的方式。在本次调查中，一共发出300份问卷，在暑假结束后成功回收264份问卷，回收率达到88%。然后，经过筛选后，最后得到218份有效问卷，有效问卷回收率达到72.67%。主要原因在于每个调查人员负责的问卷数量有限，再加上调查人员都经过培训能够认真负责，因此，问卷有着比较高的有效回收率。本书以 218 个有效地样本点作为研究对象，以中小企业创新绩效为被解释变量，以动态能力为中介变量，以嵌入性网络关系为解释变量，以动态环境为调节变量，验证动态环境下嵌入性网络关系通过动态能力影响中小企业创新绩效的路径。因此，本书的主要研究结论包含以下内容。

1. 明确了嵌入性网络关系的内涵和维度

本书从结构化的视角解读了嵌入性网络关系，认为嵌入性网络关系是中小企业通过采取一些的合理合法的行为构建起来的网络关系，形成了一种不能或缺、互相依赖的网络结构。借助于该网络，中小企业获取到自身发展所需的各类资源，能够积累自身的动态能力，由此提升在行业内的战略地位。实质上，嵌入性网络关系描述的是中小企业所在的关系网络对其自身的经济行为所产生的影响，表明了关系网络内中小企业所处的位置、地位、与其他合作伙伴间的相互关系，毋庸置疑，这种相互关系很重要，决定了在关系网络内中小企业所能获取、吸收、利用的各类资源的数量，进而影响到中小企业的行为、决策、绩效等。合作企业对嵌入性网络关系有着较高的信赖度，远远超越了一般意义上的契约关系。在关系网络内，企业间的交流日益增强，促使了知识的流动、交换，降低了企业的学习成本，由此促进了企业的创新（Dyer and Nobeoka，2000）。就目前而言，嵌入性网络关系分为信任、信息共享和共同解决问题这三个维度（Uzzi，1997）。本书结合中小企业的实际情况，纵观已有的观点，认为嵌入性网络关系分为信任、信息共享和共同协商这三个维度。

信任是企业间能否建立起牢固关系的关键和重要基础，企业信任合作企业，认为合作企业不会利用自己的劣势谋取不当的利益。因为企业管理者信任合作伙伴，就没必要对合作伙伴刻意保密，不担心合作伙伴会泄露自己保密的技术以及一些重要信息。因此，企业间如果存在着较高的信任度，越有利于知识分享。信任程度越高，企业越愿意分享自己的知识，技术交流程度就会越深。信息共享是嵌入性网络关系所独有的，是合作双方在合作中基于自身优质信息的公开程度，交换优质重要的信息。在关系网络内，企业嵌入程度越高，信息共享的广度、深度、及时性和准确性都会提高。在嵌入性网络关系内，共同协作反映的是企业在合作过程中能否共同解决产生的问题。在共同协作的过程中，企业间互动会更加频繁和更趋于深层次，会形成共同的规章制度、组织框架。隐性知识自身独特的属性决定了其很难传播，但是在规章制度、组织框架趋同的情况下，企业间会形成共同语言，彼此借鉴学习对方的各类技术和方法，不仅促使了显性知识转移，也促使了隐性知识转移。共同协作为转移隐性知识创造了独特的外部环境，有效促使隐性知识转移、传递，解决了隐性知识难转移的困境。

2. 明确了动态能力的内涵和维度

为了应对快速变化的外部环境，企业需要获取、重构、整合内外部资源、能力等，使企业资源基础改变，这种高阶能力就是动态能力。动态能力依赖于企业自身的努力去构建，内嵌在企业内部，对路径具有一定的依赖性，不是一种即期反应，也不是机遇和运气使然，是需要企业切切实实地努力的。由此可见，动态能力是一种高阶能力。企业内的组织能力如果依据能力阶层理论的相关观点，可以划分为常规能力、动态能力两大类，动态能力在快速变化的环境下能改变常规能力，所以企业应该投资于动态能力这一高阶能力，以获取竞争优势。动态能力还是一类组织惯例。动态能力是不能到市场上去直接购买，是企业经过反复实践和不断学习构建起来的，是企业的一种有意识的战略活动，借此改变企业的资源基础。实质上，动态能力的发展过程体现出企业知识演变、动态学习的进程。在关系网络内，企业千差万别，但是其动态能力会存在着能够被识别出来的共性，这种共性就是创造、存储、应用知识资源，动态能力的核心要素就是合理使用知识资源。

借鉴穆文奇（2017）等学者的观点，本书认为动态能力由五个维度组成，具体包括感知判断能力、学习吸收能力、试错匹配能力、知识应用能力、战略柔性能力。动态能力的五个维度需要共同作用于企业创新活动，企业的创新战略路径才能与内外部环境的演化进程相匹配，以提升创新绩效，使企业持续保有竞争优势。

　　具体来说，动态能力的五个维度对中小企业来说，都非常重要。一是感知判断能力。感知判断能力由两部分内容组成：感知、理解内外环境所释放出来的信息；判断该信息给企业带来的各种机遇、挑战，据此迅速做出反应，制定出适宜的决策。就目前而言，政策因素、经济因素、文化因素、竞争对手行为、顾客偏好、供应商行为等都会对中小企业产生较大的影响，中小企业的发展依赖于外部环境，必须迅速地开发、探索环境中的机遇、挑战，及时、正确地进行创新，打造出中小企业自身的竞争优势。中小企业如果具备较强的感知判断能力，对于环境有着良好的感知判断，便能依据市场需求更好更快地进行创新，获得长期的超额利益。二是学习吸收能力。学习吸收能力帮助中小企业更加积极主动地适应外部环境变化，追踪顾客需求，在感知顾客需求的基础上迅速抓住市场机遇进行创新，提供给消费者需要的新产品、新服务，由此增加销售额、提高顾客忠诚度，加深理解和认识了外部环境，提高了应变能力，给中小企业带来比较可观的创新绩效，这是中小企业获取持续竞争优势的一种战略手段。三是试错匹配能力。当外部环境发生剧烈变化时，原有的组织结构、管理模式、运营结构、运营规模很难快速适应这种变化，企业就需要寻找与自身优势匹配的新的创新战略方式，这就需要试错匹配能力发挥作用。在这一过程中，内部会出现较多的路径方案，企业能否选择出合适的路径方案，是其成功的关键，这就需要通过试验，根据新出现的问题不断地修订试验行为，一直到找到满意的路径方案，实施效率更高的资源重置方式，提升创新绩效。四是知识应用能力。知识应用能力于中小企业创新更为重要。对于中小企业而言，知识，特别是异质性知识是一类重要的关键的战略资源，是企业进行创新所必需的。因为企业文化和实践经历等方面存在差异，所以企业并不能把所有获取到的知识都直接用于创新，而是需要企业加工、转化和重新构建知识源，知识应用能力把原始知识转化成可执行知识，使企业既有知识实现价值最大化，通过不断完善的为创新活动提供服务的知识体系，提升创新绩效，实现创新目标。五是战略柔性能力。战略柔性能力决定了中小企业是否能够把新的知识结构反映到惯例中，以此形成新的路径。在动态环境下，中小企业的战略柔性能力决定了其能否准确预测、感知和决策其路径调整、演化行为，这是中小企业能否持续吸收资源、知识，能否合理自由试错匹配的关键。对于中小企业来讲，战略柔性能力在很大程度上表现在文化、组织、管理模式、管理方式等方面，在资源、知识的转换中，战略柔性能力能提升其效率，节省大量的人力、物力、时间和财务成本，促使创新绩效提升。

3. 从动态能力理论的视角，剖析嵌入性网络关系对中小企业创新绩效影响的中间机理

目前针对嵌入性网络关系和中小企业创新绩效的研究，大部分从组织行为等视角出发，更多研究的是嵌入性网络关系对中小企业创新绩效产生的直接影响，对于嵌入性网络关系到底是如何影响作用中小企业创新绩效的机制没有引起足够的关注。基于知识角度出发的动态能力理论指出，组织学习等企业活动是中小企业的动态能力形成和提升的主导机制，因此，组织学习等企业活动必然或多或少的影响中小企业的动态能力。借助于嵌入性网络关系，中小企业能够在网络内互通有无，进行知识和资源的共享，反过来又促进了组织学习等企业活动，使中小企业不断提升自身的动态能力。而动态能力是中小企业不可或缺的，是其进行创新、获取持久竞争优势的主要来源，尤其是对于那些资源和信息严重不足的中小企业。因此，本书从动态能力理论的视角切入，研究中小企业的创新绩效，打开了嵌入性网络关系影响中小企业创新绩效机制的黑箱。

中小企业要进行创新，动态能力是其主要的驱动力。中小企业借助于动态能力，源源不断地从外界环境中学习、吸收相关知识，对这些知识加以内化使中小企业能够形成自身独特的优势，以提升中小企业的创新绩效。在竞争激烈、动态变化的环境下，动态能力对中小企业创新的巨大促进作用更加明显，更有助于中小企业获取持续的竞争优势。动态能力无法脱离于外部环境，在外部环境下，嵌入性网络关系是其核心部分，中小企业要依据自身战略目标，选择合作伙伴，合理确定合作伙伴数量、关系嵌入程度，以使中小企业高质量的获取到信息、知识等资源。在嵌入性网络关系下，企业甄选、吸收、整合所获取信息、知识等资源的质量决定了其是否有助于提升创新绩效以及提升幅度的大小。利用嵌入性网络关系，中小企业可以和合作伙伴共享相关的信息、资源、知识和能力，可以从研发机构、供应商、竞争对手、客户等相关外部组织那里得到和了解关于产品、市场以及技术发展等方面的若干信息。一方面，中小企业能够增强对市场的敏感度，有利于自己产品的升级和换代；另一方面，中小企业还能在很大程度上减少因为不确定性环境因素带来的各种风险。因此，嵌入性网络关系对中小企业的创新绩效会产生影响，只不过这种影响要借助于动态能力这一中介变量。嵌入性网络关系不会直接对中小企业的创新产生作用，而是借助于动态能力这一中介变量对中小企业创新绩效产生作用。

4. 选取嵌入性网络关系分析研究中小企业的创新绩效，有机结合了正式机制和非正式机制

企业不可避免地要有很多的利益相关者，因此，企业和企业所有者、员工、供应者、顾客、债权人、债务人、政府机关、社区等利益相关者间的利益关系往往需要借助于一系列的正式制度或机制、非正式制度或机制协调，以维护企业各个方面的利益，保证企业科学的决策。起协调作用的正式制度或机制、非正式制度或机制可以来源于企业内部，也可以来自企业外部。本书选取嵌入性网络关系对中小企业的创新绩效进行分析和研究，从介入的视角来看，有一定的新颖性，进一步完善了目前的中小企业管理理论，从以往的仅仅关注于正式制度或机制，转而关注于把正式制度或机制、非正式制度或机制有机结合起来。本书研究中小企业的创新绩效，从正式制度或机制转向非正式制度或机制中的嵌入性关系网络，充实了现有的研究。把中小企业和其他组织的网络关系纳入企业管理中，更具有现实意义。管理实际上就是一系列制度上的安排，用以解决企业内的一系列问题，保护企业所有者的利益。因此，不管是理论界还是实业界都越来越关注中小企业的管理问题，所以提升中小企业的管理水平就具有重要的意义。本书基于嵌入性网络关系研究中小企业的创新绩效，把关注的焦点从正式制度或机制转到正式制度或机制、非正式制度或机制的有机结合，从新的视角出发寻求解决方案提升中小企业的管理水平。

5. 建立了嵌入性网络关系通过动态能力影响作用中小企业创新绩效的理论模型

只有详尽地把研究路径分析清楚，才能从源头上解决问题。本书为了从根本上真正解释嵌入性网络关系对企业尤其是中小企业的创新绩效的影响，建立了嵌入性网络关系通过动态能力影响作用中小企业创新绩效的理论模型，即"嵌入性网络关系→动态能力→中小企业创新绩效"的路径模型。实际上嵌入性网络关系并不是直接影响中小企业的创新绩效，而是借助于动态能力的中介效应引发的。本书构建的路径模型，把"结构→行为→绩效"的经济学研究范式纳入中小企业创新管理的研究中，深化了中小企业创新管理已有的研究框架，能够更加科学合理地解释嵌入性网络关系和中小企业创新绩效之间的关系，以此规避了在传统研究内嵌入性网络关系直接影响中小企业绩效导致研究结论不确定甚至会违背现实状况的缺陷。从逻辑关系上分析，嵌入性网络关系首先影响中小企业的动态能力，然后借助于动态能力影响中小企业的创新绩效，这有助于打开"嵌入性关系网络→中小企业创新绩效"的黑箱，科学合理地解释中小企业创新绩效形成机理，突破了传统研究中嵌入性网络关系直接到创新绩效的缺陷，能够完善中小企业管理的理论研究、实证研究。

7.2　不足之处

本书针对的是山东地区的中小企业动态环境下嵌入性网络关系与中小企业创新绩效的关系进行分析，研究结论有一定的实践价值，丰富了中小企业的成长理论。但是由于受到个人能力和资源限制，本书存在有待于完善的地方。

（1）在调查问卷的设计上，信度和效度水平还有待于进一步提高。本书结合现有的量表和专家意见等若干办法设计测度量值，也采用了一系列较为严格的方法确保测度的有效性和可靠性。但是，调查问卷这种方法存在着一定的缺陷，采用被调查人员纯主观打分的方法，不可避免存在缺陷和偏差，容易导致被调查人员居中选择。在以后的研究中，如果数据收集的条件具备，可以采用客观指标测度理论模型里的一些变量，由此提高研究结论可信度。

（2）因为受到样本数据可得性的限制，调查过程中由学生在当地自主选择样本企业，因此样本的代表性有待商榷。由于条件所限，样本部分的获取很大程度上基于方便抽样方式，学生可能会刻意选择一些容易获得数据的样本企业，而不是根据行业、销售额、员工数量等因素选择恰当的样本企业。样本企业选择不合适，可能会导致研究结论不恰当。同时，因为收集到的样本集中在山东地区，使获取的样本数据在很大程度上有着地域特征，一定程度上影响到研究结论概化效度。

（3）在实证检验时，由于受到数据的限制，控制变量选择得不够全面。

7.3 研究展望

嵌入性网络关系和企业创新绩效间的关系受到学者们的普遍关注，基于本书研究存在的不足和缺陷，在该研究范畴下未来仍然存在着很多需要深入研究的内容，具体表现在以下几个方面：

（1）深入跨层次和跨文化的嵌入性网络关系研究。当前的研究主要局限于同层次的企业构建嵌入性网络关系，很少跨到不同层次，未来的研究应该以此为研究方向进行深入挖掘。同时，不同文化背景下，嵌入性网络关系也会存在差异，因此可以研究跨文化的嵌入性网络关系的影响机制和发展规律。

（2）进一步考虑嵌入性网络关系对不同类型的创新绩效产生的影响。目前，已有学者研究发现嵌入性网络关系对不同类型的创新产生的影响程度是存在着差异的，嵌入性网络关系对有些创新活动产生的作用比较显著，但又对有些创新活动产生的作用不是很显著。因此，在未来研究中可以对创新绩效进行分类，探讨嵌入性网络关系对不同类型的创新绩效产生的作用差异问题，进一步丰富、拓展嵌入性网络关系研究。

（3）进一步夯实构念内涵和构成维度划分。本书把嵌入性网络关系划分为三个维度，动态能力划分为五个维度，尽管这种划分方法得到了学者们的认可，但是维度划分与测量方法方面还存在着分歧，尤其是国内学者们的研究，造成相关实证研究间缺乏关联性、彼此割裂，研究结论不一致甚至相互矛盾，影响到嵌入性网络关系、动态能力等理论的深入研究，也影响到研究对实践所起的指导作用。因此，未来需要进一步验证嵌入性网络关系、动态能力的维度划分。

附　录

动态环境下嵌入性网络关系、动态能力影响中小企业创新绩效研究的调查问卷

尊敬的女士/先生：

您好！非常感谢您能在百忙中抽出时间填写问卷，本问卷主要是为了探索动态环境下嵌入性网络关系、动态能力对中小企业创新绩效的影响机制，从而为中小企业提升创新绩效、培养核心竞争力提供可操作的建议。

恳请您仔细阅读问卷题目，根据企业实际情况如实回答，您的答案对本研究有着重要的影响。本次调查采用匿名的方式，内容不会涉及贵企业的商业机密，其研究结果主要用于学术研究，不会涉及商业用途，请您不要有所顾虑。本研究也向您承诺绝对保密，不会向其他组织泄露贵企业任何信息。同时，对于问卷中的问题，仁者见仁，智者见智，每个人有自己独特的看法，因此您的答案没有对错之分，烦请您根据企业实际情况真实表达自己的想法。对于您的支持和合作，本研究表示诚挚的感谢。

一、企业基本情况

A1　企业名称＿＿＿＿＿＿＿＿＿＿＿＿

A2　贵企业员工数量为多少①？（　　　）

a. 20 人以下　　　　　　b. 20～49 人　　　　　　c. 50～99 人

d. 100～499 人　　　　　e. 500 人以上

---

① 边界数值归到高位组内。

A3 截止到 2018 年 6 月, 贵企业成立多少年①? (　　　)

a. 1 年以下　　　　　b. 1~3 年　　　　　c. 3~5 年

d. 5~10 年　　　　　e. 10 年以上

A4 贵企业所在行业: (　　　)。

a. 生产制造　　　　　b. 贸易　　　　　c. 服务

d. 金融　　　　　e. 房地产　　　　　f. 高新技术

g. 其他

A5 贵企业所在地区: (　　　)。

a. 济南市　　　　　b. 青岛市　　　　　c. 烟台市

d. 威海市　　　　　e. 淄博市　　　　　f. 临沂市

g. 滨州市　　　　　h. 济宁市　　　　　i. 菏泽市

j. 聊城市　　　　　k. 泰安市　　　　　l. 日照市

A6 贵企业最近一年的销售额是多少②? (　　　)

a. 50 万元以下　　　b. 50 万~100 万元　　c. 100 万~500 万元

d. 500 万~1000 万元　e. 1000 万元以上

A7 贵企业总经理的教育程度: (　　　)。

a. 小学　　　　　b. 中学　　　　　c. 大学

d. 研究生及以上

A8 您在公司的职位相当于: (　　　)

a. 高层管理者 (总经理、总工程师等)

b. 中层管理者 (部门经理、副经理等)

c. 普通职能管理人员

二、以下是有关中小企业创新绩效的描述 ("1"表示"最不相符", "5"表示"最相符","1→5"表示相符程度越来越高。请根据实际情况, 在合适的分值上打"√"。)

B1 经济效益

不符合→符合

---

① ② 边界数值归到高位组内。

B11　企业的利润是很大程度上来自新开发的技术或产品

　　　　　　　　　　　　　　　　　　　　　1　2　3　4　5

B12　相比与竞争对手，企业拥有的专利权数量更多　1　2　3　4　5

B13　与同行相比，企业创新的产品和服务市场反应非常好

　　　　　　　　　　　　　　　　　　　　　1　2　3　4　5

B2　创新能力

　　　　　　　　　　　　　　　　　　　不符合→符合

B21　企业经常想出许多促使产品生产流程改善的方法1　2　3　4　5

B22　企业经常引进能改善作业流程或生产工艺的新技术

　　　　　　　　　　　　　　　　　　　　　1　2　3　4　5

B23　相比与竞争对手，企业更能把握顾客和市场需求1　2　3　4　5

B24　与竞争对手相比，企业新技术或新产品开发速度更快

　　　　　　　　　　　　　　　　　　　　　1　2　3　4　5

B3　合作满意度

　　　　　　　　　　　　　　　　　　　不符合→符合

B31　贵企业对合作伙伴满意　　　　　　　　1　2　3　4　5

B32　在合作伙伴需要帮助时，贵企业会提供支持　1　2　3　4　5

B33　在贵企业需要帮助时，合作伙伴会提供支持　1　2　3　4　5

三、以下是有关嵌入性网络关系的描述（"1"表示"最不相符"，"5"表示"最相符"，"1→5"表示相符程度越来越高。请根据实际情况，在合适的分值上打"√"。）

C1　信任

　　　　　　　　　　　　　　　　　　　不符合→符合

C11　贵企业和合作伙伴在商谈时能实事求是　1　2　3　4　5

C12　贵企业和合作伙伴能信守承诺　　　　　1　2　3　4　5

C13　合作伙伴没有对贵企业行为产生误导　　1　2　3　4　5

C14　合作伙伴不会利用贵企业劣势以获取不当利益　1　2　3　4　5

C2　信息共享

不符合→符合

C21　贵企业和合作伙伴信息交换频繁，不仅局限于既定协议

1　2　3　4　5

C22　贵企业和合作伙伴彼此提醒可能出现的问题和变化

1　2　3　4　5

C23　贵企业和合作企业能相互最大可能地提供所需信息

1　2　3　4　5

C24　贵企业和合作伙伴能彼此分享未来发展计划　1　2　3　4　5

C3　共同协作

不符合→符合

C31　贵企业和合作伙伴能共同负责以完成任务　　1　2　3　4　5

C32　贵企业和合作企业能彼此帮助以解决对方问题　1　2　3　4　5

C33　贵企业和合作企业能共同协作以克服困难　　1　2　3　4　5

四、以下是有关动态能力的描述（"1"表示"最不相符"，"5"表示"最相符"，"1→5"表示相符程度越来越高。请根据实际情况，在合适的分值上打"√"。）

D1　感知判断能力

不符合→符合

D11　贵企业能及时掌握行业竞争者信息并及时做出反应

1　2　3　4　5

D12　贵企业能投入大量的时间、资源以获取市场信息，并且迅速决策从而抓住市场机遇　　　　　　　　　　　　1　2　3　4　5

D13　贵企业能及时把握行业发展趋势并且迅速做出调整战略的决策

1　2　3　4　5

D14　贵企业能及时了解新技术、新工艺发展的趋势并且迅速进行自主学习　　　　　　　　　　　　　　　　　　1　2　3　4　5

D2　学习吸收能力

不符合→符合

D21　贵企业能通过多个渠道获取所需的外部知识、信息

1　2　3　4　5

D22　贵企业鼓励员工不断自主学习相关的技术、知识 1　2　3　4　5

D23　贵企业内部知识交流渠道比较畅通　　　　1　2　3　4　5

D24　贵企业鼓励员工进行工作技能、工作经验等知识的交流

1　2　3　4　5

D3　试错匹配能力

不符合→符合

D31　针对企业经营、管理中存在的问题，贵企业有能力拟定出多种
解决方案　　　　　　　　　　　　　　　1　2　3　4　5

D32　针对来自市场的机遇、挑战，贵企业总能制定出正确的改革方案

1　2　3　4　5

D33　贵企业能定期评估落实发展战略的情况　　1　2　3　4　5

D34　贵企业的组织结构、工作流程能匹配于公司发展战略

1　2　3　4　5

D35　贵企业对自身发展状况有清晰良好的认知　1　2　3　4　5

D4　知识应用能力

不符合→符合

D41　贵企业能及时贯彻行业发展新理念　　　　1　2　3　4　5

D42　贵企业能有效快速地把新的管理技术应用到企业中

1　2　3　4　5

D43　贵企业能有效快速地把新的生产工艺、方案等应用到企业中

1　2　3　4　5

D44　贵企业员工能很好地将工作经验应用于新项目中 1　2　3　4　5

D45　贵企业的科技创新力度逐年加大、技术转化成果丰硕

1　2　3　4　5

D5　战略柔性能力

　　　　　　　　　　　　　　　　　　　　　　不符合→符合

D51　贵企业转变战略的速度比竞争对手快　　　1　2　3　4　5

D52　贵企业各部门和项目部的决策自主权较大　1　2　3　4　5

D53　贵企业能抓住机遇促使自身发展　　　　　1　2　3　4　5

五、以下是有关动态环境的描述（"1"表示"最不相符"，"5"表示"最相符"，"1→5"表示相符程度越来越高。请根据实际情况，在合适的分值上打"√"。）

E1　环境预测性

　　　　　　　　　　　　　　　　　　　　　　不符合→符合

E11　贵企业面对的消费者，其偏好会经常变化　1　2　3　4　5

E12　贵企业所处行业技术变化迅速　　　　　　1　2　3　4　5

E13　贵企业的竞争者众多　　　　　　　　　　1　2　3　4　5

E2　环境变化速度

　　　　　　　　　　　　　　　　　　　　　　不符合→符合

E21　贵企业会出现很多新客户　　　　　　　　1　2　3　4　5

E22　贵企业能预测行业发展趋势　　　　　　　1　2　3　4　5

E23　贵企业能预测竞争者行为　　　　　　　　1　2　3　4　5

　　问卷已经填写完毕，对您表示诚挚的感谢！祝您身体健康，祝贵企业蒸蒸日上！

参 考 文 献

［1］彼得·F. 德鲁克. 创新与创业精神［M］. 上海：上海人民出版社，2002.

［2］边燕杰，丘海雄. 企业的社会资本及其功效［J］. 中国社会科学，2000（2）：87–99.

［3］蔡树堂. 动态能力与企业可持续成长的关系研究［J］. 云南财经大学学报，2011（4）：118–126.

［4］曹红军，赵剑波. 动态能力如何影响企业绩效——基于中国企业的实证研究［J］. 南开管理评论，2008，11（6）：54–65.

［5］曾萍. 知识创新、动态能力与组织绩效的关系研究［J］. 科学学研究，2009，27（8）：1271–1280.

［6］陈建军，王正沛，李国鑫. 中国宇航企业组织结构与创新绩效：动态能力和创新氛围的中介效应［J］. 中国软科学，2018（11）：122–130.

［7］陈劲，陈猛芬. 企业技术创新绩效评价指标化系研究［J］. 科学学与科学技术管理，2006（3）：86–91.

［8］陈劲，梁靓，吴航. 开放式创新背景下产业集聚与创新绩效关系研究——以中国高技术产业为例［J］. 科学学研究，2013，31（4）：623–629.

［9］陈钰芬，陈劲. 开放度对企业技术创新绩效的影响［J］. 科学学研究，2008（2）：419–426.

［10］丁道韧，陈万明. 知识网络关系特征对创新绩效的作用——考虑远程创新搜寻的中介作用［J］. 技术经济与管理研究，2016（5）：31–35.

［11］董保宝，葛宝山，王侃. 资源整合过程、动态能力与竞争优势：

机理与路径 [J]. 管理世界, 2011 (3): 92 - 101.

[12] 董俊武, 黄江圳, 陈震红. 基于知识的动态能力演化模型研究 [J]. 中国工业经济, 2004 (2): 77 - 85.

[13] 董振林. 外部知识搜寻、知识整合机制与企业创新绩效: 外部环境特性的调节作用 [D]. 长春: 吉林大学学位论文, 2017.

[14] 杜健, 姜雁斌, 郑素丽, 章威. 网络嵌入性视角下基于知识的动态能力构建机制 [J]. 管理工程学报, 2011, 25 (4): 145 - 151.

[15] 范群林, 邵云飞, 唐小我, 王剑峰. 创新网络结构嵌入性与群内企业创新能力关系研究——以四川德阳装备制造业集群为例 [J]. 研究与发展管理, 2011, 23 (6): 35 - 44.

[16] 费孝通. 重读《江村经济·序言》 [J]. 北京大学学报 (哲学社会科学版), 1996 (4): 4 - 18 + 126.

[17] 冯文娜. 网络对企业成长影响的实证研究——以济南中小软件企业为例 [D]. 山东大学学位论文, 2008.

[18] 高辉. 中国情境下的制度环境与企业创新绩效关系研究 [D]. 长春: 吉林大学学位论文, 2017.

[19] 葛宝山, 董保宝. 基于动态能力中介作用的资源开发过程创业绩效关系研究 [J]. 管理学报, 2009 (4): 520 - 526.

[20] 关健, 王先海. 双边层次联盟能力与企业绩效、合作满意度关系研究 [J]. 管理工程学报, 2015, 29 (4): 27 - 34.

[21] 国家工商总局. 党的十八大以来全国企业发展分析 [N]. 中国工商报, 2017. 10. 26.

[22] 郭南芸. 基于动态能力的地方产业网络演进理论与实证研究 [D]. 暨南大学学位论文, 2009.

[23] 郭韬, 王宏宇, 史竹青. 企业成长三维模型研究 [J]. 科技进步与对策, 2011, 28 (8): 88 - 91.

[24] 黄俊, 王钊, 白硕, 顾国伟, 肖卫东. 动态能力的测度: 基于国内汽车行业的实证研究 [J]. 管理评论, 2010 (1): 76 - 81.

[25] 何郁冰. 国内外开放式创新研究动态与展望 [J]. 科学学与科学技术管理. 2015, 36 (3): 3 - 12.

［26］韩翼，廖建桥，龙立荣．雇员工作绩效结构模型：构建与实证研究［J］．管理科学学报，2007，10（5）：62-77．

［27］侯二秀，郝唯汀．组织创新绩效影响因素研究综述［J］．企业研究，2012（18）：7-9．

［28］黄光国，胡先缙．人情与面子——中国人的权力游戏［J］．领导文萃，2005（7）：162-166．

［29］黄卢宇．关系嵌入、知识获取与创新绩效研究［D］．杭州：浙江工业大学学位论文，2014．

［30］简兆权，柳仪．关系嵌入性、网络能力与服务创新绩效关系的实证研究［J］．软科学，2015，29（5）：1-5．

［31］简兆权，王晨，陈键宏．战略导向、动态能力与技术创新：环境不确定性的调节作用［J］．研究与发展管理，2015，27（2）：65-76．

［32］姜爱军．中国东北地区中小企业网络嵌入性、动态能力与企业成长关系研究［D］．长春：吉林大学学位论文，2012．

［33］江积海，蔡春花．联盟组合的结构特征对开放式创新的影响机理——瑞丰光电的案例研究［J］．科学学研究，2014，32（9）：1396-1404．

［34］蒋天颖，丛海彬，王峥燕，张一青．集群企业网络嵌入对技术创新的影响——基于知识的视角［J］．科研管理，2014，35（11）：26-34．

［35］金明华，潘孟阳．社会网络视角下关系嵌入对消费者网络团购意愿的影响［J］．商业经济研究，2018（12）：52-56．

［36］焦豪．企业动态能力、环境动态性与绩效关系的实证研究［J］．软科学，2008，22（4）：112-117．

［37］康健．集群企业双重关系嵌入、动态能力及创新绩效关系研究［D］．杭州：浙江工商大学学位论文，2015．

［38］孔凡柱．企业家内部社会网络与技术创新绩效：跨功能知识整合的中介效应［J］．华东经济管理，2014（8）：97-100+148．

［39］李军波，蔡伟贤，王迎春．企业成长理论研究综述［J］．湘潭大学学报（哲学社会科学版），2011，35（6）：19-24．

［40］李林生．网络组织下人力资源配置对中小企业创新绩效的影响研究［D］．镇江：江苏大学学位论文，2012．

［41］李玲．技术创新网络中企业间依赖、企业开放度对合作绩效的影响［J］．南开管理评论，2011，14（4）：16－24．

［42］李随成，武梦超．供应商整合能力对渐进式创新与突破式创新的影响——基于环境动态性的调节作用［J］．科技进步与对策，2016，33（3）：96－102．

［43］李妍，梅强．民营科技企业网络嵌入性、创新动力、创新能力关系研究［J］．科技进步与对策，2010，27（10）：60－64．

［44］李贞．企业知识网络能力对技术创新绩效的影响研究［D］．济南：山东大学学位论文，2011．

［45］林萍．企业资源、动态能力对创新作用的实证研究［J］．科研管理，2012，33（10）：72－79．

［46］刘建基．网络嵌入性对科技中小企业商业模式创新的影响研究［D］．沈阳：辽宁大学学位论文，2018．

［47］刘兰剑．创新的发生：网络关系特征及其影响［M］．北京：科学出版社，2010．

［48］刘天利．企业家社会资本、动态能力与商业模式创新研究［D］．西安：西北大学学位论文，2018．

［49］刘霞，陈建军．产业集群成长的组织间学习效应研究［J］．科研管理，2012，33（4）：28－35．

［50］刘雪锋．网络嵌入性与差异化战略及企业绩效关系研究［D］．杭州：浙江大学学位论文，2007．

［51］刘雪锋，徐芳宁，揭上锋．网络嵌入性与知识获取及企业创新能力关系研究［J］．经济管理，2015，37（3）：150－159．

［52］刘朝明．企业成长［M］．成都：天地出版社，2004．

［53］龙思颖．基于认知视角的企业动态能力及其绩效研究［D］．杭州：浙江大学学位论文，2016．

［54］吕兴群．科技型新企业领导风格对创新绩效的影响研究：知识获取的中介作用［D］．长春：吉林大学学位论文，2016．

[55] 孟繁颖. 基于知识协调的企业成长研究 [D]. 长春：吉林大学学位论文，2010.

[56] 缪根红，陈万明，唐朝永. 外部创新搜寻、知识整合与创新绩效关系研究 [J]. 科技进步与对策，2014，31（1）：130 – 135.

[57] 穆文奇. 建筑企业动态能力对持续竞争优势的作用研究 [D]. 北京：北京交通大学学位论文，2017.

[58] 彭本红，武柏宇. 跨界搜索、动态能力与开放式服务创新绩效 [J]. 中国科技论坛，2017（1）：32 – 39.

[59] 綦良群，蔡渊渊，王成东. 全球价值链的价值位势、嵌入强度与中国装备制造业研发效率——基于 SFA 和研发两阶段视角的实证研究 [J]. 研究与发展管理，2017，29（6）：26 – 37 + 90.

[60] 阮爱君，卢立伟，方佳音. 知识网络嵌入性对企业创新能力的影响研究——基于组织学习的中介作用 [J]. 财经论丛，2014（3）：77 – 84.

[61] 单红梅. 企业技术创新绩效的综合模糊评价及其应用 [J]. 科研管理，2002，23（6）：120 – 124.

[62] 寿柯炎，魏江. 网络资源观：组织间关系网络研究的新视角 [J]. 情报杂志，2015（9）：163 – 168.

[63] 舒燕，邱鸿钟. 我国中药企业资源、动态能力与竞争优势的结构方程研究 [J]. 中国科技论坛，2014（7）：81 – 87.

[64] 宋琪. 基于产学研合作网络嵌入的企业创新研究 [D]. 哈尔滨：哈尔滨工程大学学位论文，2017.

[65] 孙慧，张双兰. 国际化背景下动态能力与企业创新绩效的关系研究——来自中国高技术企业的经验证据 [J]. 工业技术经济，2018，37（11）：35 – 43.

[66] 孙锐，周飞. 企业社会联系、资源拼凑与商业模式创新的关系研究 [J]. 管理学报，2017（12）：1811 – 1818.

[67] 田雪，司维鹏，杨江龙. 网络嵌入与物流企业服务创新绩效的关系——基于动态能力的分析 [J]. 技术经济，2015，34（1）：62 – 68.

[68] 王淼，刘佳，潘学峰. 作为社会资本的战略联盟 [J]. 工业技

术经济, 2004, 23 (1): 79 - 80.

[69] 王宁. 母子公司关系嵌入性、资源获取与子公司创业关系研究 [D]. 济南: 山东大学学位论文, 2015.

[70] 王同庆. 动态环境下嵌入性网络关系和网络能力对服务创新的影响 [D]. 济南: 山东大学学位论文, 2012.

[71] 王尉东. 产业知识基础对产业创新绩效的影响研究 [D]. 合肥: 中国科学技术大学学位论文, 2017.

[72] 魏江, 郑小勇. 关系嵌入强度对企业技术创新绩效的影响机制研究——基于组织学习能力的中介性调节效应分析 [J]. 浙江大学学报 (人文社会科学版), 2010 (9): 68 - 80.

[73] 魏泽龙, 弋亚群, 李垣. 多变环境下动态能力对不同类型创新的影响研究 [J]. 科学学与科学技术管理, 2008 (5): 44 - 47.

[74] 温忠麟, 侯杰泰, 张雷. 调节效应与中介效应的比较和应用 [J]. 心理学报, 2005 (2): 268 - 274.

[75] 吴楠. 关系嵌入、组织间学习能力与技术创新绩效关系研究 [D]. 西安: 西北工业大学学位论文, 2015.

[76] 肖艳红. 知识导向 IT 能力、外部知识搜寻与创新绩效关系研究 [D]. 吉林大学学位论文, 2018.

[77] 肖增瑞. 企业资源冗余、动态能力与其绩效之间关系的研究 [D]. 杭州: 浙江大学学位论文, 2018.

[78] 邢以群. 高技术企业经营管理 [M]. 浙江: 浙江大学出版社, 2000.

[79] 许冠南. 关系嵌入性对技术创新绩效的影响研究 [D]. 杭州: 浙江大学学位论文, 2008.

[80] 许冠南, 周源, 刘雪锋. 关系嵌入性对技术创新绩效作用机制案例研究 [J]. 科学学研究, 2011, 29 (11): 1728 - 1735.

[81] 徐意. 关系嵌入性、知识整合与科技型企业创新绩效研究 [D]. 西安: 陕西科技大学学位论文, 2018.

[82] 徐召红. 智力资本、动态能力对企业绩效的作用研究 [D]. 济南: 山东大学学位论文, 2014.

[83] 闫春. 技术搜索对企业开放式创新影响的理论述评 [J]. 情报杂志, 2013, 32 (3): 121 - 126.

[84] 杨杜. 企业成长论 [M]. 北京: 中国人民大学出版社, 1996.

[85] 杨柳. 吉林省中小企业成长问题研究 [D]. 长春: 吉林大学学位论文, 2012.

[86] 姚伟峰, 鲁桐. 基于资源整合的企业商业模式创新路径研究——以怡亚通供应链股份有限公司为例 [J]. 研究与发展管理, 2011, 23 (3): 97 - 101.

[87] 叶英平. 产学合作中网络权力、网络惯例与创新绩效关系研究 [D]. 长春: 吉林大学学位论文, 2017.

[88] 应洪斌. 产业集群中关系嵌入性对企业创新绩效的影响机制研究 [D]. 杭州: 浙江大学学位论文, 2011.

[89] 袁野, 蒋军锋, 程小燕. 动态能力与创新类型——战略导向的调节作用 [J]. 科学学与科学技术管理, 2016, 37 (4): 45 - 58.

[90] 张振刚, 陈志明, 李云健. 开放式创新、吸收能力与创新绩效关系研究 [J]. 科研管理, 2015, 36 (3): 49 - 56.

[91] 张玉臣, 吕宪鹏. 高新技术企业创新绩效影响因素研究 [J]. 科研管理, 2013, 34 (12): 58 - 65.

[92] 张惠琴. 动态能力、创新氛围、知识分享对创新行为的跨层次效应研究 [D]. 成都: 电子科技大学学位论文, 2016.

[93] 张娆. 企业间高管联结与会计信息质量: 基于企业间网络关系的研究视角 [J]. 会计研究, 2014 (4): 27 - 33 + 95.

[94] 张小娣. 企业知识集成能力关键影响因素研究 [D]. 西安: 西北工业大学学位论文, 2010.

[95] 张哲. 嵌入性视角下新创企业声誉研究 [D]. 北京: 中央财经大学学位论文, 2017.

[96] 张军, 金露. 企业动态能力形成路径研究——基于创新要素及创新层次迁移视角的案例研究 [J]. 科学学研究, 2011, 29 (6): 939 - 948.

[97] 张飞雁. 基于动态能力的供应链协同创新与绩效实证分析 [J]. 商业经济研究, 2018 (23): 98 - 101.

［98］张伟，郭立宏，张武康.企业经营创新、动态能力与竞争优势关系研究［J］.科技进步与对策，2018，35（17）：91－99.

［99］张秀娥，姜爱军，张梦琪.网络嵌入性、动态能力与中小企业成长关系研究［J］.东南学术，2012（6）：61－69.

［100］章威.基于知识的企业动态能力研究：嵌入性前因及创新绩效结果［D］.杭州：浙江大学学位论文，2009.

［101］张悦，梁巧转，范培华.网络嵌入性与创新绩效的 Meta 分析［J］.科研管理，2016，37（11）：80－88.

［102］赵炎，郑向杰.网络嵌入性与地域根植性对联盟企业创新绩效的影响——对中国高科技上市公司的实证分析［J］.科研管理，2013，34（11）：9－17.

［103］郑刚，颜宏亮，王斌.企业动态能力的构成维度及特征研究［J］.科技进步与对策，2007，24（3）：90－93.

［104］周建华.网络关系嵌入、区域制度环境与技术创新［J］.现代财经（天津财经大学学报），2016，36（5）：65－76.

［105］周晓阳，王钰云.产学研协同创新绩效评价文献综述［J］.科技管理研究，2014，34（11）：45－49.

［106］庄彩云，陈国宏.产业集群知识网络多维嵌入性与创新绩效研究——基于企业双元学习能力的中介作用［J］.华东经济管理，2017，31（12）：53－59.

［107］Agarwal R，Selen W. Dynamic Capability Building in Service Value Networks for Achieving Service Innovation［J］. Decision Sciences，2009，40（3）：431－475.

［108］Aggefi F. Environmental policies and innovation：A knowledge-based perspective on cooperative approaches［J］. Research Policy，1999，28（7）：699－717.

［109］Akhavan P，Mahdi Hosseini S. Social capital，knowledge sharing，and innovation capability：an empirical study of R&D teams in Iran［J］. Technology Analysis & Strategic Management，2016，28（1）：96－113.

［110］Albanese M，Francioli F. The evaluation of core competencies in networks: the network competence report [J]. Journal of Intellectual Capital, 2017, 18 (1): 189 – 216.

[111] Alegre J, Chiva R. Assessing the impact of organizational learning capability on product innovation performance: An empirical test [J]. Technovation, 2008, 28 (6): 315 – 326.

[112] Aleger J, Lapiedra R, Chivar R. A measurement scale for product innovation performance [J]. European Journal of Innovation Management, 2006, 9 (4): 333 – 346.

[113] Baker W. E, and Sinkula J. M. The Complementary Effects of Market Orientation and Entrepreneurial Orientation on Profitability in Small Business [J]. Journal of Small Business Management, 2009, 47 (4): 443 – 464.

[114] Bantel K. A. Technology-based, "adolescent" firm configurations: strategy identification, context, and performance [J]. Journal of Business Venturing, 1998, 13 (3): 205 – 230.

[115] Barreto I. Dynamic capabilities: A review of past research and an agenda for the future [J]. Journal of Management, 2010 (1): 256 – 280.

[116] Barry C. West, Douglas A. Battleson, Jongwoo Kim, Balasubramaniam Ramesh. Achieving Dynamic Capabilities with Cloud Computing [J]. The IEEE Computer Society, 2014 (11): 18 – 22.

[117] Benton W. C, Maloni M. The influence of power driven buyer/seller relationships on supply chain satisfaction [J]. Journal of Operations Management, 2005, 23 (1): 1 – 22.

[118] Bianchi M, Cavaliere A, Chiaroni D, Frattini F, Chiesa V. Organizational modes for Open Innovation in the bio-pharmaceutical industry: An exploratory analysis [J]. Technovation, 2011, 31 (1): 22 – 33.

[119] Bonner J. M, Walker O. C. Selecting Influential Business-to – Business Customers in New Product Development: Relational Embeddedness and Knowledge Heterogeneity Considerations [J]. Journal of Product Innovation Management, 2004 (21): 155 – 169.

[120] Bouba – Olga O, Carrincazeaux C, Coris M. Proximity dynamics,

social networks and innovation [Z]. Routledge, 2015.

[121] Burt R. S. Structural Holes [M]. Harvard University Press. 1992.

[122] Cefis E, Marsili O. A matter of life and death: innovation and firm survival [J]. Industrial and Corporate Change, 2005, 14 (6): 1167 – 1192.

[123] Helfat C. E, Finkelstein S, Mitchell W, Peteraf M. A, Singh H, Teece D. J, Winter S. G.. Dynamic Capabilities: Understanding Strategic Change in Organizations [M]. Maklen, MA, USA: Blackwell, 2007.

[124] Chandler G. N, Hanks S. H. Measuring the performance of emerging businesses: a validation study [J]. Journal of Business Venturing, 1993, 8 (5): 391 – 408.

[125] Chesbrough H, Bogers M. Explicating open innovation: clarifying an emerging paradegm for understanding innovation [M]. Oxford University Press, 2014.

[126] Chesbrough H, Crowther A K. Beyond high tech: Early adopters of open innovation in other industries [J]. R&D Management, 2006, 36 (3): 229 – 236.

[127] Chen Y, Tang G, Jin J. CEOs' transformational leadership and product innovation performance: The roles of corporate entrepreneurship and technology orientation [J]. Journal of Product Innovation Management, 2014, 31 (S1): 2 – 17.

[128] Chen Y, Wang Y, Nevo S. IT capabilities and product innovation performance: The roles of corporate entrepreneurship and competitive intensity [J]. Information & Management, 2015, 52 (6): 643 – 657.

[129] Chiang Y. H, Hung K. P. Exploring open search strategies and perceived innovation performance from the perspective of inter-organizational knowledge flows [J]. R&D Management, 2010, 40 (3): 292 – 299.

[130] Coleman J. S. Social capital in the creation of human capital [J]. American journal of sociology, 1988 (3): S95 – S120.

[131] Dickson P. H, Weaver K. M. Environmental determinants and individual-level moderators of alliance use [J]. Academy of Management Journal,

1997, 40 (2): 404 - 425.

[132] Doving E, Gooderham P. N. Dynamic capabilities as antecedents of the scope of related diversification: the case of small firm accountancy practices [J]. Strategic management journal, 2008, 29 (8): 841 - 857.

[133] E. E. Fang and S. Zou. Antecedents and consequences of marketing organizational capabilities in international joint ventures [J]. J. Int. Bus. Stud, 2009 (40): 742 - 761.

[134] Eisenhardt K. M, Martin J. A. Dynamic capabilities: what are they? [J]. Strategic Management Journal, 2000, 21 (10 - 11): 1105 - 1121.

[135] Fagerberg J, Fosaas M, and Sapprasert K. Innovation: exploring the knowledge base [J]. Research Policy, 2012, 41 (7): 1132 - 1153.

[136] Fischer T, Henkel J. Complements and substitutes in profiting from innovation - A choice experimental approach [J]. Research Policy, 2013, 42 (2): 326 - 339.

[137] Fleury A, Fleury M. T, Borini F M. Is production the core competence for the internationalization of emerging country firms? [J]. International Journal of Production Economics, 2012, 140 (1): 439 - 449.

[138] Franco M, Haase H. Network embeddedness: a qualitative study of small technology-based firms [J]. International Journal of Management and Enterprise Development, 2011, 11 (1): 34 - 51.

[139] Gilovich T, Griffin D, Kahneman D. Heuristics and biases: The psychology of intuitive judgment [M]. Cambridge: Cambridge University Press, 2002.

[140] Gilsing V. A. Duijsters G. M. Understanding novelty creation in exploration networks-structural and relational embeddedness jointly considered [J]. Technovation, 2008, 28 (10): 693 - 708.

[141] Girod S. J. G. , Whittington R. Reconfiguration, restructuring and firm performance: Dynamic capabilities and environmental dynamism [J]. Strategic Management Journal, 2017, 38 (5): 1121 - 1133.

[142] Granovetter M. Economic action and social structure: the problem

of embeddedness [J]. American journal of sociology, 1985 (5): 481 –510.

[143] Granovetter M. Problems of explanation in economic sociology [J]. Networks and organizations: Structure, form, and action, 1992 (25): 56.

[144] Guan J. C, Yam R. C. Effects of government financial incentives on firms' innovation performance in China: evidences from Beijing in the 1990s [J]. Research Policy, 2015, 44 (1): 273 –282.

[145] Gulati R. Network location and learning: The influence of network resources and firm capabilities on alliance formation [J]. Strategic management journal, 1999, 20 (5): 397 –420.

[146] Gulati R, Nohria N, Zaheer A. Strategic networks [J]. Strategic Management Journal, 2000, 21 (3): 203 –215.

[147] Hagedoorn J. Understanding the cross-level embeddedness of inter-firm partnership formation [J]. Academy of Management Review, 2006, 31 (3): 670 –680.

[148] Hagedoom J, Cloodt M. Measuring innovative performance: is there an advantage in using multiple indicators? [J]. Research policy, 2003, 32 (8): 1365 –1379.

[149] Halinen A, Tornroos J. A. The role of embeddedness in the evolution of business networks [J]. Scandinavian Journal of Management, 1998, 14 (3): 187 –205.

[150] Hogan S. J, Coote L. V. Organizational culture, innovation, and performance: a test of Schein's model [J]. Journal of Business Research, 2014, 67 (8): 1609 –1621.

[151] Huggins R. Knowledge alliances and innovation performance: an empirical perspective on the role of network resources [J]. International Journal of Technology Management, 2012, 57 (4): 245 –265.

[152] Ireland R. D, Hitt M. A, Vaidyanath D. Alliance management as a source of competitive advantage [J]. Journal of Management, 2002, 28 (3): 413 –446.

[153] Kale P, Singh H, Perlmutter H. Learning and protection of propri-

etary assets in strategic alliances: Building relational capital [J]. Interdisciplinary and Peer – Reviewed 2000, 21 (3): 217 –237.

[154] Khalili H, Nejadhussein S, Fazel A. The influence of entrepreneurial orientation on innovative performance: Study of a petrochemical company in Iran [J]. Journal of Knowledge-based Innovation in China, 2013, 5 (3): 262 –278.

[155] Kim J, Lee C. Y, Cho Y. Technological diversification, core-technology competence, and firm growth [J]. Research Policy, 2016, 45 (1): 113 –124.

[156] Kindstrom D, Kowalkowski C, Sandberg E. Enabling service innovation: A dynamic capabilities approach [J]. Journal of Business Research, 2013, 66 (8): 1063 –1073.

[157] Kline R. B. Principles and practice of Structural equation modeling [M]. New York: The Guilford Press, 1998.

[158] Lane P. J, Salk J. E, Lyles M. A. Absorptive capacity, learning, and performance in international joint ventures [J]. Strategic Management Journal, 2001, 22 (12): 1139 –1161.

[159] Laursen K, Salter A. J. The paradox of openness: Appropriability, external search and collaboration [J]. Research Policy, 2014, 43 (5): 867 –878.

[160] Lee C, Lee K, Pennings J. M. Internal Capabilities, External Networks, and Performance: A Study of Technology – Based Ventures [J]. Strategic Management Journal, 2001 (22): 615 –640.

[161] Leone M. I, Reichstein T. Licensing-in fosters rapid invention! The effect of the grant-back clause and technological unfamiliarity [J]. Strategic Management Journal, 2012, 33 (8): 965 –985.

[162] Li D, Liu J. Dynamic capabilities, environmental dynamism, and competitive advantage: Evidence from China. Journal of Business Research, 2014, 67 (1): 2793 –2799.

[163] Liang C. J, Lin Y. J, Huang H. F. Effect of core competence on

organizational performance in an airport shopping center [J]. Journal of air transport management, 2013, 31 (8): 23 –26.

[164] Liao S. H, Wu C. System perspective of knowledge management, organizational learning, and organizational innovation [J]. Expert Systems with Applications, 2010, 37 (2): 1096 –1103.

[165] Lin Y, Wu L. Y. Exploring the role of dynamic capabilities in firm performance under the resource-based view framework [J]. Journal of Business Research, 2014, 67 (3): 407 –413.

[166] Lin Y T, Yang Y H, Kang J S. Using DEMATEL method to explore the core competences and causal effect of the IC design service company: An empirical case study [J]. Expert Systems with Applicat ions, 2011, 38 (5): 6262 –6268.

[167] Long N. V, Raff H, Stähler F. Innovation and trade with heterogeneous firms [J]. Journal of International Economics, 2011, 84 (2): 149 –159.

[168] Luo Y, Huang Y, Wang S. L. Guanxi and Organizational Performance: AMeta – Analysis [J]. Management &Organization Review, 2012, 8 (1): 139 –172.

[169] Marieta O, Ionela C. P, Andrei H, Mihaela M. Performance Indicators Used by SMEs in Romania Related to Integrated Management Systems [J]. Procedia – Social and Behavioral Sciences, 2014, 109: 949 –953.

[170] Makkonen H, Pohjola M, Olkkonen R, Koponen A. Dynamic capabilities and firm performance in a financial crisis [J]. Journal of Business Research, 2014, 67 (1): 2707 –2719.

[171] McCarthy I, Lawrence T, Wixted B, Gordon B. A multidimensional conceptualization of environmental velocity [J]. Academy of Management Review, 2010, 35: 604 –626.

[172] McEvily B, Marcus A. Embedded ties and the acquisition of competitive capabilities [J]. Strategic Management Journal, 2005, 26 (11): 1033 –1055.

[173] Melanie S, Prashant K, Daniel C. What really is alliance management capability and how does it impact alliance outcomes and success? [J]. Strategic Management Journal, 2009, 30: 1395 – 1419.

[174] Mercedes T. C. Firm growth of Spanish manufacturing and service industries [M]. VDM, Berlin, 2009.

[175] Miller K, Lin Shu – Jou. Analogical reasoning for diagnosing strategic issues in dynamic and complex environments [J]. Strategic Management Journal, 2015, 36 (13): 2000 – 2020.

[176] O'Connor G. C. Major Innovation as a Dynamic Capability: A Systems Approach [J]. Journal of Product Innovation Management, 2008, 25 (4): 313 – 330.

[177] Ozyar E, Gurdalli S. Social network analysis: a powerful strategy, also for the information sciences [J]. Journal of Information Science, 2016, 28 (6): 441 – 453.

[178] Pardo A, Román M. Reflections on the Baron and Kenny model of statistical mediation [J]. Anales De Psicologia, 2013, 29 (2): 614 – 623.

[179] Parida V, Westerberg M, Frishammar J. Inbound open innovation activities in high-tech SMEs: The impact on innovation performance [J]. Journal of Small Business Management, 2012, 50 (2), 283 – 309.

[180] Pavlou P. A, El Sawy O. A. Understanding the elusive black box of dynamic capabilities [J]. Decision Sciences, 2011, 42 (1): 239 – 273.

[181] Penin J. On the Consequences of Patenting University Research: Lessons from a Survey of French Academic Inventors [J]. Industry & Innovation, 2010, 17 (5): 445 – 468.

[182] Pertusa – Ortega E. M, Zaragoza S. P, Claver C. E. Can formalization, complexity, and centralization influence knowledge performance? [J]. Journal of Business Research, 2010, 63 (3): 310 – 320.

[183] Peteraf M, Di Stefano G. , Verona G. The elephant in the room of dynamic capabilities, bringing two diverging conversations together [J]. Strategic Management Journal, 2013, 34 (12): 1389 – 1410.

［184］ Polanyi K. Primitive, Archaic, and Modern Economies: Essays of Karl Polanyi ［M］. G. Dalton. Garden City, N. Y. , 1968.

［185］ Prahalad C. K, Hamel G. The core competencies of the corporation ［J］. Harvard Business Review, 1990, 68 (3): 79 –91.

［186］ Prashant K, Harbir S. Managing strategic alliances: what do we know now, and where do we go from here? ［J］. Academy of Management Perspectives, 2009 (3): 45 –63.

［187］ Protogerou A, Caloghirou Y, Lioukas S. Dynamic capabilities and their indirect impact on firm performance ［J］. Industrial and Corporate Change, 2012, 21 (3): 615 –647.

［188］ Richard P. J, Devinney T. M, Yip G. S, Johnson G. Measuring organizational performance: Towards methodological best practice ［J］. Journal of Management, 2009, 35 (3): 718 –804.

［189］ Rindova V. P, Kotha S. Continuous "morphing", is competing through dynamic capabilities, form, and function ［J］. Academy of Management Journal, 2001, 44 (6): 1263 –1280.

［190］ Rubera, Gaia, Chandrasekaran, Deepa, Ordanini, Andrea. Open innovation, product portfolio innovativeness and firm performance: the dualrole of new productdevelopment capabilities ［J］. Journal of the Academy of Marketing Science, 2016, 44 (2): 166 –184.

［191］ Salman N, Saives A. L. Indirect networks: an intangible resource for biotechnology innovation ［J］. R&D Management, 2005, 35 (2): 203 –215.

［192］ Schilke O. On the contingent value of dynamic capabilities for competitive advantage, the nonlinear moderating effect of environmental dynamism ［J］. Strategic Management Journal, 2014, 35 (2): 179 –203.

［193］ Senge P. M, Suzuki J. The fifth discipline: The art and practice of the learning organization ［M］. New York: Currency Doubleday, 1994.

［194］ Smart P, Bessant J, Gupta A. Towards technological rules for designing innovation networks: a dynamic capabilities view ［J］. International Journal of Operations & Production Management, 2007, 27 (10): 1069 –1092.

[195] Sosik J. J, Gentry W. A, Chun J. U. The value of virtue in the upper echelons: a multisource examination of executive character strengths and performance [J]. Leadership Quarterly, 2012, 23 (3): 367-382.

[196] Sosna M, Trevinyo-Rodr Guez R N, Velamuri S. R. Business model innovation through trial-and-error learning: The Naturhouse case [J]. Long range planning, 2010, 43 (2): 383-407.

[197] Stadler C, Helfat C. E, Verona G. The impact of dynamic capabilities on resource access and development [J]. Organization Science, 2013, 24 (6): 1782-1804.

[198] Strauss A. L, Corbin J. Basics of Qualitative Research: Grounded Theory Procedures and Techniques [M]. Newbury Park, CA: Sage publication, 1990.

[199] Szymanska, Katarzyna. Organizational culture as a part in the development of open innovation-the perspective of small and medium-sized enterprises [J]. Management, 2016, 21 (1): 142-154.

[200] Teece D. J. Dynamic capabilities, routines versus entrepreneurial action [J]. Journal of Management Studies, 2012, 49 (8): 1395-1401.

[201] Teece D. J. Dynamic capabilities and entrepreneurial management in large organizations: toward a theory of the (entrepreneurial) firm [J]. European Economic Review, 2016, 86 (7): 202-216.

[202] Teece D. J, Augier M. The foundations of dynamic capabilities, in Teece, D. J. (Ed.), Dynamic Capabilities & Strategic Management-Organizing for Innovation and Growth, Oxford: Oxford University Press, 2009: 82-112.

[203] Teece D. J, Pisano G. The dynamic capabilities of firms: An introduction [J]. Industrial and Corporate Change, 1994, 3 (3): 537-556.

[204] Teece D. J, Pisano G., Shuen A. Dynamic capabilities and strategic management [J]. Strategic Management Journal, 1997, 18 (7): 509-533.

[205] Tortoriello M, Krackhardt D. Activating cross-boundary knowledge: the role of simmellian ties in the generation of innovations [J]. Academy of Management Journal, 2010, 53 (1): 167-181.

［206］ Tsai Y. Effect of social capital and absorptive capability on innovation in internet marketing ［J］. International Journal of Management, 2006, 23 (1): 157.

［207］ Uzzi B. Social structure and competition in interfirm networks: The paradox of embeddedness ［J］. Administrative Science Quarterly, 1997, 42 (1): 35 – 67.

［208］ Verbano C, Crema M. Linking technology innovation strategy, intellectual capital and technology innovation performance in manufacturing SMEs ［J］. Technology Analysis & Strategic Management, 2016, 28 (5): 524 – 540.

［209］ Vrande V, Jong J, Vanhaverbeke W, Rochemont M. Open innovation in SMEs: Trends, motives and management challenges ［J］. Technovation, 2009, 29: 423 – 437.

［210］ Walsh J. P. Managerial and organizational cognition: Notes from a trip down memory lane ［J］. Organization science, 1995, 6 (3): 280 – 321.

［211］ Wang C. L, Ahmed P. K. Dynamic capabilities: A review and research agenda ［J］. International Journal of Management Reviews, 2007 (9): 31 – 51.

［212］ Wang C. L, Senaratne C, Rafiq M. Success traps, dynamic capabilities and firm performance ［J］. British Journal of Management, 2015, 26 (1): 26 – 44.

［213］ White H C. Where do markets come from! ［J］. Advances in Strategic Management, 1981, 17 (2): 323 – 350.

［214］ Wilden R, Gudergan S. P. The impact of dynamic capabilities on operational marketing and technological capabilities, investigating the role of environmental turbulence ［J］. Journal of the Academy of Marketing Science, 2014 (2): 1 – 19.

［215］ Wilderom C. P. M, Hur Y. H, Wiersma U. J, Berg P. T, Lee J. From manager's emotional intelligence to objective store performance: through store cohesiveness and sales-directed employee behavior ［J］. Journal of Organizational Behavior, 2015, 36 (6): 825 – 844.

[216] Wilhelm H, Schlomer M, Maurer I. How dynamic capabilities affect the effectiveness and efficiency of operating routines under high and low levels of environmental dynamism [J]. British Journal of Management, 2015, 26 (2): 327 – 345.

[217] Wohlgemuth V, Wenzel M. Dynamic capabilities and routinization [J]. Journal of Business Research, 2016, 69 (5): 1944 – 1948.

[218] Woolcock M, Narayan D. Social capital [J]. World Bank Research Observer, 2011, 15 (2): 225 – 249.

[219] Wu L. Entrepreneurial resources, dynamic capabilities and start-up performance of Taiwan's high-tech firms [J]. Journal of Business Research, 2007, 60 (5): 549 – 555.

[220] Yayavaram S, Chen W. R. Changes in firm knowledge couplings and firm innovation performance: The moderating role of technological complexity [J]. Strategic Management Journal, 2015, 36 (3): 377 – 396.

[221] Zahra S. A, Sapienza H. J, Davidsson P. Entrepreneurship and dynamic capabilities: A review, model and research agenda [J]. Journal of Management Studies, 2006, 43 (4): 917 – 955.

[222] Zheng S, Zhang W, Du J. Knowledge-based dynamic capabilities and innovation in networked environments [J]. Journal of Knowledge Management, 2011, 15 (6): 1035 – 1051.

[223] Zollo M, Winter S. G. Deliberate learning and the evolution of dynamic capabilities [J]. Organization Science, 2002, 13 (3): 339 – 351.

[224] Zukin S, DiMaggio P. Structures of capital: The social organization of the economy [M]. Cambridge MA: Cambridge University Press, 1990.